高等院校应用型本科经管类“十三五”优质教材

金融学

主　编◎张志新　刘润华　王萍

西南交通大学出版社
·成　都·

图书在版编目（CIP）数据

金融学 / 张志新，刘润华，王萍主编. —成都：西南交通大学出版社，2020.8（2021.8 重印）
高等院校应用型本科经管类“十三五”优质教材
ISBN 978-7-5643-7513-3

Ⅰ. ①金… Ⅱ. ①张… ②刘… ③王… Ⅲ. ①金融学－高等学校－教材 Ⅳ. ①F830

中国版本图书馆 CIP 数据核字（2020）第 134392 号

高等院校应用型本科经管类“十三五”优质教材
Jinrongxue
金融学

主　　编 / 张志新　刘润华　王　萍
责任编辑 / 孟秀芝
助理编辑 / 李芷柔
封面设计 / 何东琳设计工作室

西南交通大学出版社出版发行
（四川省成都市金牛区二环路北一段 111 号西南交通大学创新大厦 21 楼　610031）
发行部电话：028-87600564　028-87600533
网址：http://www.xnjdcbs.com
印刷：成都蓉军广告印务有限责任公司

成品尺寸　185 mm × 260 mm
印张　16.5　字数　408 千
版次　2020 年 8 月第 1 版　印次　2021 年 8 月第 2 次

书号　ISBN 978-7-5643-7513-3
定价　48.00 元

课件咨询电话：028-81435775
图书如有印装质量问题　本社负责退换

前 言

金融在当代经济生活中发挥着极其重要的作用，是现代经济的核心。市场经济条件下，金融与个人、企业、国家越来越紧密地联系在一起，个人在进行经济决策时可能面临资金短缺的问题，也可能需要为多余的资金寻找适宜的投资途径；企业的经营管理面临着在经营、筹资与投资上采用何种方式的难题；政府面临着经济波动的压力，要运用金融手段调控宏观经济。

由以上可见金融学研究的问题涉及经济生活的方方面面。因此，学习和掌握金融学的相关知识是十分必要的。金融学是研究资金如何在不同主体间调剂余缺，进而实现在全社会范围内的合理优化配置的一门学科，具有很强的理论性与实践性。

本教材从实用的角度出发，秉承通俗易懂的基本特色，结合统计数据，从金融中最重要的货币、信用、利率、资产定价、银行以及政府的宏观政策出发，力图为读者提供一幅简单易懂的金融领域发展图景，通过简洁明晰的阐释使读者了解现代金融的核心概念，熟悉现代金融的体系框架，掌握现代金融的运行机制。

本教材突出特点主要有：

第一，根据应用型人才培养的目标，在介绍金融相关基本理论的基础上，教材选取金融热点案例，以帮助读者加深理解金融知识，理解经济与金融的运行；同时，本教材加入资产定价内容，读者可以结合金融知识，基于金融理论，实战投资市场，相关课件可通过下方二维码获取。

第二，针对教材的内容，在每章内容之后，编者精挑细选了大量练习题，以及相对应的业务实训题，并附上二维码以查询答案。读者可以结合章节内容，加以运用，完成相应的练习题和实训题，加深理解，从而有所收获。

本书由中国云南大学滇池学院的张志新老师、贵州医科大学的刘润华老师和云南工商学院的王萍老师编写，张志新完成第二章、第四章、第五章、第六章、第七章和第八章的撰写工作，刘润华完成第一章、第三章和第十二章的撰写工作，王萍完成第九章、第十章和第十一章的撰写工作。全书由张志新进行统筹修改与定稿。

本书在编写过程中，参考了目前出版的相关教材、著作以及互联网相关领域专家的观点，在此表示感谢。由于编者水平有限，难免有疏漏不妥之处，恳请读者批评指正。

《金融学》课件

编 者

2020 年 4 月

目　录

第一章　金融与经济发展

【本章要点】

1. 金融的内涵。
2. 金融与经济的关系。
3. 金融与个人的关系。

一、金融的内涵

金融是指资金的融通，是与货币、信用、银行直接相关的经济活动的总称，例如货币的发行与回笼，存款的存入与取出，贷款的发放与回收，国内外资金的汇兑与结算，金银、外汇、有价证券的买卖，贴现市场，同业拆借市场的活动，保险，信托，租赁，等等。

金融作为一个经济范畴，其内容涉及金融关系、金融活动、金融工具、金融机构、金融市场等一切与货币信用相关的经济关系和活动。金融是一个大的概念，是一个纵横交叉、内外联通、多维多层次的立体系统，是一个由多种要素相组合而各要素又相互制约、相互作用的大系统。简而言之，金融就是资金的筹集、分配及管理。金融学与其他学科有交叉。例如：国家有关的资金筹集、分配及管理属于公共金融或政府金融，与财政学有交叉；工商企业有关的资金筹集、分配及管理属于企业金融，与企业财务学有交叉；居民有关的资金筹集、分配及管理属于居民金融，与个人理财学有交叉。所以金融的内涵既包括专业的金融活动，又包括国家的、企业的、个人的金融活动，这些方面相互交叉，相互制约，相互渗透，融合成整个社会的资金运动。

二、金融与经济的关系

经济的发展离不开金融的支持，没有金融机构、金融产品和金融市场的深化，经济很难实现长期稳定的发展。当一国的金融服务不能总是有效地满足其经济发展的客观需要时，就会在一定程度上形成金融抑制或限制经济的发展。

（一）经济决定金融

1. 一国金融的发达程度取决于经济本身的发展程度

在市场经济不发达的国家和地区，既不会产生对金融活动或金融服务的巨大需求，也难以形成规模性的金融服务供给。市场经济发达的国家和地区则不同，发达的市场经济必然伴随着经济主体对资金或金融服务的大量需求，同时，市场经济规模的扩大和体制的成熟，会形成巨大的金融资源供给能力。金融供给和需求的增加必然会促进金融活动和金融业的发展。

社会融资规模是全面反映金融进步与经济发展的关系以及金融的发展完善对实体经济资金支持的总量指标。社会融资规模是指一定时期内企业和个人从金融体系获得的全部资金的总额。这里的金融体系是整体金融的概念，从机构看，包括银行、证券、保险等金融机构；从市场看，包括信贷市场、债券市场、股票市场、保险市场以及中间业务市场等。如图 1-1 所示，我国社会融资规模从 2002 年的 20 112 亿元上升至 2018 年的 192 584 亿元，增长了 9.57 倍，该指标的总体上升趋势说明我国金融与经济的关系越来越密切，金融对实体经济的支持范围也越来越广泛。

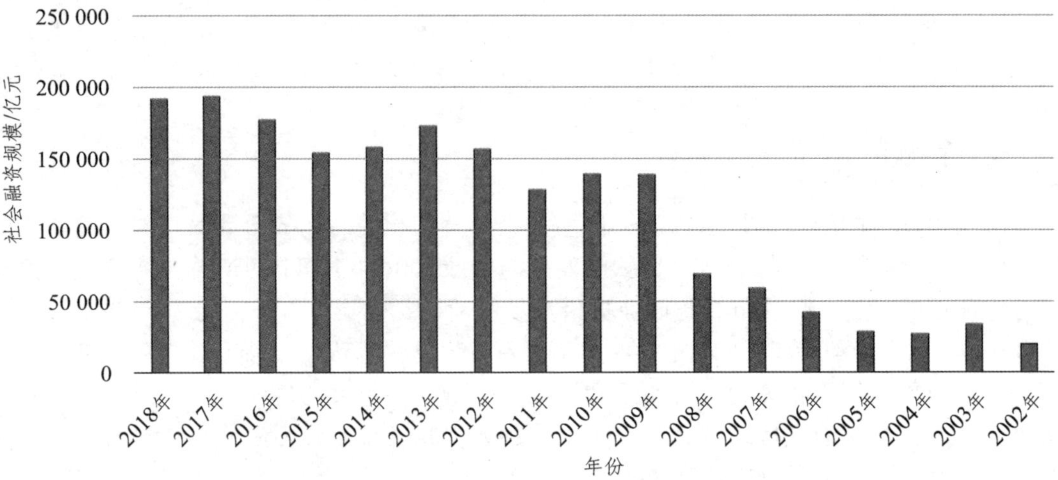

图 1-1　社会融资规模（亿元）

2. 经济发展为政府、企业、家庭提供了巨大的金融活动空间

首先，随着经济发展程度的不断提升，政府一方面需要借助金融手段调控宏观经济，另一方面也需要运用金融手段筹措支持政府自身运行的资金。其次，对企业而言，由经济发展推动的企业发展同样需要良好的金融支持。经济发展扩大了企业融通资金的需要，股权融资、债权融资、投资项目成为企业运营中的主要活动，增大了企业的金融活动空间。最后，经济发展也带来了家庭收入水平的提高。收入提高催生了家庭的理财需要，不断涌现的金融理财产品在满足家庭理财需要的同时也提供了巨大的金融活动空间。

（二）金融反作用于经济

金融反作用于经济主要体现在金融因素对经济增长与发展存在一定程度的正面和负面影响，特别是金融深化对经济发展的影响。

金融深化是指政府放弃对金融市场和金融体系的过度干预，放松对利率和汇率的严格管制，使利率和汇率成为反映资金供求和外汇供求变化的信号，从而有利于增加储蓄和投资，促进经济增长。

金融深化标志着整个经济中金融部门的发展和社会货币化程度的提高。它对经济发展的影响表现在以下四个方面。

1. 收入效应

收入效应是指实际货币余额的增长引起社会货币化程度提高，从而对实际国民收入的增长产生的影响。图 1-2 是我国 1999—2018 年居民消费水平与货币和准货币（M2）供应量的情况。从图中可以看出，随着货币和准货币（M2）供应量的增长，国民收入增加，居民消费水平也相应增长，二者呈现同步增长态势。

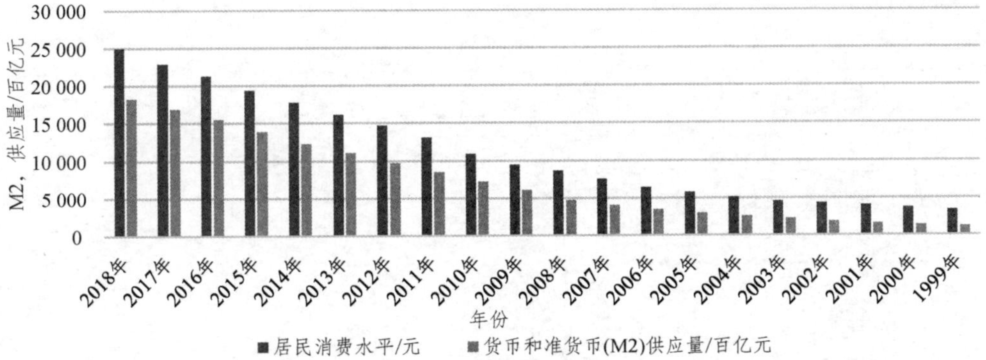

图 1-2　1999—2018 年居民消费水平与货币和准货币（M2）供应量的情况

2. 储蓄效应

一方面，金融深化引起实际国民收入增加，社会储蓄总额按一定比例增加，另一方面，金融深化提高了货币的实际收益率，导致整个经济社会的储蓄倾向增强。

3. 投资效应

一是储蓄效应导致投资总额增加，二是政府放松管制提升了金融资源市场化配置的程度，进而提高了投资效率。我国改革开放来的经济增长方式，一直是以投资拉动型为主，固定资产投资在我国经济中占着举足轻重的地位。图 1-3 显示了根据国家统计局网站的数据计算出的我国近 20 年来全社会固定资产投资占 GDP 的比重。从图中可以看出我国固定资产投资占 GDP 的比重从 1999 年至 2015 年逐年上升，我国投资产出比保持快速上升趋势，说明我国经济增长方式是资本拉动的经济增长方式。2015 年我国实行供给侧改革，同时面临宏观经济下行压力，固定资产投资占 GDP 的比重也从 0.82 开始下降，截至 2018 年占比为 0.72。

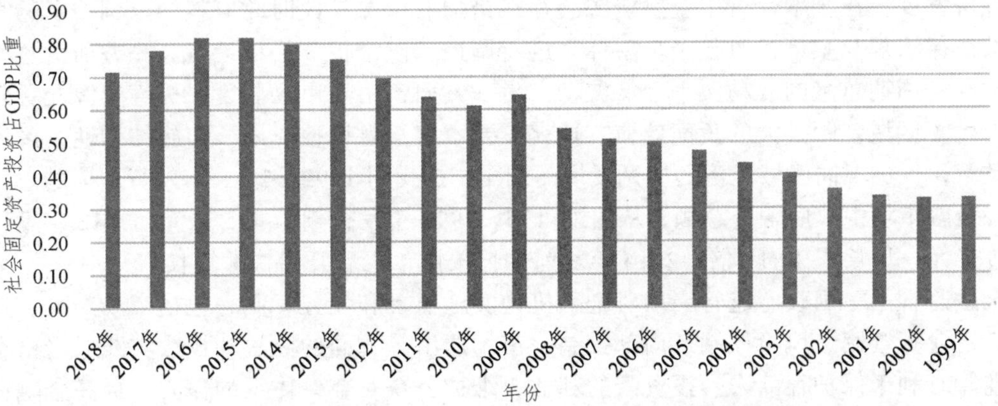

图 1-3　1999—2018 年我国全社会固定资产投资占 GDP 的比重

4. 就业效应

就业效应是指由于货币实际收益率的上升导致了投资者资金成本的提高，投资者倾向于以劳动密集型生产替代资本密集型生产以节约资本的使用，从而使整个社会的就业水平得以提高。图 1-4 是我国 1989—2018 年的总失业率。随着金融市场的发展，总的失业率稳定在 4.5 左右。

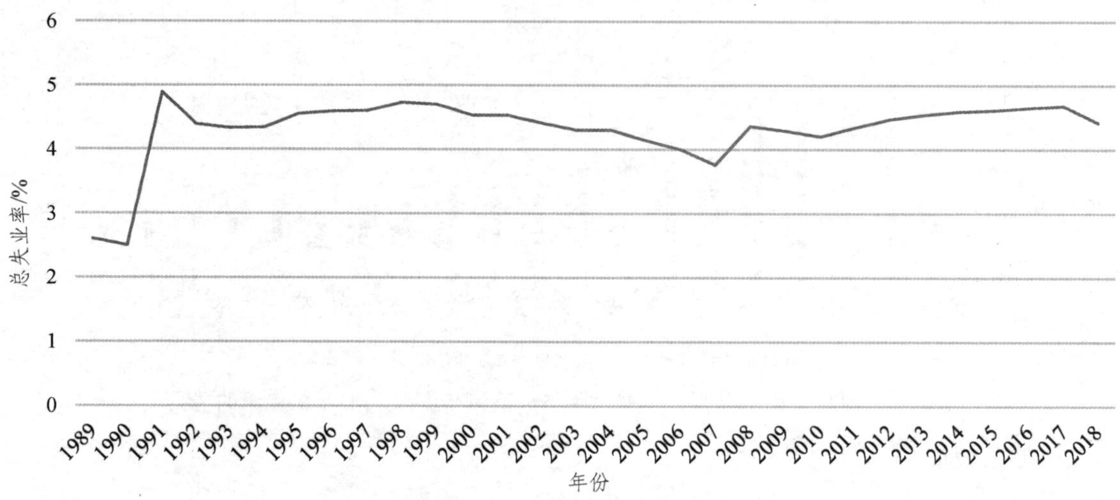

图 1-4 1989—2018 年我国总失业率

三、不同主体在运行中与金融的关系

（一）金融与政府

在整个金融体系的运行中，政府扮演着调控者、监管者及救助者三重角色，既要在金融资源方面进行合理有效的分配，又要对金融运行的稳定及政策的执行进行调控与监管，而当整个金融体系出现风险时又要进行必要的救助和支援。

国家金融资源配置主体主要包括中央银行和其他金融管理机构，其配置领域主要是基础货币和一系列金融制度，功能主要表现在通过对基础货币的调控和制度实施保持金融稳定并促进经济发展。在金融运行中金融资源会存在错配的情况，此时政府就会以调控者的身份制定相关法律法规及政策，对整个金融体系进行调控，以维护其平稳运行。一方面，这些调控是针对经济周期总量的波动熨平经济波动。另一方面，由于市场制度在提高资源配置效率的同时产生了区域差距扩大的负面效应，这就需要政府金融调控介入，实施结构性的区域金融调控政策，促进不同区域经济的协调发展。图 1-5 是我国 1999—2018 年发行国债的总额，也就是在金融市场中政府融资总额，从图中可知，1999 年发行额为 415 亿元，2018 年发行额为 77 063 亿元，增长了 19.19 倍；2014 年之前增长缓慢，之后开始快速增长。

金融监管是一国政府监管当局对金融机构实施监督和业务管制，包括市场准入、业务范围及特定业务管制、风险控制、内部控制、市场退出等方面的立法和执法实践。严格有效的金融监管有利于保护存款人、投资人的利益，维护公众对金融体系的信心，提高金融体系的效率，控制金融体系的整体风险。

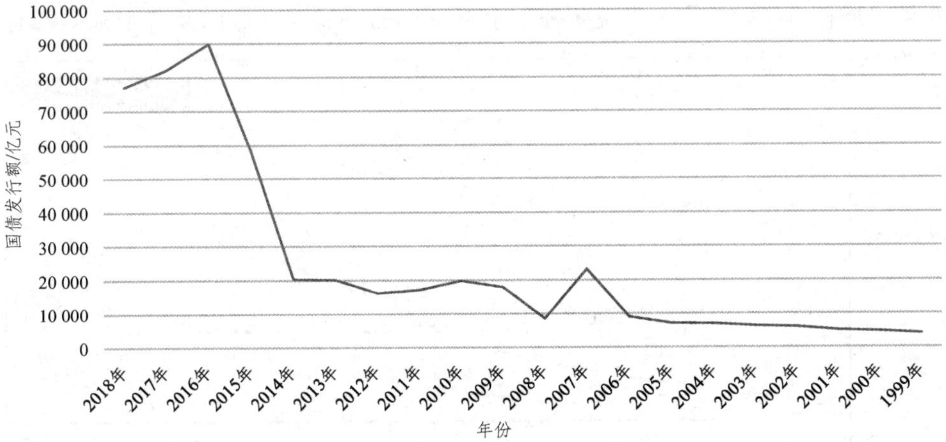

图 1-5　国债发行额（亿元）

（二）金融与企业

企业的发展离不开金融的支持，企业的投融资活动通过金融搭建的平台展开。资金短缺和资金盈余是企业运营中经常会出现的问题。在资金短缺的时候，企业必然要在债券市场、股票市场等不同的金融市场上筹措资金以满足企业发展需要，因此一个高效运行、发展良好的金融市场体系能为企业发展提供极佳的金融支持与保障。图 1-6 所示是我国 2002 年至 2019 年 2 月共 17 年在 A 股市场上股本交易数量，2002 年 2 月发行股本数为 1 661.07 亿股，市值为 14 469.97 亿元，2019 年月份发行的股本总额为 20 114.88 亿股，市值高达 204 668.54 亿元，17 年间股本数翻了 12.1 倍，市值增长了 139.23 倍。这说明我国金融市场增长速度较快，企业通过金融市场完成大量融资。

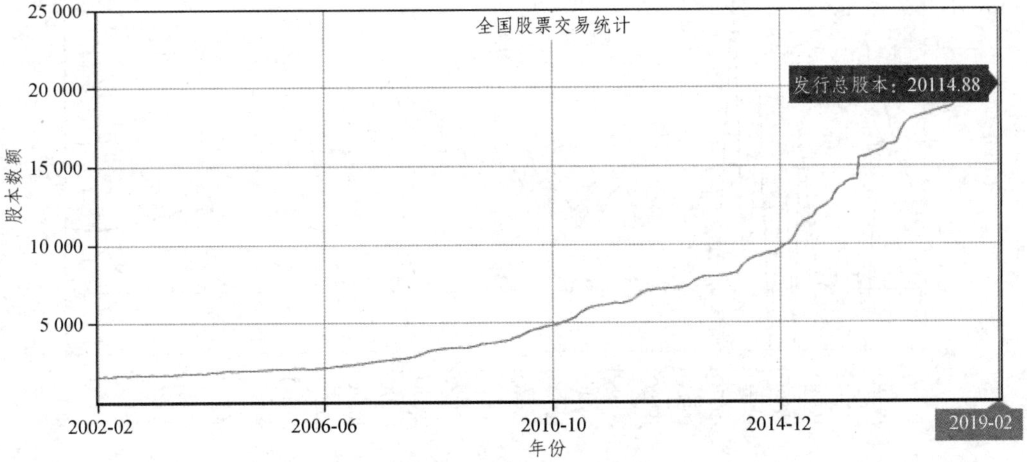

图 1-6　A 股市场股本数

同样，在企业存在资金盈余的时候，金融市场将为企业资金盈余提供投资平台，同时金融市场利率成为企业投资项目评价的重要参考依据。图 1-7 是我国企业存款和各项存款情况。从图中可知，1994 年 12 月我国各项存款总额为 40 502.5 亿元，到 2019 年 1 月为 1 821 000.0 亿元，24 年间增长了 44.96 倍；1994 年 12 月企业存款为 13 279 亿元，2014 年 12 月为 565 249.12

亿元，20 年间增长了 42.57 倍。这说明随着金融市场的发展，企业以及各个部门都有所盈余。

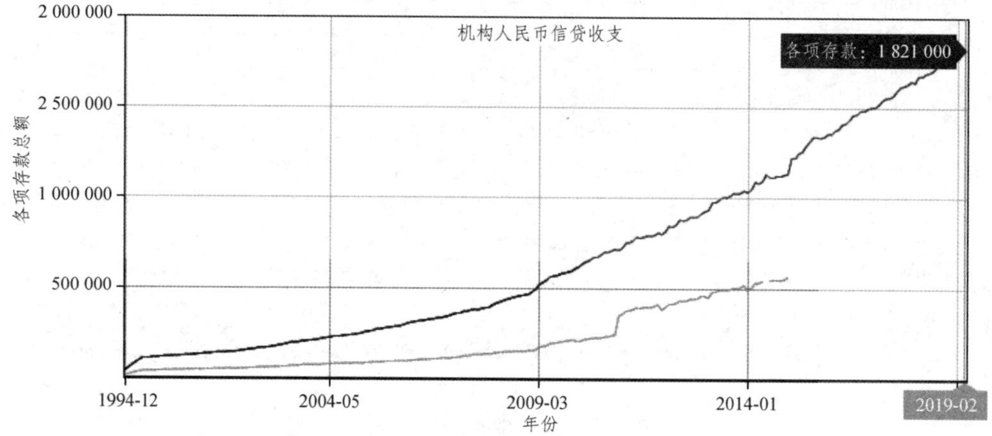

图 1-7　各项存款与企业存款情况

（三）金融与个人

金融与个人之间存在极为紧密的联系。与企业一样，个人同样存在资金融通的需要。一方面，个人从金融运行体系中取得资金以弥补资金短缺；另一方面，个人的资金用于消费后的剩余部分也要通过金融运行体系实现保值增值。个人金融业务是目前银行业务的重要组成部分。随着居民财富的增加，银行通过努力拓宽个人服务领域，提供诸如个人投资理财业务、房地产业务、信用卡业务、网上银行业务、保险中介、商业代理等更多的金融产品以满足日益增长的个人金融需求。目前传统银行业正在受到互联网金融机构的巨大冲击，银行进行金融创新拓展业务成为未来的发展趋势。

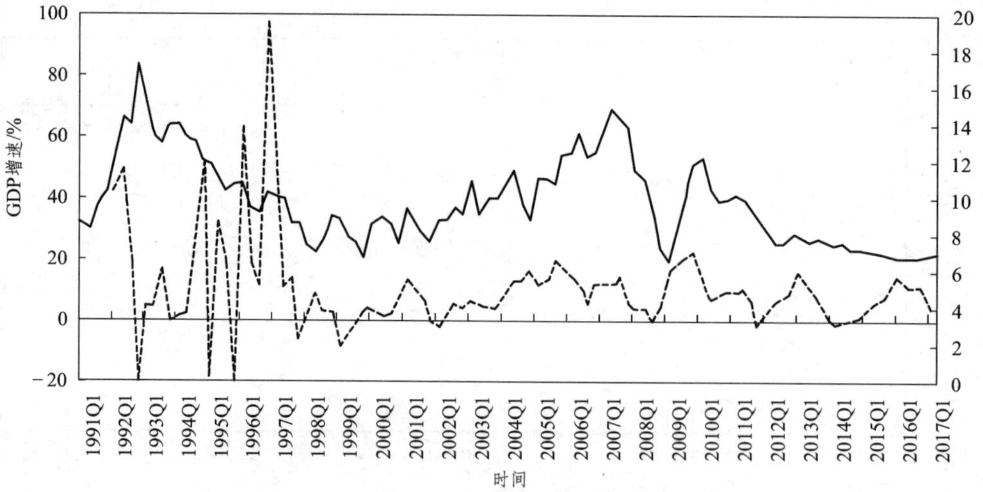

图 1-8　房地产价格增速和 GDP 增速趋势图

比如，图 1-8 是我国房地产价格增速和 GDP 增速趋势图。1998 年以前我国主要实施福利分房制度，而 1998 年以后以住房货币化分配为主，房地产行业从计划体制转向市场体制。在房地产计划体制时代，直观上看房价的增长与经济增长几乎没有关系。在市场体制时代，金融体系不断完善与发展，房价的增长明显与经济增长具有一定的正相关性。

金融小学堂

杨天南：投资绝大多数时候是忍耐和等待

杨天南，专业投资人，美国圣地亚哥大学金融 MBA。他有着 20 多年资本市场投资经验，目前管理的投资覆盖中、美、加等资本市场，因要为公司做股份制改造而进入股市。

杨天南最初入市，只是用自己的工资奖金炒股，并没有把投资作为自己的主业，赚钱了就高兴一下，赔钱了就“割肉”，也谈不上什么投资方法。但后来，一本书改变了他的命运。这本书就是《巴菲特之道》。当时该书还没有翻译成中文出版，是杨天南的同事从美国把原书带回来，通过北外师生进行了大致翻译。

杨天南在 1995 年深秋到冬天读完了这本书。

这本书给他带来非常大的震撼，书中很多理念前所未闻，比如书中提出从长期而言，一个公司股价表现跟公司的基本面最终会相一致。杨天南迷上的《巴菲特之道》这本书，开启了人们了解巴菲特投资思想的序幕。带着从中学习到的“买股票就是买企业”“好企业好价格”等投资理念，杨天南倾其所有，重仓了当年的绩优股——湖北兴化和四川长虹。两年后正值牛市，长虹那一次涨了将近十几二十倍，大概是赚了十倍。可以说，杨天南凭着长虹一股暴涨大赚一笔，带着长虹的“奖学金”前往美国开始攻读 MBA。

在国外的三年时间里，杨天南的主要经济来源仍然是国内股票市场获得的收益，他通过越洋电话委托的方式买进卖出，为了节省电话费，他尽量减少交易的频率。当时在国外关于中国内地资本市场和公司信息很少。但凭借着杨天南掌握的更关注公司的基本面而不是消息面、不是技术面的理念，在美国的三年时间里，他在中国 A 股的投资大约翻了一番，反而当时绝大多数待在中国炒股票的股民没有赚钱。

三年后，杨天南学成归国，踌躇满志，正准备在股市上大展拳脚的时候，却经历了平生最大的打击，在中国重仓持有的一个公司发生了财务欺诈，连续遭遇一二十个跌停板。杨天南从这一事件中悟出，投资时除了看财务的指标之外，还要看管理层的为人品行，巴菲特就说过“跟坏人打交道，做成一笔好生意，我从来都没有见到过”。

杨天南不但自己做价值投资，还通过写文章去宣传这种理念从而影响投资者。然而股票市场在金融危机中遭受到严重的打击，从 2007 年的 10 月份 6 100 点的高峰跌至 2008 年的 10 月份的 1 600 点，大概损失了三分之二。虽然长线的价值投资遇到了熊市，但杨天南依旧执着坚守。

杨天南在投资中发现，股价在 96 个月中经过了四次大调整，涨涨跌跌。四次大调整最短的一次是 10 个月，下跌 10 个月后才回到之前的价格。而最长的一次则是 2008 年金融危机中的 24 个月。更有意思的是在 96 个月中，下跌的时间总共是 77 个月，77 除以 96 正好是 80%，符合二八法则，即在投资这八年过程中，80%的时间是不赚钱的，所有的盈利来源于剩下 20%的时间。在理想的情况下，80%时间不投资，20%时间投资，是最完美的方法，但人们事先并不能判断哪 80%的时间不能盈利。在投资过程中，这种二八法则，几乎会一直存在，所以投资的过程中绝大多数的时间是在忍耐和等待中度过的。

资料来源：根据 CCTV2《投资者说》整理

课后练习题

1. 金融与经济发展有何关系？
2. 收集关于巴菲特的投资资料，提炼巴菲特的价值投资理念。

第二章 货币与货币制度

【本章要点】

1. 货币概念以及职能。
2. 货币的演变历程。
3. 货币制度的内容。

第一节 货币与货币职能

在我们生活中，货币像空气一样时刻围绕在每个人的身边，人们的生活离不开货币。什么是货币？货币最重要的特质是什么？货币具有什么职能呢？

一、货币的定义

（一）货币是固定充当一般等价物的特殊商品

马克思认为，货币是固定充当一般等价物的特殊商品。这个表述包括三层含义。第一，货币是商品。商品是用来交换的劳动产品，那么货币也具有商品的共性，具有价值和使用价值。第二，货币是特殊商品。货币与普通商品有本质区别，货币既能够表现一切商品的价值，货币也对一切商品具有直接交换的能力。第三，货币是充当一般等价物的特殊商品。作为一般等价物，货币具有流通性、普遍可接受性、社会垄断性和排他性，这些是一般商品所不具有的基本特性。

（二）货币是在产品和服务支付以及债务偿还中被普遍接受的东西

不同学者关于货币的定义各有不同，各有侧重。美国著名经济学家米什金认为，货币是在产品和服务支付以及债务偿还中被普遍接受的东西。货币，通常指的是通货，由纸币和硬币组成，是货币最普通的表现形式。

当然，货币不仅仅表现为通货，支票、储蓄存款、电子货币、信用符号等，同样也可以发挥货币的功能。所以广义上，货币是指在产品和服务支付以及债务偿还中被普遍接受的东西。

另外，货币与财富、收入是有区别的。

“老张非常富有，家里很有钱。”在这里，钱（财富）是指价值储存的各种财产的总和，财富不仅包括货币，同时也包括股票、债券、房产、土地、收藏品等，货币是财富的一种存在形式。“钱多多同学找了一份不错的工作，收入很多，每个月 2 万元。”在这里，收入是指单位时间段内收益的流量，可以用货币的多少来表示，收入不完全等同于货币。

所以在现代意义上，货币的定义一般表述为：凡是在商品与劳务交易和债务清偿中，可作为交易媒介与支付工具、被普遍接受的手段就是货币。

二、货币的特质

一般来说，作为一般等价物的货币应该具有以下特质：普遍可接受性——货币是用于商品交换的媒介和手段；供给的稀缺性——供给处于短缺状态，数量上有限，才会成为被人们持续追求的对象；价值的稳定性——金银等实物货币本身就具有很高的内在价值；便于携带和分割——这是便于交易的需要；易于辨认——这是保证货币被普遍接受的一个前提条件。

三、货币职能

研究货币的职能是理解货币现象和货币相关问题的入手点，不同学派的经济学家在对货币功能的认识上分歧不大。马克思把货币的职能概括为价值尺度、流通手段、支付手段、价值贮藏、世界货币。

（一）价值尺度

商店里的每件商品都拥有自己的价格，一瓶牛奶 7 元，一件衣服 399 元，一台彩电 6 999 元……此外，提供的服务、证券市场上交易的股票、债券等也有价格。在现代生活中，交易的对象都有价格。用货币来衡量所有商品和服务的价值可以方便地比较各种商品价值，马克思把货币赋予交易对象价格形态的职能命名为价值尺度。

原始社会中，人们直接用自己多余的物品去换取自己需要的物品，这种物品和物品之间直接的交换，被称为物物交换。在物物交易制下，商品的交换需要无数比率。假如社会经济中只有 3 种商品，即金融学教材、电影票、过桥米线，这时只要知道 3 种商品各自的价格，就可以进行交易，例如物物交换。而这时的 3 种价格为以金融学教材表示电影票的价格（即购买电影票相当于购买多少本金融学教材）、以过桥米线表示电影票的价格和以过桥米线表示金融学教材的价格。以此类推，如果经济社会中，商品变为 10 种，要完成物物交换，就需要知道 45 种价格；如果有 100 种商品，就需要知道 4 950 种价格；如果有 N 种商品，就需要知道 N（N-1）/2 种价格。

如果在当今社会中，没有货币，还是进行以物易物，那要完成一笔交易何其之难。可以想象一下，周末进入沃尔玛进行购物，其中商品有 1 000 种，那么为了公平交易，就需要在每一种商品上标注 999 个不同价格，即每一单位的该商品可以换取其他商品多少个单位，那么读取完这些信息将要花费的时间成本是极其高昂的。

要解决这个问题，就需要把货币引入经济社会中，所有的商品都使用货币来计价，表明每种商品应该价值几何。这样，有 100 种商品的时候，只需要直接读取上面的标价，不再需要像以物易物时候要知道 4 950 种价格才能完成交易。

从以上内容可以看出，货币作为商品的价值尺度，可以大大减少完成交易要掌握的价格信息，降低交易成本。

（二）流通手段

流通手段又称为交易媒介，是指商品所有者拿着自己的商品去找持有自己所需商品的所有者进行交换。有了货币，商品所有者先要把持有的商品换成货币，即“卖”出；然后再用货币换取所需要的商品，即“买”进。这样，商品的交换过程就变成买与卖两个过程的统一。在买与卖的过程中，商品被卖者带进交易过程并力求将它换成货币，而买者一旦用货币换进商品，商品就会退出交易过程，或用于消费，或用于经营。货币在商品进出的过程中，作为交易的媒介为交易服务。以货币作为媒介的商品交换是一个连绵不断的过程，这个过程被称为商品流通。而在商品流通中起媒介作用的货币，被称为流通手段或购买手段、交易媒介。

（三）支付手段

在经济生活中，除了一手交钱一手交货这种交易形式之外，还存在大量的赊销现象，即买卖双方在交易时约定买方可以先获得商品，到双方约定时间买方再向卖方支付货款。这样，当买方付款时，货币就不再充当交易媒介，而是作为一个独立的支付手段存在。此时，卖方之所以会同意买方延迟付款，有时是因为卖方急于出售货物，有时是因为买方虽然在购买时缺少货币，但将来会有货币收入，双方基于互相信任，形成一种债务债权关系。

货币的支付手段职能指的就是货币作为延期支付的手段来结清债务债权关系。这种支付手段不仅仅体现在商品的赊销之中，还表现在资金盈余者把货币借给资金赤字者、工厂主向工人支付工资、纳税人向国家缴纳税赋等各个方面。货币作为一个独立存在的价值，发挥着重要的支付手段职能。

（四）价值贮藏

既然货币既能够衡量商品的价值，又可以充当交易的媒介，进行流通交易，那么货币自然会被人们作为财富储存起来。当货币退出流通领域被人们当作社会财富的一般代表保存起来，货币就发挥着价值贮藏的职能。

在商品的流通过程中，人们首先把自己的商品销售出去，换取货币，然后才能用货币购买自己所需要的商品。完整的商品流通被分解为卖和买两种行为，有时候卖和买紧密相连，但在更多的时候，卖和买在时空上是彼此分离的。如居民在获得工资收入之后，不会全部消费，总要保留一部分留待以后使用。此时，货币就被作为价值而贮藏起来了。

人们贮藏货币的原因多种多样。每次货币收入之间往往会有一定的时间间隔。人们会选择贮藏一部分货币，从而可以在两次货币收入的间隔期中使用这些货币来购买生产资料和生活资料。此外，在现代商品生产条件下，很多经济行为都必须在积累了一定数量的价值之后才能实施，比如企业家必须积累一定数量的资金才能扩大生产规模，房子、汽车等耐用消费品的购买更是需要居民长达数年的积累。因此，人们会有意识地贮藏货币，为将来的消费和投资做准备。

在金属货币时代，金属货币是一种足值货币，货币贮藏发挥着“蓄水池”的作用，能够调节流通中的货币数量：当流通中货币数量过多时，过多的货币被人们贮藏起来；当流通中货币数量不足时，被贮藏的货币又会重新进入流通领域。

在现代的信用货币时代，货币本身已经不具有价值了，不是一种足值货币，人们也很少再用贮藏纸币的方式来贮藏财富，因为贮藏起来的货币容易受通货膨胀的影响发生贬值。取而代之的是将货币投资于债券、股票、期权、存单等，实现财富的保值增值。

（五）世界货币

随着国际贸易的发展，货币开始走出国门，在世界市场上发挥着价值尺度、流通手段、支付手段、价值贮藏等职能。在金属货币时代，黄金等贵金属可以在各国之间自由输入输出，各国货币的比价保持在一个比较稳定的水平上。马克思认为此时货币作为世界货币实际是依靠贵金属（如黄金、白银）本身的成色和重量来发挥世界货币的职能。随着金属货币时代的结束，以及此后黄金在世界范围内的非货币化，货币不再以贵金属作为载体。货币要想在国际经济交往中发挥自身职能，就需要国家信用背书，以经济实力为基础，获得他国认可。目前国际上较为通用的交易货币是美元、欧元、人民币和日元等，主要以美元为主。

世界货币的作用主要体现在以下几个方面：作为国际间支付手段，用以平衡国际收支差额，这是世界货币的主要职能；作为国际间的一般购买手段，用以购买国外商品，作为购买手段的货币在此时被当作货币商品与普通商品交换；作为国际间财富转移的一种手段，比如战争赔款、输出货币资本等。

北京时间2015年12月1日凌晨1点，国际货币基金组织(International Monetary Fund，IMF）正式宣布，人民币2016年10月1日加入SDR（特别提款权）。距离上一轮评估历时整整五年，IMF终于批准人民币进入SDR。IMF总裁拉加德在发布会上表示：“人民币进入SDR将是中国经济融入全球金融体系的重要里程碑，这也是对于中国政府在过去几年在货币和金融体系改革方面所取得的进步的认可。”

思考：货币的世界货币职能指的是什么？货币执行世界货币职能主要表现在哪些方面？

四、货币层次的划分

（一）货币的流动性

把货币看成是一种资产，货币的流动性是指货币能迅速转换成现实购买力而不发生损失的能力，也称变现力，反映了一种投资的时间尺度（卖出它所需多长时间）和价格尺度（与公平市场价格相比的折扣）之间的关系。货币的流动性越强，变现能力越强，越容易被人们普遍接受。

现实社会中的货币，不仅包括流通中的通货、纸币和辅币，还包括银行存款、有价证券等。不同形态的货币流动性是不同的，所以各个国家按照货币的流动性，把货币划分为不同的层次，用 M0、M1、M2、M3 来反映货币供应量，这是反映货币流动性的重要经济指标。不同国家对货币层次的划分有所区别，一般来说，M0 的流动性最强，M1 次之，以此类推。

（二）国际货币层次的划分

目前按照国际货币基金组织确定的货币统计口径，把货币层次划分为以下三个层次：

M0=通货，是指流通于银行体系之外的现金，即流通中的现金，主要包括居民、企业等单位持有的现金，不包括商业银行的库存现金。这部分货币可以随时作为交换手段和支付手段，流动性最强。

M1（狭义货币）=M0+活期存款。此处的活期存款不包括个人的活期存款，是私人部门的活期存款。活期存款随时可以签发支票或刷卡成为直接的支付手段，流动性仅弱于现金。

准货币。主要包括银行的定期存款、储蓄存款、外币存款等，准货币本身虽然不能直接用于购买商品，但经过一定的程序之后就可以转化为现实的购买力，也称为“亚货币”。

（三）我国货币层次的划分

1994 年，中国人民银行印发《中国人民银行货币供应量统计和公布暂行办法》，正式推出了货币供应量统计监测指标并定期公布，根据国际通用原则，以货币流动性差别作为划分各层次货币供应量的标准，并结合我国实际情况，拟将我国货币供应量划分为M0、M1、M2、M3 四个层次。经过数次修改，目前各层次的货币内容如下：

M0=流通中现金；

M1=M0 + 活期存款；

M2=M1 + 准货币（包括定期存款、储蓄存款、债券公司的客户保证金、其他存款）；

M3=M2 + 金融债券 + 商业票据 + 大额可转让定期存单等。

M0 主要包括流通中现金，指的是央行资产负债表中的货币发行减去其他存款性公司资产负债表里的库存现金，包括境外流通的人民币。随着中国国际地位的提升、人民币国际化进程的推进、人民币贸易与投资的增加，境外人民币占比会逐渐提高。M0 在银行体系以外流通，与消费变动密切相关，它构成对消费品的直接需求，是一种即期需求，是反映消费品市场当期供求状况的重要指标，是最活跃的货币，流动性最强。随着我国实力的增强、对外投资活动的日趋活跃，M0 中境外人民币流通量的占比会不断提升。

M1 是狭义货币供应量，它反映了居民和企业资金松紧变化，构成对消费品和投资品的直接需求，是反映消费品和投资品市场当期供求状况的重要指标，是经济周期波动的先行指标。随着银行卡功能的不断完善，个人的银行卡活期储蓄支付金额越来越多、用途越来越广，接近于现金的流动性。但是值得注意的是，居民储蓄存款并不包括在活期存款中，这一成分目前计入 M2。

M2 是广义货币供应量，是目前使用最为广泛的货币统计指标，通常所说的货币供应量就是指 M2。

M2 与 M1 的差额属于准货币。准货币，如单位定期存款、居民储蓄存款、债券公司的客户保证金、财政金库存款、其他存款，又叫亚货币或近似货币，是一种以货币计值，虽不直接用于流通，但可随时转化为现实的货币，故对货币流通有很大影响。

M3 是考虑到金融不断创新的现状而增设的，国家只测算不对外公布相关数据。

（四）货币层次划分的经济含义

中国人民银行每月定期公布 M1 和 M2 数据，那么 M1、M2 和我们的生活与投资有什么关系呢？

随着我国经济的发展和生活水平的提高，居民对现金的持有量不断增加，2020 年 5 月流通中的现金达到 79 706.83 亿元，但是得益于非现金结算的广泛发展以及近期崛起的第三方支付平台，经济主体无须持有过多的现金即可完成交易，M0 在 M1 的所占比重逐步下降（如图 2-1 所示），从 2000 年的 27.57%下降到 2020 年 5 月的 13.72%，而得益于第三方支付平台的发展，2016 年开始所占比重稳定在 13%左右。

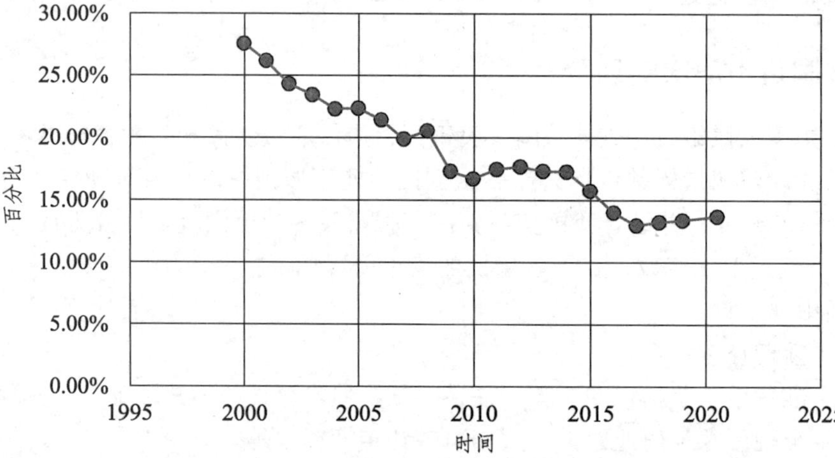

图 2-1　M0 在 M1 中比重逐年下降

如果 M1 增长速度过快，当 M1 高 M2 低时，说明企业活期存款多，投资意愿强，投资者信心增强，消费和终端市场活跃，股市和房地产市场有可能上涨；反之，M1 减少，股市和房地产市场有可能下跌。我国股票市场与 M1 的走势变化基本上是同步的，呈现明显的正相关关系。因此我们经常说，股市和房地产市场具有经济晴雨表功能，对货币变化具有放大效应。

当 M2 过高 M1 过低时，说明实体经济中有利可图的投资机会在减少，资金不愿意进入实体循环中，而是堆积在金融体系内，活期存款大量转变为较高利息的定期存款，货币构成中流动性较强的部分转变为流动性较弱的部分，继而就会影响实业投资和经济增长。

如图 2-2 所示，我国从 2000 年开始，M0、M1、M2 都在逐年增长，M2 增长较快，近年 M2、增长 M0 趋缓。

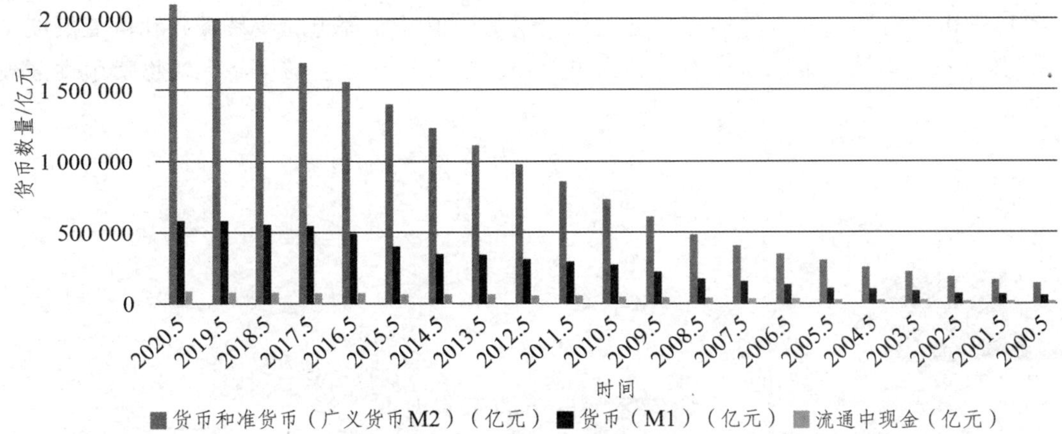

图 2-2　中国货币层次供给情况

综上所述，M1 代表流动性强的资产，主要反映经济中的现实购买力，随时可以消费。M2 包含居民储蓄和企业定期存款，不可随时提取出来，代表的是未来潜在的购买力。

第二节　货币的演变形式

生活中我们常常会说：“你人怎么掉进钱眼中了啊？”钱有“眼”吗？货币从哪里来，又将去往何处？

在货币产生的几千年历史中，货币经历了由低级向高级，从实物到观念，从真实价值到名义价值的演变过程。按照币材的不同，货币历经了实物货币、金属货币、代用货币、信用货币、电子货币等不同形态。

一、实物货币

实物货币，是在自然界存在的某种商品，它作为货币的价值与作为普遍商品的价值是相等的。实物货币是货币最原始的形式，其本身既是商品，同时又作为货币充当交换媒介。

在历史上，牛、盐、兽皮、布、帛、农具、陶器等，都曾经充当过实物货币。实物货币的主要特征是稀缺性，但人们普遍使用从而愿意接受。比如中国古代流通较广的实物货币是“贝”，如图 2-3 所示，其具有质地坚硬、不易损坏，体积小、便于携带，个数多、便于计价，不易被模仿制造的特征，所以在我国的夏、商、周甚至更早的时候，人们用贝壳充当交换媒介来交换商品。

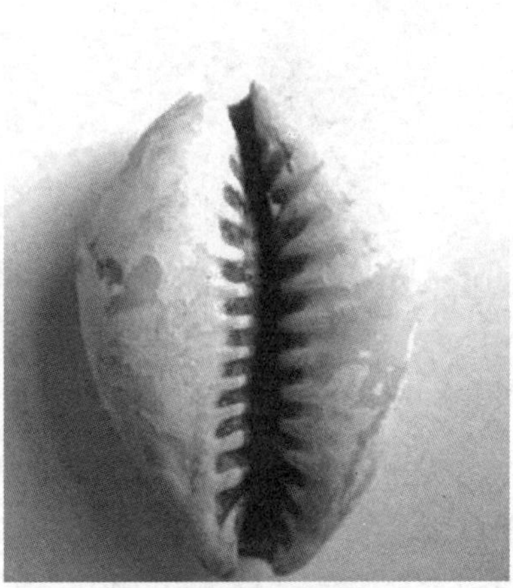

图 2-3　贝币

实物货币保持原来的自然形态，能够代表财富，但并非理想的交易媒介和价值尺度，因为它体积笨重、不便分割、质量不一、容易磨损。随着经济社会的发展，实物货币逐渐被金属货币所取代。

如何区别贝币的面值大小

《说文解字》中对“贝”字是这么解释的：“贝，海介虫也。居陆名猋，在水名蜬。象形。”最开始作为贝币的是一种特定的贝壳，叫做齿贝，也叫做货贝，这种贝壳的大小比较均匀。在夏朝，实行的是“朋贝”制：即1朋为大海贝5个或小海贝10个。也就是说，一个大的贝壳可以换2个小贝壳。

《汉书·食货志下》按贝的大小将其分为五品，第五品太小，不能算贝货，实际作为贝币的是前四品，依次分为大贝、壮贝、幺贝、小贝，它们各有一定的尺寸和折钱的标准。如大贝，长四寸八分以上，值钱二百一十六；小贝，长一寸二分以上，值钱十。

到了商朝中晚期至周，由于人口增加，货物流通量变大，天然的货贝已经不够用了，这时候出现了以石、骨、蚌、陶等为原材料制作的仿贝，这样的仿贝也可以在市场上流通无阻。

二、金属货币

金属货币是指以金属作为货币材料充当一般等价物的货币。历史上曾经充当过货币的金属主要是贵金属，包括金、银、铜等，如图2-4所示。

秦半两　西汉八铢　西汉五铢

图2-4　秦汉时期部分金属货币

与实物货币相比，金属货币具有无可比拟的优势：① 币值稳定，便于携带；② 价值大，易于分割；③ 不受场景、季节的影响，易于贮藏；④ 具有统一的价值衡量标准。因此，马克思说，金银天然不是货币，但货币天然是金银。

目前黄金、白银等贵金属作为货币的属性主要表现在价值贮藏方面，但在经济、政治局势动荡，战争时常爆发的国家或地区，贵金属仍然发挥着货币作为等价物的功能。

三、代用货币

代用货币是指政府或银行发行的、代替金属货币执行流通手段和支付手段职能的纸质货币。最早出现的代用货币是四川的交子，如图 2-5 所示，解决了北宋时期四川使用铁钱不便于交易的问题。西方的代用货币则出现在中世纪之后，英国的金匠为顾客保管金银货币，他们所开出的本票形式的收据，可以在流通领域进行流通；在顾客需要时，这些收据随时可以得到兑换。

图 2-5　交子

纸币是代用货币比较完善的形式，是可以兑换贵金属的银行券。这时候的纸币，是代替金属货币、可以随时兑换为贵金属的，不同于现在的纸币。

金融小学堂

唐代金融工具的创新——飞钱，就这样创造了历史

唐朝时候使用的开元通宝，每贯重六斤四两，每贯一千文铜币。那么在长安买套房子，需要多少钱呢？李峤在《代公主让起新宅表》中写道：“且坊为要冲，地当贵里，亩

赁二三十贯，居人四五百家。”可知醴泉坊的地价为 1 亩 20 贯到 30 贯，唐代的一斤为 16 两，一贯就是 100 两，按照现在一斤 10 两计算，一贯就是 10 斤，那么大约需要铜币 200 斤至 300 斤来购买一亩土地建房。

一贯铜币如此之重，在唐代甚至其他朝代，大宗交易时就会产生许多不便。那么有没有可以解决的办法呢？

唐代出现的飞钱，就是解决办法。

《新唐书·食货志》记载：“(唐宪宗)时商贾至京师，委钱诸道进奏院及诸军诸使富家，以轻装趋四方，合券乃取之，号飞钱。”从中可知，商人在京城长安，把钱币交给诸道进奏院、诸军、诸使、或富家(进奏院，是指唐代各道——相当于现在的省，在京城长安设置的办事处)，开具一张凭证，上面记载钱币的数量以及到何地取现，然后商人到目的地凭借凭证取钱，这个凭证就是飞钱，也称之为“便换”。

这样，不需要带上大量较重的铜币，只需带一张飞钱，就可以实现在长安买房的梦想。

下面就详细地介绍飞钱产生的背景与使用方式。

一、飞钱产生的背景

1. 金属货币太重，不易携带

随着经济发展，实物货币逐渐演变为金属货币，并慢慢在经济中占据主导地位，其最主要的优点就是满足了供给的稀缺性，但是也附带了一个缺点——重，而数量较多时非常重，特别不易携带。

上面已经计算，一贯钱的重量大约是现在的 10 斤，100 贯就相当于重 1000 斤，在古代交通不发达，商人带着大量的铜币往返各个城市，交易成本很高，给商业经济的发展带来了不便。

那么是否可以使用黄金和白银呢？在汉唐时期，金银很稀缺，供给量少，根本无法满足社会对货币的需求量，所以那个时候金银主要充当装饰物品，没有成为法定的支付货币。

这就急需一种新的金融工具来解决这种困境，而飞钱就满足了这种需求。

2. 唐代钱荒较为严重

唐高祖对货币制度进行了改革，废除了通用数百年的五铢钱，改用开元通宝，规定以文为单位，一两十钱，确定了开元通宝的大小、重量，并将其定为唐的法定货币，具有无限兑换能力。

唐朝经历贞观之治、开元盛世，社会经济进入空前繁荣阶段。经济繁荣，就需要大量的货币。而唐朝使用金属货币制度，一枚开元通宝的面值和其实际价值是相等的。这就意味着，市场经济中的所有商品之和价值 N，与之相对应开元通宝数量应该有 N。但是，铜币的稀缺，使流通中的货币已无法满足经济发展的需求，货币需求量远远大于供给量，钱荒现象由此出现。

唐代政府为了应对钱荒，采取各种办法，其中之一就是禁止现钱出境。现钱只能在一定的区域内流通，不能流通到其他地区，这导致了商品贸易停滞，经济混乱。政府也使用过金属货币和实物货币兼用的方式，但仍然没有办法彻底解决货币需求与供给的矛盾问题。

在这样的背景下，一种既可以带出境满足经济正常运行，又可以满足市场货币需求，同时政府还可以掌控货币的新金融工具顺势出现。

3. 商业信用逐步成熟

唐代经济十分繁荣，出现了租赁业务——柜房。当时各地商人云集长安，经过交易之后获得大量的钱币，大量货币不易携带的问题以及保护钱财安全的需求，催生出柜房业务：当地的一些商家推出为外来商人保管钱物，收取一定的手续费，类似于后期的钱庄。这里就有信用的存在，只有双方彼此互相信任，业务才能开展，实现互利互惠。

另外，在当时的民间经济中，预付款交易也较为发达，大家遵守公平交易的原则，坚守契约精神。官府与民间也产生商业信用：政府为收购足量的粟米，向百姓提前支付预付款，政府也向百姓赊销粟米。这样政府在其中赚取一定的利差，同时还能使粮价保持稳定，比如天宝六年太府少卿张道奏："商业信用在唐代发展以及很成熟。准四载五月并五载三月敕节文，至贵时贱价出粜，贱时加价收籴。若百姓未办钱物者，任准开元二十年七月敕，量事赊粜，至粟麦熟时征纳"。

商业信用的本质就是延期支付或赊销，并不是最为常见的一手交钱一手交货。商业信用的成熟发展，为飞钱的出现奠定了基础。

二、飞钱的使用

唐代的道略大于现在的省，都在长安开有办事处，叫做进奏院。进奏院的职责是向中央政府上表奏章、传递公文以及缴纳赋税。到了唐代中后期，各地前往长安贸易的商人把钱币存入进奏院，由进奏院开具凭证，凭证上面记载交钱人的姓名、钱币数额以及取钱的地点。这个凭证一式两份，一份交于存钱的商人，另一份由进奏院派人送回本道的取钱机构。商人返回本道以后可以凭借这种凭证取钱，办事机构拿出另外一份凭证与之核对，核查真实有效之后付钱给商人。

这个凭证就是飞钱，如图 2-6 所示。这种方式使得交易不需要再运输大量货币，降低了交易成本。

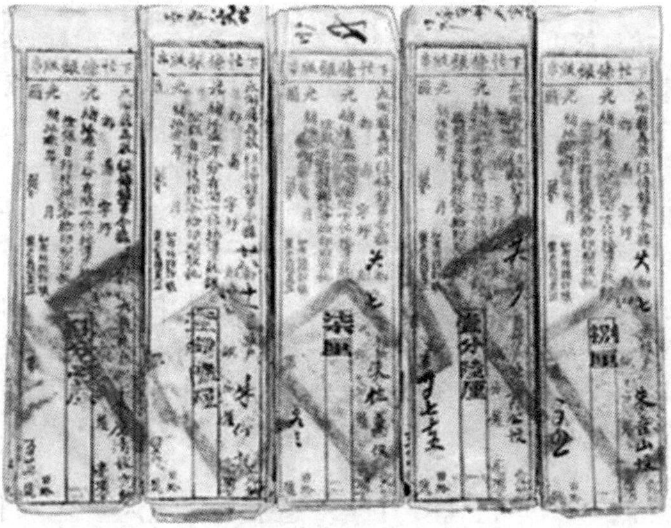

图 2-6　唐代飞钱

与此同时，各道在京城长安收取大量的铜币，不需要全部运送回本道的，可以由这些存钱充当该道上交中央政府的税赋。而该道收取的税赋也不需要全部运送至长安，部分给商人取走。如此，商人和政府在飞钱中实现双赢。《国史旧闻》中就记载："商人纳钱京师，可少慢藏之患；地方纳钱中央，可省转搬之劳"。

当然，政府给商人提供如此便利的金融服务，是要收取手续费的。公元 812 年，唐宪宗就下令由户部、度支和盐铁三司统一飞钱业务，开始实行每一千贯收取一百文的手续费。

在飞钱的使用过程中，国家信用已经有所体现。

资料来源：节选自公众号教书匠张小新《唐代金融工具的创新——飞钱，就这样创造了历史》

四、信用货币

信用货币是由国家法律规定强制流通、不以任何贵金属为基础的独立发挥货币职能的货币，是国家通过银行向社会提供的信用货币，是一种信用流通工具，是货币价值符号，其本身价值远远低于其货币价值。与代用货币不同，它与贵金属完全脱钩，不再直接兑换任何贵金属。但显而易见，信用货币在商品交换过程中降低了交易成本，提高了商品流通的速度和效率。

目前，世界各国发行的货币，如美元、欧元、日元、人民币等，都属于信用货币。信用货币的主要形式是纸币、商业票据、银行券和存款货币，如现金、存款、期票、支票、汇票等形式。

五、电子货币

电子货币也称为信息货币，通常是指利用信息技术进行金融交易和支付活动的时候使用的货币符号。电子货币是存储于电子计算机、电子卡包中，通过计算机网络系统，以电子信息传递形式实现支付功能的非现金货币，所以也称作超物货币。

随着科学技术的飞速发展和电子计算技术的运用，货币的交易和支付方式进入了一个崭新的阶段，第三方电子支付平台不断兴起。电子货币具有交易迅速、相对安全和节约费用的优点。当然，使用电子货币的人们在产生方便感之余，总还有一些担心：如何防范电子货币被盗，如何对个人资产资信情况保密等，都是货币发展过程中需要注意的问题。

综上所述可以看出，货币的形态不断由低级向高级演进，遵循的原则是提高经济效率和降低交易成本。随着社会经济的发展与科学技术的进步，未来也将有更多不同的货币形态出现。

第三节 货币制度

一、货币制度及其构成要素

货币的形态经过数千年的发展，经历了实物货币、代用货币、信用货币、电子货币几个阶段演变。但无论货币表现为怎样的形态，客观上都要求货币的形式统一、币值稳定，形成一个有秩序的稳定的交易环境，为经济的发展提供有利的客观环境。因此，各个国家在货币问题上都制定了种种法令，从不同程度、不同角度对货币进行控制，试图建立符合自身政策目标的货币制度。例如，中国古代秦国统一六国之后，在经济上实施的一个重要政策就是统一六国货币，把秦国的“秦半两”作为统一的货币全国通行。这对促进各地区的经济交流十分有利。国家以法律形式所确定的货币发行和流通的结构与组织形式称为货币制度，简称币制。不同国家的货币制度之间往往存在差异，但总的来看，货币制度都会涉及如下几个方面的内容：货币材料的确定、货币单位的确定、流通中货币种类以及铸造和发行的管理、对不同种类货币的支付能力的规定等。

（一）货币材料的确定

国家规定哪种或哪几种商品（可能是金属也可能是非金属）为币材，实际上都是对已经形成的客观现实从法律上加以肯定。哪种或哪几种商品一旦被规定为币材，即称该货币制度为该种或该几种商品的本位制。例如，以金为币材的货币制度称为金本位制，以银币为币材的货币制度称为银币本位制。在很长的历史时期中，往往有多种币材并行流通。反映在法令上，也往往是对几种币材同时予以承认。就中国来看，从先秦直到清代，铜一直是官方肯定的币材，但是在不同的时期，又有多种材质的货币并行流通，比如铜币与实物货币帛或粮食流通于唐代、铜币与铁钱并行流通于北宋、白银与铜并行流通于清代等。在西欧，则有很长一段金、银并行流通的时期。当政府明确金、银都是法定币材时，称为金银复本位制。单由黄金垄断流通的时间，在先进工业化国家的历史也不长。最早是英国，也是直到1816年才正式宣布实行金本位制。

现在世界各国都实行信用货币制度，货币不再能兑换成金属，法律中也没有规定任何商品可以充当币材。过去货币制度中一个最重要的构成要素消失了。按照习惯，我们也可以称目前的货币制度为不兑现信用本位制。国家虽然可以用法律的形式规定何种商品充当币材，但这实际上都是对已经形成的客观现实从法律上加以肯定，国家并不能随心所欲地任意选择币材。如果国家把在现实生活中无法充当币材的商品强行规定为币材，或者强行取消现实生活中正在充当币材商品的货币地位，则会造成经济和社会的混乱。例如汉代王莽建立新朝，实行了多次币制改革，使用了金、银、龟、贝、钱、布五物六类二十八种货币，称为“宝货”。这一币制不仅名目繁多，而且将早已失去货币性能的原始货币，如龟壳、贝壳等拿来使用，造成了严重的金融混乱、货币贬值。

（二）货币单位的确定

货币制度需要对货币单位做出规定，这包括两个方面的内容：规定货币单位的名称和规定货币单位的币值。

货币单位的名称最初与货币商品的自然单位或重量单位相一致，比如用金属铸造的货币，其货币单位的名称就使用重量单位，秦朝铸造过“秦半两”铜钱、汉朝铸造过“五铢”铜钱，钱面上分别铸有半两、五铢字样，而且货币含铜重量与钱面上的文字相符，也就是货币的面值和实际价值相等。后来，货币的价格单位与自然单位逐渐分离，即面值和实际价值不相等，有些货币单位采用了另外的名称，如唐朝铸造了“开元通宝”货币，“通宝”就是钱的名称，而货币单位则是“文”。

按照国际惯例，一国货币单位的名称往往就是该国货币的名称。比如英国的货币单位是“镑”，人们就称英国的货币是英镑。中国有些特殊，货币的名称是人民币，货币单位的名称是“元”，两者不一致。

在货币单位的确定中，更重要的是确定币值。在金属货币时期，确定币值就是确定本国货币单位所包含的货币金属的重量和成色。在代用货币时期，且代用货币尚未与黄金脱离直接联系的情况下，只要确定本国货币单位的含金量，或确定本国货币与世界上占主导地位的货币（如美元）的固定比价，即可确认币值。当黄金在世界范围内非货币化，进入不可兑现的信用货币时期后，则需要维持符合自身利益的本国货币与外国货币的比价，即汇率。

无论如何，当币材的构成要素消失之后，货币单位的确定成为货币制度中的核心构成要素。

（三）货币种类以及锻造、发行与流通

一国流通中的货币可以分为本位币和辅币两种。在金属货币时代，本位币是指用法定货币金属，按照国家规定的规格，经国家造币厂铸成的铸币。辅币的面值大多只有本位币的十分之一、百分之一，供日常零星交易和找零使用。本位币和辅币之间可以自由兑换，本位币和辅币的铸造、发行、流通程序各不相同，具体体现在以下几个方面：

第一，本位币是足值的货币，即其名义价值与实际价值相一致，是一国流通中的基本通货。而辅币多由贱金属铸造，是不足值的货币。之所以采用贱金属铸造辅币，是因为辅币流通频繁，容易被磨损消耗，如果使用贵金属，流通成本太大。辅币有助于维持本位币与辅币之间固定的兑换关系。

第二，本位币可以自由铸造、自由熔化。即公民可以把经法令确定的货币金属送到国家造币厂，委托造币厂把金属铸造成货币，造币厂或不收费用，或仅收取极低的手续费用。公民也可以把铸币熔化，但不允许私自铸造铸币。自由铸造制度使得铸币价值与其所包含的金属价值能够保持一致。这是因为当铸币的市场价值高于金属价值时，人们会把金属送往造币厂铸造铸币，从而使得铸币数量增多而价值下降；反之当铸币的市场价值低于金属价值时，人们会把铸币熔化，还原成金属，从而使得铸币数量下降，价值上升。因为辅币是不足值的货币，因此辅币的铸造权不能归私人所有，必须由国家垄断。辅币面值大于实际价值的差额即形成铸币收入，归国家所有，形成政府的财政收入，这样的收入被称为“铸币税”。

第三，本位币和辅币的法定偿付能力不同。本位币具有无限法偿能力，而辅币只具有有限法偿能力。所谓无限法偿，是指法律规定取得这种能力的货币，无论是在哪种交易活动之中，无论交易的数额是多少，交易的对方都不得拒绝接受。而有限法偿是指在交易支付活动中，交易数额超过一定限额时，交易的对方可以拒绝接受该种货币，但在限额之内则不得拒收。比如英国货币法曾经规定辅币每次支付的最高金额是 20 英镑。

在不兑现的信用货币时代，流通中的货币区分为现金货币和存款货币两种。其中，现金货币中的本位币来源于早期的银行券和政府纸币，其发行权目前大多由各国中央银行垄断。而辅币则沿袭传统，依然由不足值的贱金属铸造而成，发行权归政府所有。此时，现金货币中无论是本位币还是辅币，其面值都低于实际价值。存款货币的管理则是由存款货币银行和中央银行的业务活动所共同决定的。

思考题：根据某网站报道，王某携带 5 万枚硬币用于支付所购小汽车的部分货款，被 4S 店拒绝。你如何看待这个事件?

二、货币制度的演变过程

在理论上，任何商品都可以被选做货币。然而，只有贵金属具有充当货币的所有优势。从历史的沿革来看，虽然各国采取的货币制度各不相同，但总的说来货币制度的发展是以贵金属本位制为主，基本上遵循着银本位制—金银复本位制—金本位制—不兑现信用货币制这样的顺序。

（一）银本位制

世界上大多数国家最初执行的都是银本位制。银本位制的基本内容是：白银是法定货币，银币可以自由铸造、自由熔化、自由输出和输入国境，银币具有无限法偿能力。随着经济水平的逐渐提高，交易规模不断扩大，白银作为币材显得体大值小，而且白银的价格很不稳定，导致银币价值忽高忽低，对经济造成了很大伤害。于是许多国家逐渐放弃了银本位制，开始采用金银复本位制。中国就是在 1935 年放弃了银本位制。

（二）金银复本位制

金银复本位制是资本主义发展初期最典型的货币制度，其基本内容是：金银两种金属同时被法律承认为货币金属，金银铸币都可以自由铸造、自由熔化、自由输出和输入，金银铸币都具有无限法偿能力。

金银复本位制的出现是以黄金的大量开采为契机的。17 世纪，巴西发现了丰富的金沙，黄金开采量大增，并从美洲流入欧洲。如上所述，银本位制下白银价值较低，无法承担大额交易，黄金的出现正好弥补了这一缺陷。于是，在经济生活中黄金和白银同时流通，白银充当小额交易的媒介，而黄金则充当大额交易的媒介。

金银复本位制下金银并用，币材充裕，满足了经济迅速发展的需要。然而，这种货币制度本身具有内在不稳定性。金币和银币均按其所含金属的实际价值流通，如果国家对这两种货币之间的兑换比率不加以规定，完全由市场决定，市场上的商品就会具有双重价格，即以金币表示的价格和以银币所表示的价格。当市场上黄金和白银之间的比价发生变化时，商品的这两重价格也会随之发生变化，这样商品价格频繁变动，必然会导致市场混乱。而一旦国家规定了金币和银币之间的比价，虽然商品的市场比价不再发生变化，但“劣币驱逐良币”现象又会在此时发挥作用，银贱则银币充斥市场，金贱则金币充斥市场，贱币驱逐贵币，复本位制无法实行。例如美国在1791～1861年实行复本位制，规定金银之间的铸币比率为1∶15，而其他复本位国家规定的金银之间的比率为1∶15.5，这样，任何国家的人都可以将1盎司黄金输出美国，在国外换取15.5盎司的白银，然后再将15.5盎司白银运回美国，用15盎司换1盎司黄金，最终赚取0.5盎司的白银。这样做的结果就是美国流通的是相对比较便宜的银币，而外国流通相对比较贵的金币，这会对各国的经济造成一定的影响。

（三）金本位制

19世纪开始，一方面白银采掘业的生产率大幅提高，银价暴跌，白银作为价值尺度已不适宜，而金币具有价值高重量轻的优势，日益成为最适合、最稳定的价值尺度；另一方面，复本位制固有的缺点无法克服，于是主要资本主义国家都用金本位制取代了复本位制。1816年，英国率先实行了金本位制，到1880年，欧美主要国家都已经实行了金本位制。

牛顿与金本位

1696年，牛顿担任英国皇家造币厂的监督。当时，黄金还没有受人们的青睐，流通量极少，银币才是英国的基础货币。但是在贵金属充当货币的年代，货币在流通中难免磨损、贬值，造成货币体系不稳定，因此国家不得不频繁重铸货币。银币不能长期保值，促使一部分人将没有磨损的新银币熔化成银块，去换回价值更为稳定的黄金甚至外国货币。由于流通中的足值货币的数量大大减少，造成了通货紧缩，给国家带来了巨大的经济损失。而在当时，新大陆已被发现，海外贸易兴起，通货紧缩无疑给国际贸易带来沉重打击。与此同时，假币伪币制造技术随着工业的发展而出现，严重扰乱市场秩序。在1696年，政府的公信力出现破产，导致英格兰银行出现挤兑风潮，人们纷纷抛出银币换取黄金以保值，使得市场上金价在短期内上涨了50%。流通中的银币数量骤减，通货紧缩日益严峻，英国政府为了稳定民心，不得不再次铸造和发行新货币，以增加市场中的银币数量。

于是，在1696年，新一轮的货币重铸工作被提上日程，历史上称为“铸币大改革”。本次货币重铸争论的焦点在于，是否允许银币对白银贬值。连年的战事让政府财政拮据，急需经费。最终议会决定，依照足值货币的标准重铸新币。货币重铸以后，市场上流通的银币数量依然在不断下降，新币几乎在市场上一经流通便消失了。

随着银币公信力的荡然无存，白银的外流愈加严重，人们纷纷以白银换取黄金，连铸币局也开始大量储存价值相对稳定的黄金。市场需求量的增加导致金价上扬，金子成了炙手可热的商品，而伴随黄金的大量流入，金价也开始自动回落，正式成为价格受到市场调控的流通贵金属。随后，牛顿在1717年的货币报告中，分析了欧洲各国以及中国、日本、东印度的金银价格情况，认为英国当时的白银短缺已经是不可改变的事实。在报告中，他并没有强调政府彻底放弃白银，而是想方设法说服其认识到黄金的重要性，并对其进行国家统一定价。1717年，议会通过决议，将英国的黄金价格确定为每盎司3英镑17先令10便士，纯度为0.9。这是一个划时代的定价决策，从此，黄金价值正式与英镑面值挂钩，而在当时的英国市场，黄金早已取代白银成为主要的支付手段，于是，真正意义上的货币金本位制度终于建立了。虽然直到1816年，英国才以法律的形式确立金本位制度，但是众多金融史学家认为，在1717年以后，英国实际上已经是一个金本位制国家了。

资料来源：根据《经济学家茶座》2005年第3期管清友《牛顿和英国金本位的形成》与公开资料整理

金本位制是以黄金作为本位币的货币制度，可以分为金币本位制、金块本位制和金汇兑本位制三种。

1. 金币本位制

金币本位制是典型的金本位制。在金币本位制下，黄金是法律认可的货币金属。金币可以自由铸造、自由熔化、自由输出和输入，金币可以和货币制度中的其他货币自由兑换，金币具有无限法偿能力。虽然有些执行金币本位制度的国家也铸造银币，但是银币不具备无限法偿能力，不能像复本位制下那样与金币分庭抗礼。在金币本位制度下，银行券的发行制度逐渐完善，中央银行垄断了银行券的发行，银行券可以随时兑换为金币。

金币可以自由铸造、自由熔化，意味着货币可以自动调节流通中的数量，保持物价的稳定。当流通中货币数量过多时，物价上涨，币值下跌，金币的名义价值就会低于实际包含的黄金价值，于是人们会将金币熔化成黄金出售，致使流通中货币数量减少，从而物价下跌，币值上涨，恢复平衡。当流通中货币数量过少时，则相反。

另外，在金币本位制下，由于各国货币均以黄金作为统一的币材，具有统一的价值衡量标准。因此，尽管各国货币的重量和成色各不相同，但在国际结算和国际汇兑领域中都可以按各自的含金量多少加以对比，从而确定出货币之间的比价。同时，由于黄金可以自由输出和输入国境，因此各国货币之间的比价波动幅度有限，不会超过黄金输送点。事实上，金币本位制下各国实施的是固定汇率制度。

1880—1914年，世界主要资本主义国家均实行金币本位制。相对于以前的币制而言，金币本位制不论是在国内市场还是国际市场上都比较稳定。

1914年第一次世界大战爆发，参战各国先后停止金本位制，禁止本币兑换黄金，不允许黄金跨国流动。战争结束之后，战争期间发行的纸币因为缺少黄金准备，大幅贬值。此时，世界黄金存量的2/3归英国、美国、法国、德国和俄国所有，其他各国黄金不足，缺乏重新建立金币本位制的物质基础。于是，除美国继续实行金币本位制外，英国和法国开始实行金块本位制，其他各国实行金汇兑本位制。

2. 金块本位制

金块本位制又称生金本位。其内容是：黄金依然充当本位货币，但停止铸造和流通金币。黄金由国家集中保存，国内流通银行券。银行券具有无限法偿能力。规定银行券的含金量，但是只有达到法律规定的一定额度才能兑换成黄金。

英国规定允许兑换黄金的最低货币额度是 1 700 英镑，法国规定允许兑换黄金的最低货币额度是 215 000 法郎。实施金块本位制的目的是解决黄金不足的问题，通过设置限额来有效利用有限的黄金。

3. 金汇兑本位制

金汇兑本位制又称虚金本位。实施金汇兑本位制的国家流通银行券，不铸造和流通金币，银行券也不具有法定的含金量，但是本国货币可以在政府规定的汇率下自由兑换成另一金币本位制或金块本位制国家的货币。这样，本国货币就以间接的方式和黄金挂钩。

金本位制度的优点在于黄金的增减能够自动调节货币供应量，货币的对内价值和对外价值比较稳定，有利于国内经济和国际贸易的发展。金本位制度的缺点也非常明显：首先，黄金的增长速度远远落后于各国经济贸易增长的速度，由此造成清偿手段不足，严重制约了各国经济的发展。其次，在金块本位制和金汇兑本位制下，本国货币依附于其他国家的货币，国内经济政策往往成为国际收支的牺牲品，本国不能实施独立的国内经济政策。英国经济学家凯恩斯就曾经对金本位制提出了猛烈的抨击，认为金本位制是“野蛮的遗迹”。

4. 不兑现的信用货币制度

1929—1933 年爆发了世界性的经济危机，巴西、阿根廷、澳大利亚、奥地利、德国等国因国际收支严重失衡而放弃了金本位制，并向英格兰银行挤兑黄金，英国黄金即将枯竭。在强大的压力下，英国于 1931 年 9 月宣布放弃金本位制，英镑区国家纷纷效仿。1933 年 3 月，美元危机爆发，美国黄金损失惨重，从而放弃金本位制。1936 年，法国、比利时、瑞士、意大利等国也放弃了金本位制。至此，金本位体系彻底崩溃，取而代之的是不兑现信用货币制度。

不兑现信用货币制度又称为纸币本位制度，其内容是：金银等贵金属不再作为本位币进入流通，流通中的货币是以国家信用为依据而强制发行的纸币，纸币是信用货币。国家不规定含金量，也不能兑现成黄金。

不兑现信用货币制度解决了金本位制度下流通手段不足的问题。此外，因为货币由货币当局发行，不需要贵金属做准备，货币当局就可以自行调节货币供应量。这就赋予了货币当局一定的调节经济的能力，货币当局能根据国内经济形势的需要，制定独立的经济政策，不再受贵金属的束缚和固定汇率的牵制。然而，这也对货币当局的调控能力提出了很高的要求，如果货币当局不能适时地控制货币发行量，那么纸币的信用就很难维持，物价和汇率也会频繁波动，从而影响国内经济的发展和国际贸易的进行。

第四节　国际货币体系

一、国际货币体系概述

国与国之间开始产生经贸往来时，货币制度也就随之超出了国界。由于参与国际贸易的各个国家使用的货币不同，和国内贸易比较起来，国际贸易中的货币制度需要解决一些更复杂的问题。例如不同国家之间进行交易时，采取什么样的货币进行结算支付，各国之间的货币比价如何确定等。在早期，这些问题的解决主要依靠约定俗成，随着国际经贸往来的不断增长，法律和行政的力量开始参与其中。这些有法律约束力的有关货币国际关系的规章制度以及具有传统约束力的各国已经在实践中共同遵守的某些规则和做法，共同构成了国际货币体系。

国际货币体系是指国际的货币安排，也就是由国际资本流动及货币往来而引起的货币兑换关系，以及相应的国际规则或惯例组成的有机整体。

建立国际货币体系的主要任务是促进世界经济的发展和稳定，促进各国经济的平衡发展。具体来说，国际货币体系有三大任务：

（1）确定国际清算和支付时所用手段的来源、形式和数量，提供充足的国际货币，并规定国际货币和其他各国货币之间的关系，也就是各国货币的汇率机制。各国在汇率安排上要受制于国际规则和惯例，不能随心所欲伤害别国利益，从而防止竞争性贬值的发生。

（2）为国际收支不平衡提供有效的调整手段。无论经济实力如何，世界各国均有可能出现国际收支不平衡的问题。导致国际收支不平衡既有国内的因素，也有国外的因素，单凭本国一己之力很难实现有效调整。这就需要国际货币体系提供有效的调节手段，帮助出现国际收支不平衡的国家摆脱困境。

（3）建立国际货币金融事务的协商机制，协调各国的经济政策。各国在执行国内经济政策时，其影响面往往不仅仅局限于本国内部，尤其对于中国、美国、日本这样的经济大国来说，其国内经济政策甚至会对整个世界的经济走势产生重大影响，国际货币金融事务在早期一般通过两国之间的双边协商来解决，随着参与国际货币金融业务的国家越来越多，国际金融业务的形式越来越复杂，很多问题仅仅依靠双边协商无法解决。这就需要国际货币体系提供一个协调机制，监督各国行为，促进各国在国内外经济政策上的相互谅解和协调。

二、国际货币体系的演变

历史上曾经有过各种不同类型的国际货币体系，各个货币体系的区别主要在于以下三点：本位币不同、参与国际支付结算的主要货币不同、各国货币与本位币之间的关系不同。根据这三点区别，国际货币体系被划分为国际金本位体系、布雷顿森林体系和牙买加体系。

（一）国际金本位体系

历史上第一个国际货币体系是国际金本位体系。金本位制并非国际金本位体系，只有当较多国家普遍采用金本位制时，国际金本位体系才能够建立起来。19 世纪 80 年代，英国、拉丁货币联盟（包括法国、比利时、意大利、瑞士）、荷兰、若干北欧国家及德国和美国逐渐采用金本位制，国际金本位体系建立。大约 30 年后，该体系在第一次世界大战爆发时崩溃。

国际金本位体系的特点包括以下几点。

1. 黄金是最终清偿手段，充当国际货币

各国均实行金本位制，实际上都是使用黄金作为货币。黄金自然可以充当国际货币，作为国际贸易的最终清偿手段。

2. 各国货币之间的汇率固定，变化很少

在金本位制下，各国货币都具有黄金含量。两国之间的汇率取决于两国货币含金量之比——金平价。当然，汇率并非总是等于金平价，外汇供求也会对汇率产生影响。但是，由于黄金可以自由输出和输入国境，因此外汇供求变化引起的汇率波动十分有限，波幅不会超过黄金输送点。黄金输送点是国际金本位体系下汇率波动的界限，其值等于金平价加上黄金在两国间运输的费用。一旦汇率波动的幅度超过黄金输送点，黄金将取代外汇直接在两国之间流动，最终使得汇率回到黄金输送点的范围之内。这样，各国货币之间的比价就能够维持在一个比较稳定的水平上。

在国际金本位体系的盛行年间，英国、美国、法国、德国等主要资本主义国家间的汇率十分稳定，从未发生过大幅度的升贬值波动。

3. 能够自动调节国际收支不平衡

如果各国都严格遵循金本位制的规则，那么国际金本位体系下的国际收支不平衡问题就能得到自动解决。这是因为一旦一国出现国际收支逆差，将直接导致黄金外流，货币供应量减少。于是物价下降，本国出口商品的竞争力加强，进口品的竞争力减弱，从而出口扩大，进口减少，国际收支转为顺差，黄金回流。

4. 国际金本位体系比较松散，没有常设机构来规范和协调各国的行为

国际金本位体系下，各国通行金本位制，遵守金本位制的原则和惯例，汇率稳定、国际收支自动平衡。各国利益比较容易协调，不需要专门机构来负责规范各国行为。虽然在名义上国际金本位体系要求由黄金充当国际货币，但黄金运输不便，而且储备黄金不仅不能生息，还要支付保管费用，于是在英国国力的支撑下，英镑代替黄金成为事实上的国际货币。当时国际贸易的 80%以上都是用英镑计价和支付。

国际金本位体系是一种比较稳定的货币制度，对稳定汇率、平衡国际收支、促进国际贸易的发展和促进国际资本流动都起了积极的作用。然而，国际金本位制也有无法避免的缺点。在此体系下，货币数量的增长主要依赖于黄金产量的增长，但是世界黄金产量无法跟上世界经济的增长，国际清偿力严重不足。另外，英国、美国、法国、德国、俄国五个国家利用自己的经济实力，积存了大部分的黄金，这就使得其他国家国内的金本位制难以为继。国际金本位体系在经历了资本主义高速发展的黄金时代之后，终于在 1929—1933 年的资本主义经济危机之后瓦解。

（二）布雷顿森林体系

1. 布雷顿森林体系的建立

第二次世界大战结束之后，世界经济格局发生了巨大变化，德国、意大利和日本三国战败，经济遭受毁灭性打击。英国、法国虽然战胜，但在战争期间受到巨大的创伤，经济遭到严重破坏，而美国本土在战争期间没有受到直接影响，一跃成为世界第一大国。1945 年，美国工业制成品占世界制成品的 1/2，对外贸易占世界贸易总额的 1/3，黄金储备占资本主义世界黄金储备的 3/4。美国成为资本主义世界最大的债权国和经济实力最雄厚的国家

1944 年 2 月，44 个同盟国在美国新罕布什尔州的布雷顿森林城召开了“联合和联盟国家国际货币金融会议”，会议通过了《国际货币基金协定》和《国际复兴开发银行协定》，总称布雷顿森林协定。布雷顿森林协定确立了第二次世界大战之后国际货币制度的具体内容，因此把第二次世界大战之后的国际货币体系称为布雷顿森林体系。

2. 布雷顿森林体系的主要内容

布雷顿森林体系包含的内容非常广泛，其核心内容可以归纳为如下两点：

（1）美元与黄金挂钩，其他货币与美元挂钩，美元充当世界货币。布雷顿森林协定规定，成员国的货币金平价应当用黄金和美元表示。根据当时 1 美元的含金量为 0.888671 克纯金确定了 1 盎司黄金=35 美元的官方价格。其他国家的货币按其含金量定出与美元的比价。美国政府承担各国中央银行按黄金官价用美元兑换黄金的义务，各成员国货币与美元的法定平价一经国际货币基金组织确认，便不可更改。成员国货币汇率波动幅度不得超过平价的 1%，一旦突破规定的波动幅度，各国中央银行必须进行干预。

这就形成了美元与黄金挂钩，各国货币与美元挂钩的双挂钩形式。由于各国货币均与美元保持着可调整的固定比价，因此各国货币之间也实际上保持着可调整的固定比价，整个布雷顿森林体系呈现为汇率固定的货币体系。

在这样的安排下，美元可以自由兑换为任何一国的货币，成为储备货币和国际清偿力的主要来源，开始充当世界货币的角色。而在第二次世界大战结束后，一方面世界各国均须从美国进口商品，储备和使用美元比黄金更为有利；另一方面美国国内保持着极低的通货膨胀率，美元享有很高信誉。因此，战后国际贸易中的 90%采用美元进行计价结算，布雷顿森林体系下的美元实际上等同于黄金。

（2）建立国际金融机构，维护国际贸易和金融秩序的稳定。在布雷顿森林体系下，由于汇率不能自由浮动，因此需要其他手段来解决成员国国际收支不平衡的问题。为维护国际贸易和金融秩序的稳定，根据布雷顿森林协定，国际货币基金组织（IMF）于 1945 年 12 月成立。国际货币基金组织的职能主要有：确立和监督成员国的汇率政策；向国际收支发生困难的成员国提供必要的资金融通；向成员国提供国际货币合作与协商的场所。

在布雷顿森林体系下，美元等同于黄金，从而解决了国际金本位体系下清偿力不足的问题，稳定的汇率也促进了战后世界贸易和经济的恢复和发展。

3. 布雷顿森林体系的崩溃

尽管布雷顿森林体系曾对当时世界经济的发展起到了积极作用，但这个体系存在一些制

度上的根本缺陷。布雷顿森林体系的建立是以美国在世界经济中占据绝对优势为前提的，因此当世界经济格局再次发生变化，美国经济地位下降时，布雷顿森林体系也逐渐削弱，最终崩溃。其具体的崩溃原因包括以下几点：

（1）无法解决的特里芬难题是布雷顿森林体系的制度缺陷。美国经济学家特里芬指出如果没有别的储备货币来取代美元，以美元为中心的国际货币体系必将崩溃。这是因为美元同时承担了世界货币和国内货币这两个职能，而这两个职能是彼此矛盾的。作为世界货币，美元的供应必须适应世界经济和国际贸易增长的需要，不能出现清偿力不足的现象；而作为一国货币，美元的发行必须受制于美国的货币政策和黄金储备，维持美元和黄金的兑换官价。当黄金产量和美国黄金储备的增长跟不上世界经济和国际贸易的发展时，美元将陷入进退两难的境地。为了向国际贸易提供足够的清偿力，美元的供应必须不断增长，而不断供应的美元缺乏足够的黄金准备，导致美元和黄金的兑换官价难以维持。布雷顿森林体系的这种制度缺陷被称为特里芬难题。

（2）布雷顿森林体系下汇率制度过于刚性，国际收支调节机制的效率不高。布雷顿森林体系的固定汇率制下，汇率的调整必须得到国际货币基金组织的批准，汇率显得过于刚性。当一国发生国际收支逆差时，只能依靠国内政策来进行调节，调节成本很高。虽然国际货币基金组织可以向发生国际收支不平衡的国家提供贷款，但国际货币基金组织的能力有限，难以解决各国的国际收支困难问题。

（3）布雷顿森林体系确定的国际货币体系，不能反映资本主义国家经济发展不平衡的规律。美元在布雷顿森林体系中的中心位置依靠的是美国强大的经济实力。然而进入 20 世纪 50 年代，美国政治、经济地位下降，联邦德国、日本崛起，冲击了美国对世界经济的垄断地位。随着其他国家经济实力的增强和对外贸易的发展，世界市场中对这些国家货币的需求自然相应增长。但布雷顿森林体系不能适应这种形势变化，反而试图依靠货币制度的力量强行把其他货币排除在储备货币之外，这必然会适得其反。

1960 年年底，美国黄金储备低于短期外债，第一次美元危机爆发。当时国际金融市场上出现大量抛售美元，抢购黄金和其他货币，并用美元向美国挤兑黄金的现象。美国联合英国、法国、联邦德国等国家采取各种措施来稳定国际金融市场。1968 年，由于美国在越南战争的泥潭中越陷越深，国内经济状况明显恶化，第二次美元危机爆发。仅仅在半个月内，美国就流失了 14 亿美元的黄金储备，美国不得不实行黄金双价制，即在官方之间的黄金市场依然实行 1 盎司=35 美元的官价，而在私人黄金市场，黄金价格由供求关系决定。私人黄金市场上金价飙升，布雷顿森林体系局部崩溃。1971 年第三次美元危机爆发，这次危机比以往任何时候都要强烈。外汇市场上抛售美元的风潮迭起，难以抑制。1971 年 8 月 15 日，美国被迫宣布停止向各国政府或中央银行按官价兑换黄金。一些国家的货币不再钉住美元，开始自由浮动。1973 年 2 月外汇市场上再度爆发美元危机时，西方主要国家的货币都放弃了钉住美元的固定汇率制度。自此，以美元为中心的固定汇率制度让位于浮动汇率制度，布雷顿森林体系解体。

（三）牙买加体系

布雷顿森林体系崩溃之后，国际货币基金组织成立了一个由 20 个国家代表组成的临时委员会，开始着手国际货币体系的改革工作。经过近三年的理论探讨和实践总结，1976 年 1 月临时委员会在牙买加首都金斯敦达成了一个协议，即牙买加协议。牙买加协议在 1976 年 4 月经国际货币基金组织理事会表决通过，1979 年 4 月 1 日起生效。从此，国际货币体系进入了一个新的阶段。

牙买加体系除了保留并加强了国际货币基金组织的作用外，和布雷顿森林体系有着许多重大差别。牙买加体系的主要内容有：

（1）黄金非货币化。黄金与货币彻底脱钩，黄金不再是各种货币的平价基础，也不能用于官方之间的国际清算。虽然布雷顿森林体系崩溃之后，以法国为首的欧洲国家要求恢复金本位制，然而黄金的产量有限，最多只能恢复金汇兑本位制，这就需要确立中心货币。一旦中心货币贬值，金本位体系就会崩溃。但无论哪种货币充当中心货币，都会面临特里芬难题。所以黄金非货币化就成了最好的选择。

（2）储备货币多元化。美元一枝独秀的局面被以美元为首的多种储备货币本位所取代，随着联邦德国、日本等国经济实力的增强，德国马克、日元逐渐成为国际储备货币。外汇储备虽然出现了三元化的趋势，但并非三足鼎立，美元中心货币的地位依然存在，美元仍是最重要的国际储备货币。除了黄金和主要国家货币之外，牙买加体系还有一种重要的国际储备——特别提款权，即由国际货币基金组织发行的信用货币。但由于国际货币基金组织的权威性不够，与世界性中央银行的距离还相当遥远，特别提款权很难成为一种占主导地位的国际货币。

（3）汇率安排多样化。浮动汇率制度和固定汇率制度并存，整个汇率体系呈现出两大趋势：一是主要货币之间汇率自由浮动，二是区域集团内部实行稳定的固定汇率制度。具体来说，美国等发达国家大多采用浮动汇率制，而发展中国家则选择钉住某单一货币或一篮子货币的固定汇率制。

（4）国际收支问题依靠国际政策协调和国际金融市场来解决。多样化的汇率安排向国际收支困难的国家提供了更大的解决问题的空间，各国可以通过汇率政策、财政货币政策来调节国际收支逆差。这些国家还可以到国际金融市场上筹集资金，弥补国际收支逆差。牙买加体系打破了布雷顿森林体系的僵化局面，解决了特里芬难题，拓展了调解国际收支不平衡的渠道。

课后练习题

一、单选题

1. 在下述四种表述中，使用了经济学家的货币定义的是（　　）。

   A. 那位歌星确实很富，他的钱多得不得了。

   B. 上周你挣了多少钱？

   C. 爱财是万恶之源。

   D. 我到商店里去时总是确信带足了钱。

2. 财政的收支、银行吸收存款和发放贷款，货币执行（　　）职能。

   A. 支付手段　　B. 价值尺度

   C. 贮藏手段　　D. 流通手段

3. 某公司以延期付款方式销售给某商场一批商品，该商场到期偿还欠款时，货币执行（　　）职能。

A. 购买手段　　B. 流通手段
C. 支付手段　　D. 贮藏手段

4. 下述行为，不属于货币执行流通手段职能是（　　）。

A. 超市购物　　B. 饭馆就餐付账
C. 商品标价　　D. 买票看电影

5. 劣币是指实际价值（　　）的货币。

A. 高于名义价值　　B. 等于名义价值
C. 等于零　　D. 低于名义价值

6. 西方学者划分货币层次的主要依据是金融资产的（　　）。

A. 流动性　　B. 收益性
C. 安全性　　D. 可兑换性

7. 可以随时作为交易媒介，具有最强的购买力的货币是（　　）。

A. M2　　B. M1
C. M0　　D. M3

8. 主币具有（　　）性质。

A. 自由铸造　　B. 有限法偿
C. 私自熔化　　D. 私自发行

9. 下列不属于准货币的是（　　）。

A. 定期储蓄存款　　B.单位定期存款
C. 活期存款　　D. 活期储蓄存款

10. 历史上最早出现的货币形态是（　　）。

A. 电子货币　　B. 信用货币
C. 实物货币　　D. 代用货币

11. 最早实行金币本位制的国家是（　　）。

A. 美国　　B. 英国
C. 法国　　D. 日本

12. 现代货币制度的基本特点不包括（　　）。

A. 纸币与金银保持等价关系
B. 通货是中央银行发行的纸币
C. 纸币具有无限法偿能力
D. 货币是通过信用程序发行的

13. 不属于金币本位制的内容是（　　）。

A. 金币可以自由铸造与私自熔化
B. 以黄金为币材
C. 价值符号可以自由兑现金币
D. 银币可以自由铸造与私自熔化

14. 在布雷顿森林会议之后，以（　　）为中心的布雷顿森林体系建立。

A. 法国法郎　　B. 英镑

C. 美元　　D. 欧元

二、简答题

1. 举例说明格雷欣法则的基本内容。

2. 简述货币发展的历程以及每个阶段的主要特点。

3. 简述货币职能的主要内容。

4. 假设甲、乙两国都有 100 亿的货币（假设货币的实际价值都是一样的），同时假设货币有三种存在形式，即流通中的现金、活期存款、定期存款。甲、乙两国货币构成如表 2-1 所示。

表 2-1　甲、乙两国货币构成

	甲国	乙国
流通中的现金	20 亿	20 亿
活期存款	30 亿	50 亿
定期存款	50 亿	30 亿

问：甲、乙两国的经济形势有无区别？

第二章练习题答案

第三章　信　用

【本章要点】

1. 信用的概念与特征。
2. 信用形式以及各自的特征。
3. 信用体系构建。

第一节　信　用

信用在日常生活中是一个伦理学范畴，人们经常说“一诺千金”“君子一言，驷马难追”等，这里的信用指的就是社会学意义上的信用。那么，从经济学的视角，我们应该如何理解信用？二者又有什么不同呢？

一、信用的内涵

在经济学意义上，信用指的是一种借贷行为，是以偿还和付息为条件的单方面的价值让渡，是一个经济学范畴。信用的内涵可以从下面两个方面来理解。

（一）以偿还和付息为约束条件

债务债权关系的形成必须有两个约束条件：第一是偿还，信用是在有收回可能性前提下进行贷出，承担风险是为了获取利息收益。第二是付息，在承诺偿还条件下进行借入，获得资源是需要付出成本的。

在偿还和付息的条件下，借贷活动的结果形成了债务债权关系，即信用关系。现实中，以对等互换为条件的让渡叫“交换”，而无条件地让渡叫作“赠送”，仅以偿还为条件的让渡为“借给”，这些都不属于信用的范畴。

（二）信用是价值的单方面让渡

信用是价值运动的特殊形式。一般商品交换的形式是一手交钱、一手交货，货币流通与商品流通是同步进行的。在信用活动中，货币流通与商品流通不是同步进行的：债权人首先让渡商品或货币的使用权，一定时间以后再收回使用权；债务人暂时获得货币或商品的使用权，所有权仍属于债权人。信用不是对等的交换，是一种特殊的单方面的价值让渡。

二、两种信用的关系

社会学意义上的信用与经济学意义上的信用既有区别也有联系。

（一）区　别

二者最大的区别是，应用范围不同，强制程度不同。

日常生活中的我们所说的信用，指的是长时间积累的信任和诚信度，是处理人与人之间关系的一种道德准则，是社会成员普遍认可的社会价值观念。在经济学意义上，信用指的是一种借贷行为，是以偿还和付息为条件的单方面的价值让渡，形成债务债权关系，从属于商品货币经济的经济学范畴。经济学意义上的信用具有强制性，而社会学意义上的信用是一种道德约束，具有非强制性。

（二）联　系

从联系上看，道德范畴的信用是经济范畴信用的支撑与基础。借贷双方所形成的债权债务关系，是以债权人对债务人的信任为基础，相信对方而敢于托付的行为。所以一般情况下，当我们遇到资金问题的时候，首先会想到向亲友圈、朋友圈寻求帮助。

在现代市场经济条件下，信任的范围越来越超越亲友圈，信任的依据是经济主体的信用等级，信用等级是借贷行为是否进行的重要依据。所以从这种意义上看，日常生活中的信用，也和财富有关系。

三、信用的构成

信用指的是一种借贷行为，是以偿还和付息为条件的单方面的价值让渡，借贷活动的结果形成了债务债权关系，即信用关系。信用关系的确立必须具备以下五个要素。

（一）信用主体

现代信用活动中的主体，指的是双边契约中的债权人与债务人。信用活动必须包括对立统一的两方面：一是授信方，即提供信用的一方，或称贷方、债权人；二是受信方，即接受信用的一方，或称借方、债务人。信用主体可以是个人、家庭，也可以是企业、金融机构、政府以及外国部门等各类经济主体。

（二）信用客体

信用作为一种经济交易行为，一定有交易对象。这个交易对象就是信用的客体。交易对象，属于债权人所有，是债权人的资产，它可以是有形的商品或货币，也可以是无形的服务或观念。没有信用客体，就不会有经济交易，因而也不会产生任何信用行为。

（三）信用载体

信用载体是记载信用内容和信用关系的凭证，即信用工具，也被称为金融工具。债务债权关系的成立、利息和利率等经济关系的形成，需要以信用工具为载体，有凭据做证明，最常见的信用工具有股票、债券等。

随着信用关系的形成与发展，信用载体也在不断变化。第一阶段的信用以口头承诺或账面信用为依据，尚未使用正式的信用工具；第二阶段的信用关系以正式的书面凭证为依据，如借贷契约、债务凭证等，这些构成了真正意义上的信用工具；第三阶段的信用以信用工具流动化为特征，各种信用工具，如债券、票据等都可以上市流通转让。

（四）信用内容和条件

信用内容和条件是指债务债权关系中的利率、时间间隔等条件。信用是“信”和“用”的有机结合，其本质是“债”，一般来说，信用活动中的授信方处于债权人地位，债权人有权收回本金并获取一定的收益。受信方处于债务人地位，在一定时间有使用货币或商品的权利，同时也有偿还本金并支付利息的义务。

借贷行为表现为价值物在不同时间的相向运动，首先是债权人提供一定的价值物，经过约定的一定时间，债务人将价值物归还并加付一定的利息。提供信用与还本付息之间有着或多或少时间上的间隔，间隔的时间不同，所带来的风险度不同，因而所带来的收益也不同。

四、信用的作用

信用指的是以偿还和付息为条件的单方面的价值让渡，是一种借贷行为，现代信用的作用主要有两个方面。

（一）积极作用

1. 提高资金使用效率

信用通过借贷活动把分散的、小额的、闲置的资金集中起来，变死为活，积少成多，续短为长，把货币收入变为货币资金，使闲散的、原本处于相对静止状态的资金运动起来，让社会闲置资金得到充分利用。

2. 加剧了资本的集中和集聚

信用是社会资源配置的一种方式，通过信用调剂，债权人可以获得一定的收益，与此同时，债务人可以支配更多的社会资源，投资项目得到了必要的资金，同时在投资活动中也可以获得更多的收益。支付给债权人的利息，就是投资收益的一个组成部分。所以在经济生活中，大多数人总是在不断借钱。信用活动是社会资源的再分配的一种重要方式。

3. 推动经济的增长

一方面信用通过动员闲置资金，将消费资金转化为生产资金，直接投入生产领域，扩大社会投资规模，增加社会就业机会，增加社会产出，促进经济增长；另一方面，信用可以创造和扩大消费，通过消费的增长刺激生产扩大和产出增加，也能起到促进经济增长的作用。

（二）信用的消极作用

信用在现代经济中的作用既有积极的一面也有消极的一面。信用对经济的消极作用主要表现在：

第一，可能引发信用风险。信用风险是指债务人无法按照承诺偿还债权人本息的风险。在现代社会，信用关系已经成为最普遍、最基本的经济关系，社会各个主体之间债权债务交错，形成了错综复杂的债权债务链条，这个链条上有一个环节断裂，就会引发连锁反应，对整个社会的信用联系造成很大的危害。

第二，可能引发经济泡沫。经济泡沫是指某种资产或商品的价格大大地偏离其基本价值。经济泡沫的开始是资产或商品的价格暴涨，价格暴涨是供求不均衡的结果，即这些资产或商品的需求急剧膨胀，极大地超出了供给，而信用对膨胀的需求给予了现实的购买和支付能力的支撑，使经济泡沫的出现成为可能。

第二节 信用形式

一、高利贷

高利贷是指债权人索取特别高额利息的贷款。它产生于原始社会末期，在奴隶社会和封建社会，它是信用的基本形式。也就是说，在现代银行制度建立之前，民间放贷大都利息较高，属于高利贷。

《中国人民银行关于取缔地下钱庄及打击高利贷行为的通知》中规定：民间个人借贷利率由借贷双方协商确定，但双方协商的利率不得超过中国人民银行公布的金融机构同期、同档次贷款利率（不含浮动）的 4 倍。超过上述标准的，应界定为高利借贷行为。最高人民法院《关于审理民间借贷案件适用法律若干问题的规定》中第二十六条规定：借贷双方约定的利率未超过年利率 24%，出借人请求借款人按照约定的利率支付利息的，人民法院应予支持。2015 年 9 月 1 日最高人民法院《关于审理民间借贷案件适用法律若干问题的规定》施行后，高利贷的标准不再以是否超过年利率 24%为标准，而以是否超过 36%为标准，也就是说年利率不超过 36%的都不属于高利贷。2020 年 8 月 20 日，最高人民法院发布新修订的《最高人民法院关于审理民间借贷案件适用法律若干问题的规定》：以中国人民银行授权全国银行间同业拆借中心每月 20 日发布的一年期贷款市场报价利率（LPR）的 4 倍为标准确定民间借贷利率的司法保护上限，大幅度降低民间借贷利率的司法保护上限。

由于古代金融不发达，民间借贷大都以高利贷为主，甚至古代各王朝的政府也对民间提供高利贷。比如王安石变法中的青苗法就规定政府在青黄不接的时候放贷于民，半年收取 20%至 30%的利息，一年放贷两次，按年来计算利率大概为 40%至 60%。这个利率已经属于高利贷，但仍低于当时民间互为借贷的利率。

不仅仅是王安石所处的北宋时期有高利贷的存在，在此之前民间的高利贷已经很普遍，表 3-1 是根据各类文献整理出的唐代之前民间借贷的利率情况，从中可以看出年利率最低是 20%，最高是月利率 10%，年利率 120%。

表 3-1 唐代以前民间借贷利率情况

时 间	地 区	利息情况	资料出处
战国时期	周	“周人之俗，治产业，力工商，逐什二以为务”，年利 20%	《史记》卷 69《苏秦列传》
西汉时期	全国	“子钱家”贷钱，年息 20%	《史记》卷 129
新始建国二年（公元 10 年）	全国	百姓“欲贷以治产业者，均授之”，年息 20%	《汉书・食货志（下）》
东汉光武帝时	全国	“富商大贾，多放钱货”，年息 20%	《后汉书・桓谭传》
高昌和平元年（551）	高昌地区	三月借锦，年息 50%。 三月借中行叠，年息约 50%	《吐鲁番出土文书》第五册，阿斯塔那 326 号墓文书
唐贞观十七年以前	京师	贵族、官僚“放息出举，追求什一”，月息 10%	《旧唐书》卷 78《高季辅传》
显庆五年三月	西州高昌	张利富举银钱，月利 10%	《吐鲁番出图文书》第六册，阿斯塔那第 4 号墓文书二

资料来源：雷彦强，《中国古代民间借贷利率研究》[D]，郑州大学，2017。

根据文献整理可知，唐代各个时期利率有所不同，政府根据经济情况调整借贷利率，借贷年利率在 48%～72%。宋代时期民间借贷利率不同时期也略有不同，年利率在 48%～72%，与唐代差不多。

元代时期，经济发展水平不如唐宋，民间借贷利率记载也没有唐宋详细。大德八年（1304 年），礼部对质贷行业利率进行调查，发现存在三种情形：“在京典库，有每两二分者，五十个月方才本息相对”，借贷利率只有 24%；“二年下架，即四十二个月本利相对”，借贷利率为 50%；“应典诸物周年下架，即系十二个月便有过倍之息”，借贷利率为 100%。所以元代的借贷利率大致在 24%～100%。

明代时期，《大明律》规定：“凡私放钱债及典当财物，每月取利，并不得过三分，年月虽多，不过一本一利，违者笞四十。”由此可知，明代的民间借贷利率为 36%左右。

清代时期，《大清律》明确规定了利率标准：“凡私放钱债及典当财物每月取利并不得过三分。”同时，各个时期各地区又有所不同，康熙时期江浙地区年利率大概为 18%，乾隆年间借贷利率在 24%～36%之间。

由此可知，古代各个王朝利率有所不同，但是法定利率基本在 36%至 72%之间变动，越晚后期，法定利率越低。很明显，高利贷是古代最为重要的信用形式。

从以上分析可知，高利贷的危害主要表现在：高利贷的利息约定过高，高利贷行为随意，存在较大的风险，造成借款人负担过重，借款不能按时归还；同时，高利贷催收可能含有暴力性质，破坏经济秩序和社会稳定。对企业而言，高利息也加重了企业的负担，导致企业资金使用进入恶性循环。

金融小学堂

把“校园贷”做成“安心贷”

近期，教育部全国学生资助管理中心发布一项预警，提醒广大学生和家长警惕多种形式的“校园贷”诈骗，上海、长沙等地也发文提示“校园贷”“培训贷”等消费信贷产品风险。

大学生信用贷款为学生实现自我提升、消费和创业等需求提供了资金便利，但一些非正规网贷平台的进入，使得这一市场乱象丛生、备受诟病。加之一些组织打着“信用贷款”的幌子，将学生骗进高利贷陷阱，让人们对“校园贷”退避三舍。

北京某大学大二学生小张平时喜欢在淘宝和京东等电商平台上购物。由于信用良好，她的“花呗”有近一万元的信用额度，“虽然信用额度不低，可我不会乱花钱，要看值不值、能否还得上”。

跟小张抱有同样消费理念的大学生不在少数。据测算，我国大学生消费市场的规模达到数千亿元，预计未来几年将保持年均5%左右的增速，催生出庞大的消费信贷需求。艾瑞咨询发布的《2018年大学生消费洞察报告》显示，2018年大学生月均生活费超过1400元，一线城市1800元以上的群体占比最高，有近半大学生有过分期付款的信贷消费行为。

不过，大学生中既有理性消费者，也不乏被虚荣心支配的“剁手族”。今年6月，西北某高校的大一学生小李打算在网上购买动漫玩偶，但手中资金并不充裕。在室友的推荐下，他在某现金贷平台开通了账户。“一间寝室有一个人用，室友往往会跟风。”不少学生存在超前消费和贷款存在隐患，同伴效应是他们难以抵制诱惑的原因之一。

庞大的信贷消费需求面前，“套”深“坑”多的各类非正规网贷平台也混入校园，令涉世不深的大学生防不胜防。以“培训贷”为例，不少培训机构忽悠学生采用分期付款方式缴纳学费，却在学生不知情的情况下，为其在网贷平台办理高息贷款。“美容贷”瞄准的则是爱美的女大学生，她们被黑中介或美容机构诱导过度消费，签下数额不菲的贷款合同。这些贷款一旦背上，就成了甩不掉的包袱，甚至引发巨额经济损失和人身伤害。

为了净化市场环境，2017年5月，原银监会、教育部和人社部三部门联合发布《关于进一步加强校园贷规范管理工作的通知》，要求从事校园贷业务的网贷平台一律暂停新发校园网贷业务标的，未经银行业监督管理部门批准设立的机构，不得为大学生提供信贷服务。

面对违规“校园贷”的蔓延，人们不禁要问：既然大学生信贷需求如此旺盛，正规金融机构为什么不对这个市场大力开垦、精耕细作呢？

事实上，2017年金融监管部门机构叫停违规“校园贷”的同时，也鼓励商业银行等正规金融机构进场服务大学生群体。工商银行、建设银行等国有大行，以及招商银行、浦发银行等股份制银行已经发行近百种针对大学生群体的信用卡。只是，这些银行发放的学生信用卡距离学生的需求有一定差距：一是要求学生先存款后消费，须提供代为还款的书面担保材料。二是授信额度不高。大学生普遍感觉，银行发放信用卡不如网贷平台快捷方便、额度自由，“不好用”。“校园贷”的盈利模式是高利率覆盖高风险，但银行作为正规金融机构必须保证利率足够普惠。这导致银行推出校园贷产品较难盈利，不愿进入校园市场。

与此同时，“花呗”“白条”等消费信贷产品依托电商场景和流量入口，在产品设计等方面更好地迎合了年轻人的消费心理和使用习惯，进一步压缩银行信用卡在校园金融市场的空间。

由于征信数据不足，目前商业银行的大学生信用卡授信额度非常有限，“花呗”“白条”等消费信贷产品虽然给予大学生一定额度，但与有收入来源的成人信用评级方式相同。在无法及时形成个人信用报告的情况下，商业银行的唯一选择就是走严格的信用审查程序，这会导致其运营成本升高、业务规模收缩，而严苛的贷款申请条件也让大学生望“贷”兴叹。未来，监管部门、机构、学校、家庭和学生个人都要有所作为，加快大学生征信体系建设，建立完善大学生个人征信体系，强化风控能力，降低借贷成本。

资料来源：人民网 2019 年 11 月 1 日文章《把“校园贷”做成“安心贷”》

二、商业信用

（一）商业信用的含义

商业信用是指企业之间相互提供的，与商品交易直接相联系的信用，其典型形式是由商品销售企业对商品购买企业以赊销方式提供的信用。赊销是工商企业之间经常采用的一种延期付款的销售方式，即商品购买企业在获得商品的时候没有马上支付货款，而是约定在一段时间以后再支付货款。商业信用除了商品赊销外，还包括预付货款、分期付款、预付定金、委托代销等。

比如一个工厂，它所生产的产品需要通过商业网络进行销售，如果销售其产品的商店缺乏购买这部分产品所需的货币资本，就可以采取赊销方式，即约定经过一定期限，如 2 个月、半年等，由该商店归还赊销的货款。这种方式对双方都有好处。缺乏购货资本的商店利用这种信用方式，可以购入货物，进行推销并取得商业利润。假如在约定还款期限之前可将商品销售出去，这个商店甚至不必准备自有资本。对于工厂来说，虽然当时没有收入货款，但产品毕竟销售出去了，只是推迟到约定的期限才能收款。

商业信用不仅在各国国内交易中广泛存在，也广泛存在于国际贸易之中，对于推动商品交易和经济增长有着重要意义。

（二）商业信用的特点与局限性

商业信用的特点：一是商业信用的债权人和债务人是直接从事商品生产和商品流通的企业和个人，直接形成债务债权关系，属于直接信用。二是商业信用所贷出去的是商品资本，是处于产业资本循环过程最后一个阶段的商品资本。三是商业信用包含着商品买卖和货币借贷两种经济行为，买卖双方形成了债权债务关系，体现着借贷行为。四是商业信用的动态与产业资本的动态相一致，即生产扩大，商业信用需求增加；生产缩小，商业信用需求减少。

商业信用有其局限性：一是商业信用规模的局限性。商业信用受个别企业商品数量和规模的影响。二是商业信用方向的局限性。商业信用一般是由卖方提供给买方，受商品流转方向的限制。三是商业信用期限的局限性。商业信用受生产和商品流转周期的限制，一般只能是短期信用。四是商业信用对象的局限性。商业信用一般局限在企业之间以实物提供信用服务。

三、银行信用

（一）银行信用的含义

由于商业信用的特点和局限性，商业信用无法满足经济发展所需要的信用量，于是以全社会资金为后盾的银行信用形式便应运而生。

银行信用是指以商业银行同时充当债权人与债务人，以存款等方式筹集货币资金，以贷款方式对国民经济各部门、各企业提供资金的一种信用形式。银行与企业、个人之间的信用是相互的，是一种间接信用。银行要从企业与个人处取得信用，也就是要向企业与个人借到钱，这是它们生存的根基。同时，企业与个人也需要从银行取得信用，企业可用它解燃眉之急或扩张投资等，个人可用它应不时之需、提高生活质量等。

（二）银行信用的特点

（1）银行信用是以货币形态提供的。银行贷放出去的是从产业资本循环过程中分离出来的暂时闲置的货币资本，而不是在产业资本循环过程中的商品资本，它克服了商业信用在数量规模上的局限性。

（2）银行信用的借贷双方是货币资本家和职能资本家。由于提供信用的形式是货币，这就克服了商业信用在使用方向上的局限性。

（3）在产业周期的各个阶段上，银行信用的动态与产业资本的动态往往不相一致。因为银行贷放出去的货币资本是处于个别资本的循环周转之外的独立的借贷资本。

（4）银行具有信用创造功能。银行信用规模巨大，其规模不受金融机构自有资本的制约。银行通过吸收活期存款、发放贷款，来增加银行的资金来源、扩大社会货币供应量。商业银行发挥信用创造功能的作用主要在于通过创造存款货币等流通工具和支付手段，既可以节省现金使用，减少社会流通费用，又能够满足社会经济发展对流通手段和支付手段的需要。

四、国家信用

（一）国家信用的含义

国家信用也称为政府信用，是以国家为主体所形成的信用，是国家弥补收支不平衡和建设资金不足的一种资金筹集方式，同时也是实施财政政策、进行宏观调控的一种措施与手段，通常指的是国家（政府）以债务人的身份筹集资金。

国家信用包含两层意思：一是表现为国家和国家之间的借贷关系，即所谓的主权债务，如美国对拉美国家的贷款、我国对亚洲和非洲一些国家和地区的低息贷款、日本的海外协力基金贷款、世界银行贷款等。二是表现为国家政府与本国的企业与居民之间的借贷关系，政府发行国债，由企业和居民购买。这实际上是政府先向企业和居民借到一笔钱，然后进行投资，并在到期时偿还本息。

在现代社会，国家信用不可或缺，它包括国家以债务人身份取得信用和以债权人身份提供信用两个方面，即国家筹资信用和国家投资信用。前者的主要形式有发行政府债券、向银行借款和透支等。后者的主要形式有财政基本建设投资、援外贷款等。

（二）国家信用的形式

国家信用的基本形式是发行政府债券。政府债券是国家发行的债券，不仅具有高信用等级，且收益免税，是国家实施宏观经济政策、进行宏观调控的工具。政府债券由政府承担还本付息的责任，是国家信用的体现，是各类债券中信用等级最高的债券。

政府债券的发行量一般都非常大，同时，由于政府债券的信用好，竞争力强，市场属性好，所以许多国家政府债券的二级市场十分发达，不仅允许在证券交易所上市交易，还允许在场外市场进行买卖。此外，政府债券收益稳定，政府债券的付息由政府保证，其信用度最高，风险最小，因政府债券的本息大多数固定且有保障，所以交易价格一般不会出现大的波动。

政府债券的发行主体是政府，主要包括国库券和公债两大类。国库券由财政部发行，用于弥补财政收支不平衡，是一种短期债券，期限在 1 年以内。公债是指为筹集建设资金而发行的一种债券，是一种中长期债券，期限在 1 年以上，是国家信用的主要形式。有时也将两者统称为国债。

中央政府发行的债券称为中央政府债券。地方政府发行的债券称为地方政府债券。此外，还有专项债券，是政府为某个特定项目或工程发行的债券。如果国家发行了以上债券仍不能弥补资金缺口，可向银行借款和透支。发达国家的中央银行一般仅向国家提供短期借款并且规定借款期限和最高贷款额度。

表 3-2 就是我国 2019 年 10 月份政府债券和政策性银行债的发行量统计情况，当月政府债券发行量同比减少 15.56%，当年累计同比增长 12.89%。政策性银行债的发行量当月同比增长 6.82%，当年累计同比增长 7.98%。

表 3-2 2019 年 10 月政府债券和政策性银行债的发行量

	本月		本年累计	
	面额/亿元	同比/%	面额/亿元	同比/%
合计	9 368.70	−15.56	132 481.68	12.89
1. 政府债券	4 686.60	−22.60	75 173.81	8.15
1.1 记账式国债	3 422.00	10.57	29 860.40	11.09
1.2 储蓄国债（电子式）	300.00	−25.00	2 526.70	21.75
1.3 地方政府债	964.60	−62.33	42 786.50	5.50
2. 央行票据	0.00	—	0.00	—
3. 政策性银行债	2 714.00	6.82	31 912.90	7.98

资料来源：中国债券信息网

（三）国家信用的作用

首先，国家信用是调控经济的有效手段。国家通过发行债券，引导社会资金的流向合理化，促进经济结构完善。此外，国家通过发行债券来执行货币政策和财政政策，如中央银行通过公开市场业务在金融市场上买卖证券来调节货币量，解决流动性问题，达成经济调控的目的。其次，国家信用为财政筹集资金，有利于缓解财政资金供应不足的矛盾。国家信用集中社会闲置资金，支持国家在重点工程、重点领域的建设。国家信用所筹集的资金往往侧重于宏观经济效益和社会效益，促进整个社会的稳定、协调。尤其当国家出现财政赤字时，政府通过国家信用，为财政筹集大量资金，通过拓宽财政筹资渠道，缓解财政资金供求矛盾，促进财政收支平衡。

五、消费信用

消费信用是指工商企业、银行和其他金融机构提供给消费者用于生活消费支出的信用。这种信用形式与商业信用和银行信用无本质区别，只是提供信用的对象不同。

（一）消费信用的形式

消费信用主要有三种形式：信用卡、消费贷款和分期付款。信用卡既包含商业信用又包含银行信用，消费贷款属于银行信用，分期付款属于商业信用。

1. 信用卡

在现代社会对一般消费信用多采用信用卡方式。信用卡由银行或非银行信用卡公司发行，持卡人因各自资信状况不同而获得不同资信级别的授信额度。在此授信额度内，持卡人可以通过信用卡所代表的账户在任何接受此卡的零售商处购买商品或劳务及进行转账支付等，有的还可以向发卡银行或其代理行透支小额现金。信用卡透支属于无担保贷款，贷款额度主要根据持卡人以往的信用记录确定。

信用卡分期实际利率是多少

信用卡所提供的服务之一就是分期，那么分期的实际利率为多少呢？如图 3-1 所示，是某行信用卡的现金分期情况。这里我们选取 12 期来看，本金 23 000 元，每期还本金加上每期的手续费 2 089.17 元，每期的手续费为 72.5（=23 000×0.75%）元，那么名义利率就是 0.75%×12=9%。实际上并不是每一期的本金都用满 12 个月，故而实际利率肯定不等于 9%，而是高于 9%。

图 3-1 现金分期

这里采用贴现的思维进行实际利率的计算。可以这样理解，现在银行借出了 23 000 元，第一个月末还款本金加利息为 2089.17 元，由于货币具有时间价值，今天的 1 元和明年的 1 元是不相等的，故而我们应该求出一个月后的 2089.17 元等于现在的多少钱。假设贴现率为 R，则公式为 $2089.17/(1+R)$；同理，第二个月的 2089.17 应该等于现在的 $2089.17/(1+R)^2$，以此类推，第 12 个月的 2089.17 等于现在的 $2089.17/(1+R)^{12}$。这样列出等式 $23000=2089.17/(1+R)+2089.17/(1+R)^2\cdots+2089.17/(1+R)^{12}$。

这里的贴现率实际上就是我们借用银行 23 000 元每个月的实际利率，R×12 就是一年的实际利率，也就是借款的实际成本。

下一步就是如何计算 R 了，这里需要用到 IRR 函数进行计算，在 Excel 第一和第二列中输入数据。第一列数据 0 表示的是现在这个时点，对应的就是在这个时点银行借给我们 23 000 元，我们收入了 23 000 元，1 对应的是第一个月月末，这个时候我们要还款 2089.17 给银行，是支出，故而录入数据为-2089.17，以此类推，第十二月末计入-2089.17，此时还款完成。然后在任何一个单元格中输入函数"=IRR（选中 23 000 一直到最后一个 2089.17）"，计算得到 R=1.35%，R×12=16.22%，也就是说借这笔资金需要支付的实际利率为 16.22%，比之前的名义利率 9%高出许多。

另外，大家使用较多的蚂蚁借呗的实际利率是多少呢？如果按照每天万分之五计息，年利率就是 19.86%，如果按照每天万分之四计息，年利率就是 15.62%。

由此可见，我们生活中使用的很多金融机构提供的借贷年利率大都在 20%以内，均小于 36%，不属于高利贷，但是相比贷款市场报价利率（LPR）还是高了许多。

资料来源：节选自公众号教书匠张小新《宋朝财政系列：青苗法，古代利率高低，理想与现实的冲突》

2. 消费贷款

消费贷款属于中长期信用。银行及其他金融机构采用信用放款或抵押放款方式，对消费者发放贷款，消费者按规定期限偿还本息。按照接受贷款的对象的不同，消费贷款可分为买方信贷和卖方信贷两种方式。买方信贷是对购买消费品的消费者直接发放贷款，卖方信贷是以分期付款单做抵押，由银行对销售消费品的工商企业发放贷款，再由购买者逐步偿还银行贷款。

3. 分期付款

分期付款购买消费品或取得劳务时，消费者只支付一部分贷款，然后按合同分期加息支付其余货款，多用于购买高档耐用消费品或房屋、汽车等，属中长期消费信用。

分期付款方式通常由银行和分期付款供应商联合提供。银行为消费者提供相当于所购物品金额的个人消费贷款，消费者用贷款向供应商支付货款，同时供应商为消费者提供担保，承担不可撤销的债务连带责任。住房消费信贷和汽车消费信贷是目前无论西方国家还是我国都常见的消费信贷方式。

（二）消费信用的作用

如果没有消费信用，一方面，住房和耐用消费品的销售量会因消费者的购买能力不足而降低，从而影响这些行业与企业的发展。另一方面，对于消费者个人来说，他也不能提前消费住房和耐用消费品这些对其生活质量有着重要影响的商品。

但是，如果消费者个人过度依赖消费信用进行提前消费，则会给自己带来沉重的债务负担，一旦其收入出现波动，就会陷入偿债危机，不仅个人信用丧失，还会波及向其提供消费信用的工商企业和商业银行等金融机构，引起一系列的连锁反应。

因此，人们对消费信用在一国社会经济生活中的作用要有一个清醒的认识，要从正反两个方面来看。从积极方面来说，主要表现有：第一，消费信用的正常发展有利于促进消费品的生产与销售，有利于扩大一定时期内一国的消费需求总量，从而促进一国的经济增长。第二，消费信用的发展为消费者个人提供了将未来的预期收入用于当前消费的有效途径，使其实现了跨时消费，提升了消费者的生活质量及其效用总水平。第三，消费信用的正常发展有利于促进新技术、新产品的推销和产品的更新换代。

但是，消费信用的盲目发展也会给正常的社会经济生活带来不利影响，主要包括：第一，消费信用过分发展，会掩盖消费品供求之间的矛盾，造成一时的虚假需求，给生产传递错误信息，使一些消费品生产盲目发展，导致信用膨胀。第二，由于消费信用是对未来购买力的预支，在延期付款的诱惑下，对未来收入预支过多会使消费者债务负担过重，最终迫使其生活水平下降，增加社会不稳定因素。因此应当对消费信用的运用进行适度的管控，使其能更好地为经济发展服务。

个人信用就是你最重要的资产

“信用是钱”这个概念在如今的社会，其实还没有被大多数人重视，很少人会想到，一个人会因为偶尔的信用卡逾期，水电费没缴这种事情丢了工作。但是美国有 60%的公司，在雇用员工的时候，会去调用个人的信用评分 FICO，分数低的，即使你能够过五关斩六将，也拿不到 offer。如果说信贷是突破自己资金约束的杠杆的话，那么 FICO 这个分数就是评价一个人杠杆能力的指标，分数越高，就代表着你的贷款额度越高，利率越低，消费能力也越强。

债务关系的背后就是信用，也就是说你会相信对方还本付息的承诺，这个承诺其实是一种抵押品，一个人和一个机构的信用就是对于你做出的承诺的估值，你的信用越高，这个承诺的价值越高。所谓一诺千金，背后的金融逻辑即在于此。

比如说明清以后，北京城里最多的就是当铺，当铺的常客不是穷人，而是官员。明清两朝公务员的工资很低，尤其是京官，一旦碰上家里有事，就只有拿东西到当铺去换钱了。久而久之，当铺开始对一些名声好、有潜力的官员实施"信当"，这些官员可以弄一个大皮箱，里面塞点不值钱的东西，锁好加封，送到当铺，当个千儿八百的。但是到了期以后，必须去赎买，否则名声就坏了。

这种所谓的信当，和现在使用的各种无抵押品的"信用贷款"，信用卡也好，蚂蚁花呗也好，它们的实质是一样的，就是用自己的承诺去换取资金的周转。所以，不管是古代还是现代，个人信用杠杆的意思是，个人积累的名誉和信用可以进行资本化来换钱。

但是，为何大家又说中国不是一个完全的现代的信用社会呢？主要原因有：第一，传统的中国社会，它是一个只有"王的信用"的人治社会，缺乏很好的法律基础；第二，我们国家地域广阔，地方的分割比较严重，个人征信的信息一直是分散隔绝的，缺乏信用社会的基础设施。

不过，从这些年的发展来看，中国的个人信用资本化是未来一个不可扭转的方向。有两个趋势是非常明显的。

第一，周边生活场景不断地被转成信用分，这个趋势和中国移动互联网的发展，尤其是腾讯系和阿里系两大流量巨头，对网络世界的全覆盖是有关的。很多年轻人都有的"芝麻信用分"，已经可以实现一些微小的资本化。比如，芝麻信用分超过 600 分，你就可以申请花呗的额度，在借呗申请 1 000 元到 5 万元不等的贷款，然后预订合作的酒店，可以享受零押金入住的服务，甚至在百合网上的相亲也会要求披露芝麻信用分。这意味着个人在任何一个场景下的微小的行为都可能转化成自己的信用分，然后形成个人的资产或者资本。

第二个趋势就是惩罚机制的运行成本大为降低，原来的银行或者其他的金融机构对于那些 10 万块钱以下的违约者，很难采取执法行动，因为执法成本太高，所以对于个人信贷的开展就缺乏积极性。最近，高等人民法院就和芝麻信用合作追踪违约者，高等法院给出失信执行人的名单，芝麻信用给他们做降分处理。因为芝麻信用适用的消费场景特别广，包括购物、吃饭、交通，几乎涵盖了所有的生活场景，所以违约者的网上活动空间被大大地限制。这次合作在开展了 5 个多月之后，就有 5 300 多名违约者还清了债务。这种合作在阿里、腾讯，以及其他的互联网巨头中展开以后，法院的执法成本可以急速下降，使得整个信用体系的执法效率提高。

这两个趋势意味着年轻人的资产会越来越多地和"信用"相连，大多数年轻人需要的是将未来时间的价值转换成今天的消费，转换是不是成功，转换的价格是不是合理，就会取决于社会或者金融机构对于你的承诺的信任程度，也就是自己的信用。

如今，在"中国人民银行征信中心"的网站进行注册和登录以后，就可以查到自己的信用报告。这个报告的数据主要来自银行体系，在申请房贷或者其他银行贷款的时候，这个报告的分值是会被参考的。

资料来源：《香帅的北大金融课》栏目

六、民间信用

民间信用是指民间个人之间的货币或实物借贷，也称个人信用。民间信用在我国已有几千年的历史。过去，民间信用主要用于解决生活费用的短缺。我国经济体制改革以来，随着城乡个体经济和民营经济的出现与发展，民间信用日趋活跃，个人之间、家庭之间解决生产资金不足的信用活动也随之迅速发展起来。

民间信用的组织形式有两种：一种是无组织的零散的合法民间借贷，包括私人间借贷、企业间借贷及集资，另一种是有组织的合法民营金融包括信贷公司、标会和当铺等。

第三节　信用体系

一、信用体系的含义

近年来，由于种种原因，伴随社会经济的高速增长，社会诚信没有实现同步跟进，反而产生了许多明显的问题，成为阻碍社会经济可持续发展的桎梏。诸如“社会失信”“信用缺位”“信任危机”等成为当前使用频度非常高的词汇，这从一个侧面反映出重建社会信用体系的紧迫性和必要性。

“信用体系”是一个十分宽泛的范畴，与“信用”一词可以区分为狭义信用及广义信用相对应，“信用体系”也可以作狭义与广义的划分。狭义上的信用是指借贷行为，因此狭义上的信用体系可以理解为保证借贷活动得以正常开展的相关内容的总和。广义上的信用即社会信用。因此广义上的信用体系即社会信用体系，是指以诚信为道德基础的践约行为，也称国家信用管理体系或国家信用体系，它是一种社会机制，旨在建立一个适合信用交易发展的市场环境，保证国家的市场经济向信用经济方向转变，即从以原始支付手段为主流的市场交易方式向以信用交易为主流的市场交易方式的健康转变。

二、现代社会信用体系

现代社会信用体系是由信用形式、信用制度、信用机构、信用管理体系等相互联系和影响的各个方面共同构成的。如果没有丰富的信用形式和各种信用机构，信用体系就不可能产生高效率；如果没有完善的信用制度、信用管理体系，不能对失信者予以惩罚，信用活动也不可能健康发展。关于信用形式前面已介绍过，下面主要介绍其他几个方面的内容。

（一）信用制度

信用制度是规范和约束社会信用活动和信用关系的行为规范。信用制度既有对信用活动本身的规范和约束，比如对各种经济主体能够从事的借贷活动的规定，也有为保证信用安全和秩序而进行的制度安排，比如对违约失信的惩罚等。从形式上看，信用制度安排既有正式的法律法规，又有非正式的、约定俗成的道德规范。

现代经济是信用经济，信用关系错综复杂，信用在经济中发挥着举足轻重的作用。信用缺失、信用危机直接危及社会经济乃至政治的稳定与发展。同时，现代经济也是法制经济，在自然经济中起重要作用的约定俗成式的道德规范已经无法适应现代经济错综复杂的信用关系的需要，具有强制力的法律法规成为现代信用制度的主要构成形式。从各国社会经济的发展看，以法律为主体的完善的信用制度是信用活动健康发展的重要基石。

（二）信用机构

信用机构在现代信用活动中发挥着重要的作用。信用机构主要包括以下几种类型。

1. 信用中介机构

信用中介机构是指为资金借贷和融通直接提供服务的机构，通常简称为金融机构。在不同的国家，信用中介机构的形式和名称有比较大的差别。

2. 信用服务机构

信用服务机构是指提供信息咨询和征信服务的机构，主要包括信息咨询公司、投资咨询公司、征信公司、信用评估机构等。除了专业的信用服务机构外，律师事务所、会计师事务所等机构也可算作信用服务机构。

3. 信用管理机构

信用管理机构主要是指对各种信用中介机构和信用服务机构实施管理的机构，可以分为政府设立的监管机构和行业自律型管理机构。政府设立的监管机构主要包括中央银行和其他专业监管机构，我国由政府设立的信用管理机构主要包括中国人民银行、中国银行保险监督管理委员会和中国证券监督管理委员会。2003 年 9 月底，中国人民银行成立征信管理局，负责管理信贷征信业，推动建立社会信用体系。目前中国人民银行建立的信贷登记系统已形成了全国性网络。行业自律型管理机构主要有中国银行业公会、中国证券业协会、中国保险业协会等。

（三）信用管理体系

信用管理体系表现为社会征信系统，主要包括两大系统：一是以企业、公司为主体的法人组织的信用征信；二是与公民个人的经济和社会活动相关的信用征信。根据征信数据库的形成和使用过程，征信系统分为以下五个子系统。

1. 信用档案系统

信用档案是指法人和自然人信用活动中信用状况的原始记录。信用档案系统的内容包括个人信用档案和企业信用档案。个人信用档案的资料分散于金融机构、商家、司法、街道、单位、税务、工商、医院、公用事业单位等各个部门。征信机构征集的个人信用信息主要限于可能影响个人信用状况的信息：

（1）个人身份情况：姓名、性别、出生日期、身份证号、户籍所在地、居所、婚姻状况、家庭成员状况、收入状况、工作单位、职业、学历等。

（2）商业信用记录：在各商业银行的个人贷款及偿还记录，个人信用卡使用等有关记录，在金融机构发生的其他信用行为记录，以及个人与其他商业机构发生的信用交易记录。

（3）社会公共信息记录：个人纳税、参加社会保险以及个人财产状况及变动等记录。

（4）特别记录：有可能影响个人信用状况的涉及民事、刑事、行政诉讼和行政处罚的记录。

2. 信用调查系统

信用调查是指了解征信档案的事实真相，借此作为市场决策的重要参考依据。信用调查的内容主要有：① 贷款信用调查：考察企业的资金运用状况、贷款偿还能力。② 融资信用调查：企业为了扩大生产规模或由于资金紧张，要通过发行股票、债券等有价证券来筹集资金，为保证投资者的安全，需要对发债企业进行信用调查。

3. 信用评估系统

信用评估是对企业、金融机构、社会组织和个人履行各种经济承诺的能力及可信程度的评价，主要是对偿还债务的能力及可偿债程度的综合评价，信用评估的结果通常采用特定的等级符号来表示。

4. 信用查询系统

信用查询系统是指在社会征信系统数据库建立起来后，可供商业机构和个人查询相关企业以及个人信用状况的系统。根据查询对象的不同，可将信用查询系统分为个人信用查询系统和企业信用查询系统。个人信用查询系统是提供个人信用信息查询服务的数据库系统，该系统的服务内容主要包括个人信用报告与个人信用评分。个人信用信息查询服务的主要客户有消费信贷的授权方、商业银行、保险公司、雇主、司法部门、消费者本人等。企业信用查询系统是提供企业信用信息查询服务的数据库系统，该系统的服务内容主要是企业信用报告与企业信用评级。企业信用信息查询服务的主要客户有国内外往来企业、商业银行、担保机构、保险公司等。

5. 失信公示系统

失信公示系统是征信机构依法、及时、客观地将有不良信用记录的个人和企业的名单以及对其的处罚意见在某一范围内进行公布，让失信记录在特定范围内有效传播，以警示与其有联系的机构、企业或个人的系统。失信公示是对失信者的一种惩罚，它将征信服务与社会监督、法律制裁的作用有机地结合起来，形成合理的失信约束惩罚机制。表 3-3 所示就是在中国债券信息网公布的 2015—2018 年企业债券信用评级机构信用评价排名。

表 3-3 2015—2018 年企业债券信用评级机构信用评价排名

评级机构排名	2015	2016	2017	2018
1	中诚信国际	中诚信国际	中诚信国际	中诚信国际
2	联合资信	大公国际	上海新世纪	联合资信
3	大公国际	联合资信	中证鹏元	上海新世纪
4	上海新世纪	上海新世纪	联合资信	东方金诚
5	东方金诚	东方金诚	东方金诚	中证鹏元
6	鹏元资信	鹏元资信	大公国际	大公国际

第四节 信用工具

不同家庭占有社会财富的数量是不同的，那么富裕家庭就意味着有拥有很多现金和存款吗？你是如何理解家财万贯？

一、信用工具的概念

信用工具又被称为金融工具或金融市场工具，是指以书面形式发行和流通、借以保证债权人或投资人权利的合法凭证。信用工具是证明债权债务关系的凭证，是资本或资金的载体，借助这个运载工具实现资金或资本由供给者手中转移到需求者手中。

信用工具如股票、期货、黄金、外汇、保单等也叫金融产品、金融资产、有价证券。因为这些金融工具在金融市场是可以买卖的产品，故称金融产品；因为它们有不同的功能，能达到不同的目的，如融资、避险等，故称金融工具；在资产的定性和分类中，它们属于金融资产，是财富的一种形式，故称金融资产；它们是可以证明产权和债权债务关系的法律凭证，故称有价证券。

任何信用工具都具有双重性质：对金融工具的发行者（借款者）来说，它是一种债务，对投资者（贷款者）来说，它是一种金融资产。

二、信用工具的分类

信用工具的种类有很多，随着金融创新的不断推进，越来越多的信用工具品进入到我们的经济生活中。按不同的标准，可以将信用工具划分为不同类型。

（一）按流动性来划分

一是法定货币符号，是指现代的信用货币。现代信用货币有两种形式：纸币和银行活期存款，法定货币符号可以看作是银行的负债，被公众普遍接受，具有的完全的流动性，这是金融工具的一个极端。

二是有价证券，包括存款凭证、商业票据、股票、债券等。这些金融工具也具备流通性、可转让行、收益性等特性，但附有一定的条件，被接受程度取决于金融工具的特点。

（二）按发行者的地位划分

一是直接信用工具，指非金融机构如企业、个人、政府发行和签署的信用工具，是用来在金融市场进行借贷或交易的对象，如国库券、公债券、商业票据、股票、公司债券、抵押契约等。

二是间接信用工具，指融资单位通过银行和信用机构融资而产生信用工具，如金融机构所发行的银行券、保险单、各种借据和银行票据等。

（三）按金融市场交易的偿还期划分

一是长期信用工具，也称资本市场金融工具，指信用期限在 1 年以上的各种有价证券，包括股票、公司债券、公债券和金融债券等。其中股票没有偿还期，一般不能退股或撤回资金。

二是短期信用工具，也称货币市场金融工具，一般是指提供信用的有效期限在 1 年或 1 年以内的信用凭证，主要在货币市场上流通，如国库券、商业票据、可转让存单、同业拆借等。

西方一些国家习惯上把 1 年以下货币市场交易的对象称为“准货币”，这是由于其偿还期短、流动性强、随时可变现而近似于货币。

（四）按所投资产的所有权划分

一是债务凭证，是指发行者到期必须对持有者还本付息的信用工具，如债券。

二是所有权凭证，是指持有者获得了一定资产的所有权而非债权，所以无权索要本金、但有权通过出售证券收回本金，或持有从而获得收益，如股票。

三、信用工具的特点

信用工具具有如下四个特点：

（一）偿还性

偿还性是指债务人必须按照信用工具所记载的时间偿还债务。信用工具一般均标注有发行日至到期日的期限，偿还期是信用工具实际存在的有效期，或者说是债务人在还债日前所剩余的时间。信用工具的性质不同，偿还期不同。

需要注意的是，一种是银行活期存款随时可以提取，其偿还期限为零；另一种是股票或永久性债券，永不还本，其偿还期为无限。

（二）流动性

流动性指信用工具迅速变卖为现金的能力。金融工具流动性的大小，体现在两方面：一是它能不能方便地变现，二是变现过程中价值损失的程度及交易成本的大小。信用活动的目的在于融通资金，如果为信用活动服务的工具本身缺乏应有的流动性和变现性，即起不到融资的作用，那么金融工具也就失去了存在的前提和必要性。

一般地说，流动性与偿还期成反比，即偿还期越长流动性越差；流动性与债务人的信用能力成正比，即债务人的资信等级越高，流动性就越强。

（三）风险性

风险性是指信用工具的本息遭受损失的可能性，也就是说本金和预期收益的安全保证程度。

信用工具的风险有两种：一是信用风险或称违约风险，指债务人不履行合同，不能按约定的期限和利率按时还本付息，这类风险与债务人的信誉、与债务人的经营状况有关。二是市场风险，指因利率变化或证券市场上价格波动造成金融工具价格下跌，以致给投资者带来损失。

一般来说，信用工具的风险性与偿还期成正比，偿还期越长的信用工具风险性越大；风险性与债务人的信誉及经济实力成反比，即债务人的信誉较好和经济实力较强，金融工具的风险较小；风险性与流动性成反比，即具有高度流动性的信用工具，其风险性较小；风险性与收益率成正比，风险性小的金融工具，收益率往往较低，反之则高。

（四）收益性

收益性是指信用工具能定期或不定期地给债权人或投资者带来收益。信用工具的收益有两种：一种是固定收益，如债券、存单，在券面上就载明了利率；另一种是即期收益，如股票，股票收益大小取决于发行股票的公司的盈利水平以及股票市场上的价格水平。

收益率是指持有信用工具所取得的收益与本金的比率，可以通过名义收益率、即期收益率、平均收益率三种方法计算出来。优良的金融工具应有适当的收益率，使投资者或资金供应者有较高的回报和利息收入。

信用工具的偿还性、流动性、风险性、收益性之间呈现一定的相逆关系，某一金融工具在一定情况下很难同时具备上述所有特征。如股票的风险大，收益高；债券的风险小，收益率低。作为投资者，可以根据自己的投资目的、财务状况、心理承受能力以及对市场的分析预测能力，选择不同的金融工具，形成最佳的资产组合。

从金融学的角度看，对于家庭和个人来说，财富的表现形式不仅仅是钱，钱是流通性最好的财富，同时，股票、债券、保险单等，都是重要的金融资产，也是家庭财富的组成部分。

课后练习题

一、单选题

1. 信用的基本特征是（　　）。
   A. 无条件的价值单方面让渡
   B. 平等的价值交换
   C. 以偿还为条件的价值单方面转移
   D. 无偿的赠予或援助
2. 我国企业之间存在着比较普遍的三角债，从本质上看，这属于（　　）。
   A. 银行信用　　B. 国家信用
   C. 商业信用　　D. 消费信用
3. 在商业信用关系中，提供信用的方向一般是（　　）。
   A. 下游产品企业向上游产品企业
   B. 上游产品企业向下游产品企业

C. 企业可以相互提供

D. 资金实力强的企业向资金实力弱的企业

4. 企业通过分期付款的形式向个人消费者赊销高档耐用消费品属于（　　）。

A. 商业信用　　B. 消费信用

C. 银行信用　　D. 国家信用

5. 信用是商品经济发展到一定阶段的产物。当商品交换出现延期支付、货币执行（　　）职能时，信用就产生了。

A. 流通手段　　B. 支付手段

C. 价值尺度　　D. 贮藏手段

6. 一些具有较高社会效益，但经济效益较差、投资回收期较长的大型基建项目的资金往往只能通过（　　）解决。

A. 国家信用　　B. 商业信用

C. 高利贷信用　　D. 消费信用

7. 不属于信用具有的要素是（　　）。

A. 信用主体　　B. 信用工具

C. 交易场所　　D. 时间间隔

8. 国家信用的形式有（　　）。

A. 国家税收　　B. 企业贷款

C. 国债　　D. 金融债券

9. 银行向消费者提供的住房贷款属于（　　）。

A. 商业信用　　B. 消费信用

C. 民间信用　　D. 国家信用

10. 不属于商业信用的特点是（　　）。

A. 商业信用的客体是商品资本

B. 规模巨大且方向不受限制

C. 与产业资本、经济周期的动态一致

D. 商业信用的主体是厂商

11. 以下说法正确的是（　　）。

A. 流动性与债务人的信誉成反比

B. 流动性与债务人的信誉成无关

C. 流动性与偿还期成反比

D. 流动性与偿还期成正比

二、简答题

1. 简述信用的含义以及特征。

2. 简述直接信用与间接信用的区别，以及各自有哪些信用形式。

3. 简述商业信用与银行信用的概念，以及各自的优缺点。

4. 钱多多持有某商业银行的信用卡，其账单日是 16 号，则：

（1）某年的 3 月份，其相应还款日是几号？

（2）钱多多要享受最长的免息期，应该在哪天进行刷卡消费？如果享受最短的免息期，应该在哪天刷卡消费？

（3）如果钱多多在 4 月 3 日前刷卡消费，这次的消费享受了多少天的免息期？

第三章练习题答案

第四章　利率与金融资产定价

【本章要点】

1. 利息的本质。
2. 利率的类型。
3. 单利与复利的计算。
4. 终值与现值的计算。
5. 利率的期限结构。
6. 各种收益率的计算。

第一节　利息与利率

一、利　息

利息是与信用相伴随的一个经济范畴，它是指债权人贷出货币或货币资本而从债务人手中获取的超过本金部分的报酬。

自古以来，贷出款项收取利息已经成为很自然的事情，货币因为贷放而增值的概念也已根植于人们的经济观念之中。但是，历史上对于利息确曾有过否定的看法。比如中世纪的神学家托马斯·阿奎那就坚持认为，放债取息是一种罪恶。为什么古代学者对利息持此偏颇态度呢？这是因为他们所针对的借贷行为不是出于投资而是出于消费的目的建立起来的。就是说，债务人把借入的钱花掉了，什么也不能取得，所以他们应该归还的只能是他们所花掉的，如果要求他们支付利息，就等于要求他们归还没有得到的东西，这当然是不公正的。

随着社会由自然经济向商品货币经济的全面发展，人们日益正视利息的存在。17 世纪英国古典政治经济学创始人威廉·配第指出，假如一个人在无论自己如何需要，在到期之前却不得要求偿还的条件下，出借自己的货币，则他对自己所受到的不方便可以索取补偿。这种补偿，通常叫作利息。

利息的存在使人们对货币产生了一种神秘的感觉，似乎货币可以自行增值。这个价值增值额来自何处呢？货币在商品运动中充当交换的媒介，本身并不能增值，而是产业资本家凭借拥有的货币资本在商品市场上购买了劳动力和生产资料，从事生产，获取剩余价值。这样，作为资本的货币就执行了资本的职能。这里货币虽然没有增加任何特别的职能，然而，它作为资本却获得了一种追加的使用价值，即生产平均利润的能力。谁掌握了货币资本的使用权，谁就拥有货币资本生产平均利润的使用价值。因此，货币资本就作为资本商品被提供到市场上来，资本商品在市场上并不是出售，而是不改变所有权的有条件的借贷。其中条件之一就是，借者在到期归还本金时必须支付一定的利息。

18 世纪中期的马西第一次指出，利息是利润的一部分。亚当·斯密则说："以资本贷人取息，实无异于由出借人以一定部分的年产物，让与借用人。但作为报答这种让与，借用人须在借用期内，每年以较小部分的年产物让与出借人，称作利息。在借期满后，又以相等于原来由出借人让给他的那部分年产物，让与出借人，称作还本。"

马克思针对资本主义经济中的利息指出，贷出者和借入者双方都是把同一货币额作为资本支出的，但它只有在后者手中才执行资本的职能，同一货币额作为资本对两个人来说取得了双重的存在，这并不会使利润增加一倍，它之所以能对双方都作为资本执行职能，只是由于利润的分割，其中归贷出者的部分叫作利息。

凯恩斯认为，需要支付利息的原因在于资金的所有权和使用权的分离，债权人出借资金的使用权，拥有所有权；债务人获得资金的使用权，并支付使用资金的成本，就是利息。

现代西方经济学认为，利息是借贷关系中债务人支付给债权人的报酬，是投资人让渡资本使用权而索要的补偿。这种补偿由两部分组成：对机会成本的补偿和对风险的补偿。

所以，从债权人的角度看，利息是债权人因贷出货币资金而从债务人那里获得的报酬；从债务人的角度看，利息是债务人为取得货币资金的使用权所花费的代价。

二、利　率

利率是利息率的简称，是指一定时期内利息额与本金的比率。它可以反映利息水平的大小和高低，也可以反映资金的"价格"和增值能力。

$$利息=\frac{利息额}{本金}\times 100\%$$

（一）利率的种类

利率可以根据不同的标准划分为不同的种类。

1. 按是否考虑物价变动因素

按是否考虑物价变动因素，分为名义利率和实际利率。

名义利率是相对实际利率而言的，是指包括物价变动因素的利率。通常金融机构公布或采用的是名义利率。

实际利率又称为真实利率，是剔除通货膨胀因素以后的利率。因此，实际利率等于名义利率减去通货膨胀率，计算公式表示如下：

$$R=i-p$$

式中，R 表示实际利率；i 表示名义利率；p 表示通货膨胀率。

对经济关系产生实质性影响的是实际利率，被人们更为看重。但在经济管理中，能够操作的只是名义利率，对实际利率则无法直接进行调节。划分名义利率与实际利率的意义在于，它为分析通货膨胀情况下的利率变动及其影响提供了依据，便利了利率杠杆的操作。根据名义利率与通货膨胀率的比较，实际利率呈现三种情况：当名义利率高于通货膨胀率时，实际利率为正利率；当名义利率等于通货膨胀率时，实际利率为零利率；当名义利率小于通货膨胀率时，实际利率为负利率。实际利率为正有利于引导资金的合理流动和资源的优化配置，而零利率和负利率则会导致资金和资源的错配，对经济增长造成危害。总之，实际利率反映了借款人的真实的借款成本，实际利率越低，借款人借入资金的动力就越大，贷款人贷出资金的动力就越小。

在不同的利率状况下，人们会相应采取不同的经济行为，比如 1988 年我国出现了高达 24.1%的通货膨胀率，当时的名义利率只有 10.98%，即出现了较严重的负利率，负利率刺激消费扩大，导致抢购成风。

不缺钱的华为为何要发债融资

2019 年 9 月 11 日，中国最大民营企业、全球通讯巨头华为宣布首次试水境内债券融资。这次华为发债是以中期票据的形式，总注册金额为 200 亿，先申请发行 2 期，每期 30 亿元，期限为 3 年，无担保。

华为表示，此次拟发行 30 亿元中期票据，将用于补充公司本部及下属子公司的营运资金。

难道华为很缺钱吗？

并不是。

从评级报告中，我们可以看到，2018 年末华为总资产达 6,657.90 亿元，其中现金类资产 2,456.29 亿元，占比 36.89%，货币资金 1,840.87 亿元。手握近 2 500 亿的现金类资产，可以说富可敌国了。

华为的经营出问题了吗？

更不是！

华为主要包括运营商业务、企业业务和消费者业务。整体的收入来看，华为保持高速增长。2016—2018 年及 2019 年上半年，华为分别实现营业收入 5 180.68 亿元、5 984.80 亿元、7 151.92 亿元和 3 965.38 亿元。

虽然华为债属于信用债范畴，但基于华为的实力和信誉，可以说，华为债目前在市场上的地位仅次于国债和政策债，各机构对其的追逐可谓“疯狂”。

事实上，华为发债并非偶然，背后是全球降息，货币大宽松的“变局”。这场变局要从 20 世纪末 21 世纪初说起。自从 1999 年日本将银行隔夜拆借利率削减至 0，人类便正式进入名义上的零利率和负利率时代。丹麦是第一个实行负利率的国家（2012 年 7 月），但日本却堪称负利率的“集大成者”。日本 10 年期国债收益率 20 年来从未超过 1%，到了 2016 年 1 月，这个数值干脆变成了负值——-0.060%。也就是说，投资者借给政府 1 万日元，供政府使用 10 年，他还得每年为此花上 6 日元的“入门费”。作为全球第二大的经济共同体和单一货币执行区，欧洲央行已经执行了长达 8 年的存款负利率，以及长达近 4 年之久的 0.00%基准利率。

进入 2019 年，伴随着各国对全球经济衰退的恐惧，货币宽松变本加厉。2019 年 9 月 12 日，欧洲央行正式撕去了零利率的遮羞布，开始实行负利率，将存款利率降至-0.5%，创下历史新低。

其实，不只是欧洲央行，2019 年以来，全球已经有近 30 个经济体相继宣布降息，通过释放流动性刺激经济。

作为欧洲工业火车头的德国，事实上也已全面实行负利率，10 年期国债收益率比日本还低，8 月是-0.6%左右，创 2016 年来的新低。2019 年 8 月 21 日，德国还首次发行了零息票的 30 年期国债，100 万欧元，持有 30 年，到期还 100 万欧元。

对于投资者来说，这些现象简直不可思议。但是如果经历过 21 世纪以来的欧债危机、美国次贷危机、A 股 2015～2018 的大跌，就知道，0 收益或者只亏不到 1%是多么幸福的事。

相比于欧洲和日本，美国的 10 年国债收益率从未降至过 1%以下。当前，10 年期美国国债收益率处于 1.47%左右。欧洲央行降息前一天，特朗普在推特上表示，美联储应该“将我们的利率降至零或更低，然后我们应该开始为我们的债务再融资。”

一般债券的利率都是在国债上加一定基点组成的。降息，显然会推动国债收益率的不断走低。而国债收益率的走低，也会影响债券市场，从而促进企业成本的显著下降。

所谓负利率，就是央行向银行收取“惩罚性费用”，以此强迫银行将更多资金投向市场，起到刺激信贷、提高通胀水平、促进本国经济的目标。在负利率时代，持有现金的机构和个人也在被变相收取这笔“惩罚性”费用，对于企业来说，既然融资利率在不断地趋向于 0，不融白不融。对于个人来说，利率高的无风险金融产品将越来越少，投资回报在可见的趋势下将越来越低，资产荒的前提下，持有过多现金将有很大的风险，需要尽快地把现金变现成各种优质资产。

资料来源：根据《既然华为不缺钱，那为何要发债呢？》《三问华为发债：融资钱怎么用？到底缺不缺钱？为何此时在境内发债？》等网络文章整理

2. 按计息时间长短不同分

按计息时间长短不同，分为年利率、月利率和日利率。

年利率通常以百分之几表示，是以年为时间单位计算利息，比如年利率 8.16%。

月利率通常以千分之几来表示，是以月为时间单位计算利息，比如月利率 8‰，或者 0.8%。

日利率通常以万分之几表示，是以日为时间单位计算利息，比如日利率 0.5‰或者 0.05%。

年利率、月利率和日利率的关系：年利率＝月利率×12＝日利率×360。

按照我国的传统习惯，无论是年利率、月利率还是日利率都用“厘”作单位。虽然都是“厘”，但是差别极大，年利率的 1 厘是指 1%，月利率的 1 厘是指 0.1%或 1‰，日利率 1 厘是指 0.01%或 0.1‰。另外，还有“分”“毫”作为利率单位，分是厘的 10 倍，厘是毫的 10 倍。例如，利息是 1 分 3 厘 8 毫，指的是年利率 13.8%。

3. 按借贷期内是否变动调整分

按借贷期内是否变动调整，分为固定利率和浮动利率。

固定利率是指在整个借贷期限内，利息都按借贷双方事先约定的利率计算，而不随市场上货币资金供求状况而变化。固定利率适用于借贷期限较短或市场利率变化不大的情况，这样做简单明了，易于计算借贷成本。但当借贷期限较长，市场利率波动较大时，则不宜采用固定利率。因为在此期间通货膨胀的作用和市场上借贷资金供求状况的变化，会使借贷双方都有可能承担利率波动的风险。

浮动利率是指在借贷期限内，根据市场利率的变化情况而定期进行调整的利率。浮动利率最大的优点是能够灵活反映市场上的资金供求状况，更好地发挥调节作用。由于浮动利率可以随时予以调整，有利于减少利率波动所造成的风险，从而克服了固定利率的缺陷。但同时由于利率变化不定，使借贷成本的计算和考核都相对复杂，并有可能增大借方的利息负担。

4. 按利率的决定方式不同分

按利率的决定方式不同，分为市场利率和官定利率。

市场利率是按照市场规律自由变动的利率，即由资金市场上供求关系直接决定并由借贷双方自由议定的利率。资金供给大于需求，利率下降；资金供给小于需求，利率上升。目前我国市场利率主要包括债券利率、同业拆借利率和贷款市场报价利率（Loan Prime Rate，LPR）等。

为深化利率市场化改革，进一步推动 LPR 运用，中国人民银行〔2019〕第 30 号公告说明，从 2020 年 3 月至 2020 年 9 月起，存量浮动利率贷款的定价基准转换为 LPR，存款者可以在固定利率和浮动利率之间选择一个，机会只有一次（公积金不变）。

那么，LPR 是什么呢？其实，它是由具有代表性的报价行，根据本行对最优质客户的贷款利率，以公开市场操作利率加点的方式形成报价，再由人民银行授权全国银行间同业拆借中心计算并公布的基础性的贷款参考利率。目前 LPR 已成为贷款利率定价的主要参考基准。

自 2019 年 8 月 20 日起，每月 20 日（遇节假日顺延）9：30，中国人民银行授权全国同业拆借中心公布当月 LPR。LPR 每月产生一次，由 18 家报价银行独立报价，全国同业拆借中心按去掉最高和最低报价后进行算术平均，向 0.05%的整数倍就近取整计算得出，LPR 主要有 1 年期和 5 年期以上两个品种。

存量浮动利率贷款定价基准转换为 LPR，除商业性个人住房贷款外，加点数值由借贷双方协商确定。商业性个人住房贷款的加点数值应等于原合同最近的执行利率水平与 2019 年 12 月发布的相应期限 LPR 的差值。从转换时点至此后的第一个重定价日（不含），执行的利率水平应等于原合同最近的执行利率水平，即 2019 年 12 月相应期限 LPR 与该加点数值之和。之后，自第一个重定价日起，在每个利率重定价日，利率水平由最近一个月相应期限 LPR 与该加点数值重新计算确定。

那么，使用 LPR 定价后，如何确定和表示贷款合同里的利率呢？

（1）固定利率贷款的定价：固定利率贷款在合同期限内利率水平保持不变，按照合同中明确的某个时间点或时间段的 LPR 加减点确定具体利率水平，利率水平一旦确定，直至借款到期日保持不变。

例如，一笔 3 年期固定利率贷款，合同约定在签订日前最新公布的 1 年期 LPR 基础上加 30 个基点确定利率，合同签订日前最新公布的 1 年期 LPR 为 4.15%，那么这笔贷款在借款期内的利率水平为 4.45%（4.15%+0.3%=4.45%），并保持不变直至到期。

（2）浮动利率贷款的定价：浮动利率贷款应在合同中约定以一定的时间周期，按相应期限 LPR 加减某一确定的点差计算具体利率水平，利率随参考的 LPR 变动而浮动。

如一笔 7 年期浮动利率贷款，约定每三个月重新定价，约定的点差为加 5 个基点（即 0.05 个百分点），参考的基准为贷款发放日或重新定价日前最新公布的 5 年期以上 LPR。贷款发放日为 2019 年 8 月 21 日，由于 8 月 20 日的 5 年期以上 LPR 为 4.85%，则 2019 年 8 月 21 日至 11 月 20 日的利率为 4.9%（4.85%+0.05%=4.9%）； 2019 年 11 月 20 日的 5 年期以上 LPR 为 4.8%，则自 2019 年 11 月 21 日至 2020 年 2 月 20 日，利率为 4.85%（4.8%+ 0.05%=4.85%）。以此类推。

再如一笔 15 年期浮动利率个人住房贷款，约定在每年 1 月 1 日重新定价，约定的点差为加 20 个基点（即 0.2 个百分点），参考的基准为每年 12 月 20 日的 5 年期以上 LPR。合同签订日为 2019 年 8 月 21 日，由于 8 月 20 日公布的 5 年期以上 LPR 为 4.85%，则该笔房贷 2019 年 8 月 21 日至 12 月 31 日的利率为 5.05%（4.85%+0.2%=5.05%）；2019 年 12 月 20 日的 5 年期以上 LPR 为 4.8%，则 2020 年 1 月 1 日至 12 月 31 日的利率为 5%（4.8%+0.2%=5%）。以此类推。

而官定利率是由中央银行或政府的金融部门所规定的利率。我国目前的官定利率主要有存贷款基准利率、准备金率、再贴现率、再贷款率。

5. 按地位不同分

按地位不同，分为基准利率和其他基准利率。

基准利率是指在多种利率并存的条件下起决定性作用的利率。所谓起决定作用的意思是这种利率变动，其他率也相应变动。从理论上来说，基准利率应该是指通过市场机制形成的无风险利率。一般来说，利息包含对机会成本的补偿和对风险的补偿。利率中用于补偿机会成本的部分往往由无风险利率表示。在这个基础上由于风险的大小不同，风险溢价的程度也千差万别。相对于千差万别的风险溢价，无风险利率也就成为“基准利率”。

西方国家所说的基准利率一般是指中央银行的再贴现率。目前，我国中央银行将各专业银行和其他金融机构的存贷款利率作为基准利率，利率市场化之后，中央银行的再贴现率将作为我国的基准利率。

在我国，存贷款基准利率是指中国人民银行公布的指导性利率，包括存款基准利率和贷款基准利率，在金融市场上具有普遍参照作用，金融机构的存贷款利率或其他金融资产价格均可根据这一基准利率水平来确定（见表 4-1 与表 4-2）。

其他基准利率是在金融市场发展过程中，通过实际交易或金融机构报价，逐步形成了一系列市场化的基准利率，如上海银行间同业拆借利率（Shibor）、国债收益率曲线、贷款基础利率（LPR）等，为货币市场交易、债券和贷款等利率定价提供了重要参考。

表 4-1 金融机构人民币存贷款基准利率表

各项存款利率（银行信息港提供）	利率/%
活期存款	0.35
整存整取定期存款	利率/%
三个月	1.10
半年	1.30

续表

各项存款利率（银行信息港提供）	利率/%
一年	1.50
二年	2.10
三年	2.75
各项贷款	利率/%
一年以内（含一年）	4.35
一年至五年（含五年）	4.75
五年以上	4.90
公积金贷款	利率/%
五年以下（含五年）	2.75
五年以上	3.25

数据来源：中国人民银行网站

表 4-2　2019 年 8 月 20 日人民币贷款市场报价利率（LPR）

项目	年利率/%
贷款市场报价利率（一年期）	4.25
贷款市场报价利率（五年期以上）	4.85

数据来源：中国人民银行网站

（二）我国利率市场化的进程

1. 市场利率体系的建立

在国际货币市场上，比较典型的、有代表性的同业拆借利率有三种：伦敦银行间同业拆借利率（Libor）、新加坡银行间同业拆借利率（Sibor）和我国的香港银行间同业拆借利率（Hibor）。其中，伦敦银行同业拆借利率是浮动利率融资工具的发行依据和参照。放开银行间同业拆借市场利率是整个金融市场利率市场化的基础，我国利率市场化改革以同业拆借利率为突破口。中国人民银行于 1996 年建立了全国银行间同业拆借市场，将同业拆借交易纳入全国统一的同业拆借网络进行监督管理。

基准利率是一国在整个金融市场和利率体系中处于关键地位并起主导作用的利率。2007 年 1 月 4 日，上海银行间同业拆放利率（Shibor）开始正式运行，Shibor 被称为中国的 Libor，是中国人民银行希望培育的基准利率体系，是由信用等级较高的银行组成“报价团”，自主报出的人民币同业拆出利率计算确定的算术平均利率，是单利、无担保、批发性利率。

2012 年，利率市场化改革正式步入加速阶段，人民银行进一步扩大利率浮动区间，存款利率浮动区间的上限调整为基准利率的 1.1 倍；贷款利率浮动区间的下限经过两次下调调整至 0.7 倍。2013 年 7 月，人民银行宣布取消金融机构贷款利 0.7 倍的下限，由金融机构根据商业原则自主确定贷款利率水平，全面放开金融机构贷款利率管制。2015 年 10 月，人民银行放开银行等金融机构存款利率浮动上限，这标志着历时多年的利率市场化改革终于迈出了最重要也最艰巨的一步。

2. 存贷款利率的市场化

2004 年 10 月，我国取消了人民币贷款利率上限，并把贷款利率下限扩大到基准利率的 0.9 倍。2004 年 11 月，中国人民银行在调整境内小额外币存款利率的同时，决定放开 1 年期以上小额外币存款利率，商业银行拥有了更大的外币利率决定权，外币存贷款利率已完全放开。中国人民银行在分步骤放开外币存贷款利率的同时，允许银行的存款利率下浮，下不设底，从而逐渐扩大银行的贷款定价权和存款定价权。随着各种票据、公司类债券的发展，特别是 OTC 市场（场外交易市场，又称柜台交易市场）和二级市场交易不断扩大使价格更为市场化，企业可以选择发行票据和企业债来进行融资，其价格已经完全不受贷款基准利率的限制了。在企业债、金融债、商业票据方面以及货币市场交易中全部实行市场定价，对价格不再设任何限制。

随着经济体制改革和金融体制改革的深入，不断推进利率市场化有利于提高金融资源配置效率，完善金融调控机制，更好地发挥利率的经济杠杆作用。

第二节　利率的计算

一、单利和复利

（一）单　利

单利是指在计算利息额时，不论期限长短，仅按本金计算利息，所产生的利息不再加入本金重复计算利息。利息总额为：

$$I = P \times r \times n$$

式中，I 表示利息总额；P 表示本金；r 表示利率；n 表示借贷年限。

那么，本息和，也就是本金和利息之和的公式就为：

$$F = I + P = P \times r \times n + P = P \times (1 + n \times r)$$

式中，F 表示本息和。

【例 1】钱多多借款 10 万元，年利率为 10%，借款期限为 3 年，按照单利计息，那么到期钱多多应该偿还利息多少，本息和多少？

解：

$$I = P \times r \times n = 10 \times 10\% \times 3 = 3\text{（万元）}$$

$$F = I + P = P \times r \times n + P = P(1 + nr) = 3 + 10 = 13\text{（万元）}$$

（二）复　利

复利是指计算利息时，要按一定期限，将所上期产生的利息转为本金继续计息，逐期滚算，俗称“利滚利”。本息和与利息总额的计算公式分别如下所示：

$$F = P(1 + r)^n$$

$$I=F-P=P(1+r)^n-P$$

【例 2】钱多多借款 10 万元，年利率为 10%，借款期限为 3 年，按照复利计息，那么到期钱多多应该偿还利息多少，本息和多少？

解：

$$F=P(1+r)^n=10(1+10\%)^3=13.31\text{（万元）}$$

$$I=F-P=P(1+r)^n-P=13.31-10=3.31\text{（万元）}$$

显然，单利计息，手续简单，计算方便，有利于减轻债务人的利息负担；复利计息，计算相对复杂，但是其中体现了货币的时间价值，更为合理。复利法在投资决策、财务管理等领域广泛使用。

经过上面的计算分析，当 $n=1$ 的时候，不管单利计算还是复利计算，终值是一样的，但是当 n 越来越大，单利计算和复利计算的终值之间的差距也将越来越大。比如，图 4-1 采用本金 20 万元，利率为 10%，两种方法计算的终值在前 10 年，复利终值比单利终值多了 11.87 万元，到 50 年的时候差距是 2 227.82 万元，60 年的时候是 5 949.63 万元，复利终值是单利终值的 43.5 倍。

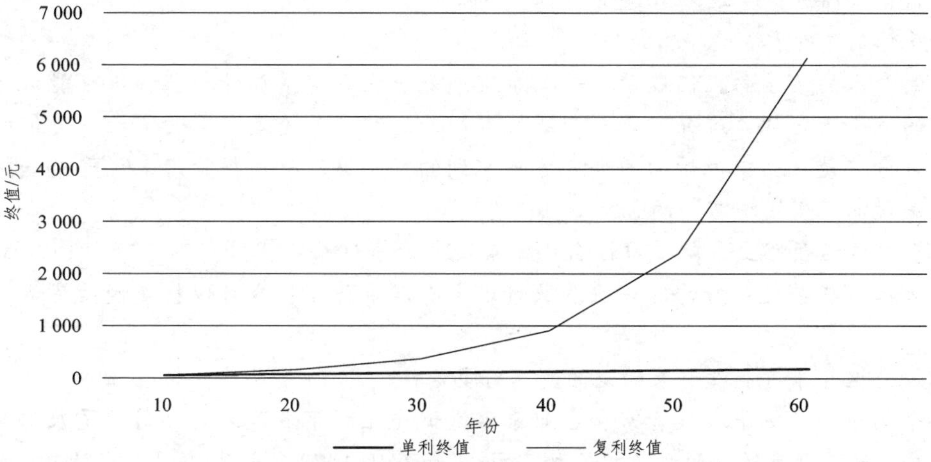

图 4-1　单利终值与复利终值对比

从上面的分析，也可看出影响本息和的三要素：投入资金的数额、收益率（利率）大小和投资时间长短，三个要素与最终的本息和成正相关关系。

你愿意慢慢变富吗？

有一次 Airbnb 的 CEO 布莱恩·切斯基（Brian Chesky）和亚马逊的 CEO 贝佐斯坐下来聊天，两个人谈到了自己共同的偶像巴菲特。切斯基就问贝佐斯：“你觉得巴菲特给过你最好的建议是什么？”

贝佐斯说，有一次我问巴菲特："你的投资理念非常简单，而且你是世界上第二有钱的人……为什么大家不直接复制你的做法？"

巴菲特说："因为没有人愿意慢慢地变富。"

这是巴菲特说过的很多关于投资的至理名言里，对普通投资者最有意义的一句。那么投资中，这种"不愿意慢慢变富"的心态，是怎么影响我们投资成功的呢？

首先提出一个问题：80 多岁的巴菲特目前的身价有七八百亿美元之多，是世界上最富有的几个人之一。那么请猜想一下，巴菲特 50 岁之后挣到的钱，占他所有身价的百分之多少？

——30%、50%，甚至 70%、80%？但实际的答案是：99.8%。是的，巴菲特全部身价的 99.8%，都是在他 50 岁之后累积的。

所以，当我们"感觉"巴菲特很有钱的时候，其实感觉到的是他人生后半程所累积的巨额财富——虽然年轻的巴菲特比起一般人也相当富有了，但远远称不上世界顶级的富豪。

再看同样非常富有的马云，他是什么时候开始变得有钱的呢？截止到 2019 年，55 岁的马云，90%的资产都是 50 岁以后挣得的。

很吃惊对不对？

这两个人的例子向我们展示了一个事实：一个人财富累积的过程，很可能跟我们直觉想象的完全不一样，这并不是一个线性累积的过程。无论是多大的富豪，他们的巨额财富大部分都是人生中很后面的部分才累积到的，而这对普通投资者来说也是一样。这就是开头说的"慢慢变富"的含义。

而在投资这条路上，就要习惯自己需要慢慢变富这个事实。

很多人可能会说：好的，我已经做好这个心理准备了，我可以接受慢慢变富，我可以等。

但是，这件事可能没有表面说的那么容易。

举个例子，顶级华人投资家和企业家李嘉诚先生旗下最著名的公司就是长江和记实业有限公司——有时候也简称为"长和集团"，如果从 1972 年长和集团上市计算，截止到 2018 年 3 月李嘉诚先生宣布退休的时候，整个公司的市值在 46 年里翻了 5 000 倍左右，绝对是商业史上的一个奇迹。

假设你现在穿越回 1972 年，告诉自己的父母或者更往上一辈，如果有钱一定要买这家公司的股票，然后一直持有坚决不卖。如果你这么做的话，你现在能有多少钱呢？

1972 年的时候，大多数家庭一年的收入可能只有几十块钱。假设你当时非常有胆量，拿出 100 块钱买了长和的股票，那么到了 2018 年，你的钱在翻了 5 000 倍以后，就变成了 50 万人民币。

对于很多人来说，50 万人民币当然是一笔不小的数目。但它可能并不是能让你的生活水平发生天翻地覆变化的一笔钱。换句话说，如果想靠投资为生，没有足够的本金是不可能实现的。哪怕眼光极好，投到了李嘉诚也没有用。所以，不断在生活中积累本金也是"慢慢变富"很重要的一个方面。

可是，本金这么重要，通过工资来积累太慢了，通过投资积累不也一样吗？是不是可以去投一些好项目、好产品，一下回报很多倍，然后再做长期投资也不迟。如果这样想，就走入了另外一个误区。

在生活中，确实总能看到有很多“短时间内翻了好几倍”的投资案例，但这背后一个很大的陷阱是：投资界没有免费的午餐。当你去博取高回报时，对应的一定是更大概率的亏损。而亏损，在让人们变富这件事上，会带来巨大的负面影响。

这不仅是一个简单的赔钱的问题，亏损带来负面影响的本质，是它会带来另一个很可怕的现象，叫作“负复利”。所谓的“负复利”——这里的“负”是“正负”的“负”——是指对投资回报起到的作用正好相反。

可以用一道简单的数学题来说明这个道理：假设你是一个投资奇才，一年挣得了100%的回报，那么你下一年要亏损多少，会把所有挣的钱亏回去呢？答案我们都算得出来，只要50%。

同样，哪怕你某一年运气不好亏损了 1/3，那么想要“回本”，接下来的投资收益就得变成 50%之多。复利在赚钱的时候有多正向，亏钱的时候就有多逆向。所以，我们看到的那些短时间内翻了好几倍的投资，往往是小概率发挥了一次作用，但下一次结果如何就很难说了。换句话说，博取短时间内不合理高回报的本质都是在和概率作对。和概率作对，一次两次还可能侥幸赢，但时间稍微一长，输是必然的结局。

所以当真的发生了亏损的时候，就会发现自己只有承担更多风险，去博更高的回报，才能把之前的亏损补回来。而在这个过程中，又承担了新的风险，可能就遇到新的亏损。然后如此恶性循环下去……别说慢慢致富了，最后把所有钱都赔进去也是有可能的。而且，不要以为负复利只对这种大幅的亏损有作用，哪怕是相对小幅度的赔本，都会对长期的投资回报率有很大的影响。

比如，我们还可以算一道简单的数学题，如果你连续十年的投资收益是这样的：第一年赚 20%，第二年亏 15%；第三年赚 20%，第四年亏 15%；第五年又赚 20%，第六年再亏 15%……以此类推。那么这十年下来你总共的投资回报有多少呢？

稍微计算一下就可以得出答案：10.4%。十年总回报 10.4%，每年连 1%都不到。算上通货膨胀的影响，实际上你不但没有赚到钱，还白白损失了十年的宝贵时间。

那么，普通人真的就没法参与那些高风险、高回报的投资了吗？万一以后有这种机会，应该如何面对呢？

有两点建议：第一，如果做风险很高的投资，那么它带来的回报一定要足够高，潜在收益最好是几十倍、几百倍甚至几千倍，否则得不偿失；第二，当去做高风险投资的时候，一定要做好亏损 100%的准备，如果你的钱白花了也能接受，同时也不会用很多钱去赌，这就是一个比较好的心态。

资料来源：根据张居营《慢慢变富》和网络公开资料整理

二、实际利率

上面单利和复利计算利息的时候，都默认每年计息一次，但是社会生活中会有半年复利计息一次、一个季度复利计息一次、一个月复利计息一次，甚至每天都在复利计息，那么这时候的实际利率该如何计算呢？

一般来说，一年计息一次，年利率就是我们通常所熟知的名义利率，这个时候和实际利率是相等的。一年内计息次数大于 1 次，实际利率就不等于名义利率，它的计算公式如下所示：

$$R=\left(1+\frac{r}{m}\right)^{nm}-1$$

式中，R 表示实际利率；m 表示一年内计息的次数；n 表示借贷年限。

当一年计息一次，即 $m=1$，$n=1$，则 $R=r$，实际利率和名义利率相等，这时 $F=P\times R+P$。如果 $n>1$，$F=P(1+r)^n$，即为一般的复利求本息和的公式。

当一年内计息次数大于 1 次，即 $m>1$，$n=1$，$R\neq r$，利用上面公式计算实际利率。这时，本息和与利息总额的计算公式如下所示：

$$F=P\left(1+\frac{r}{m}\right)^{nm}$$

$$I=F-P=P\left(1+\frac{r}{m}\right)^{nm}-P$$

【例 3】钱多多借款 10 万元，年利率为 10%，借款期限为 3 年，按照复利计息，一年计息 2 次，那么到期钱多多应该偿还利息多少，本息和多少？

解：

$$F=P\left(1+\frac{r}{m}\right)^{nm}=10(1+10\%/2)^{3*2}=13.40 \text{（万元）}$$

$$I=F-P=P\left(1+\frac{r}{m}\right)^{nm}-P=13.40-10=3.40 \text{（万元）}$$

利用例 2 和例 3 数据，一年内计息次数变化，如表 4-3 所示，在利率相同，时间期限相同的情况下，最终的本息和越大，产生的利息总额也越大，同时，本息和以递减的速度增加。

表 4-3 一年内多次计息结果

计息次数	m	F	增值
一年一次	1	11	—
半年一次	2	11.025	0.025
一季度一次	4	11.038	0.013
一月一次	12	11.047	0.009
一天一次	365	11.052	0.004

如果每时每刻都在计息，也就是连续复利的情况下，本息和的公式为：

$$F=Pe^{rn}$$

三、终值和现值

（一）终值

由于利息的存在，在不同时间点上的相同资金实际价值是不同的，货币具有时间价值。

终值又称将来值或本利和，是指现在一定量的资金在未来某一时点上的价值，这个金额刚好等于上文提到的本息和。

比如，钱多多每年存入中国建设银行 1 万元，存款利率为 4%，一年复利计息一次，存 5 年以后的终值就是$1\times(1+4\%)^5=1.05$万元。这里的计算和复利计算一样，公式为：

$$F=P(1+r)^n$$

（二）现值

把未来某个时点上的一定现金量按照一定的利率折合到现在的价值，称为现值。比如，十年前的 100 元和现在的 100 元，数值相等，却购买商品的数量发生了变化，现在的 100 元比十年前的 100 元购买力下降了。那么，现在的 100 元相当于 10 年前的多少钱呢？这就相当于，已知终值 F，求现值 P，就是终值计算的逆运算，其计算公式如下所示：

$$P=\frac{F}{(1+r)^n}=F(1+r)^{-n}$$

（三）系列现金流的现值

上面的现值是某一时点的终值进行逆运算求得，但是生活中不一定只有一个终值，可能不同时点上有不同金额。比如，钱多多所在单位在未来每年年末都给他发年终奖金，第一年年末发 10 万元，第二年年末发 12 万元，第三年年末 15 万元，第四年年末发 18 万元，如果年利率为 8%，那么求这四年钱多多获得资金价值现在是多少万元，也就是有多个时点“终值”，求现值，这种情况被称为系列现金流的现值计算。

其实，计算原理和之前的已知终值求现值计算方法是一样的：

第一年年末收入 10 万元的现值：$10\div(1+8\%)=9.26$万元

第二年年末收入 12 万元的现值：$12\div(1+8\%)^2=10.29$万元

第三年年末收入 15 万元的现值：$15\div(1+8\%)^3=11.91$万元

第四年年末收入 18 万元的现值：$18\div(1+8\%)^4=13.23$万元

总共为 44.69 万元，也就是总现值。

根据上面的分析，可以把系列现金流的现值公式表示如下：

$$P=\frac{A}{1+r}+\frac{B}{(1+r)^2}+\cdots+\frac{C}{(1+r)^n}$$

式中，P 表示现值；A、B、C 表示各时点的现金流；r 表示贴现率；n 表示期限。

假如，钱多多每年年末获得的收入都是相同的，都是 C 万元，那么上面的公式就变为：

$$P=\frac{C}{1+r}+\frac{C}{(1+r)^2}+\cdots+\frac{C}{(1+r)^n}$$

式中，C 表示年金，即定额定期的现金流，现金流发生在年末，被称为普通年金，这就是普通年金现值计算。

上面的计算公式经过换算，可得：

$$P = C\frac{(1+r)^n - 1}{r(1+r)^n}$$

（四）永续年金

假如上式中的 n 为无穷大，也就是没有到期日，一直延续下去，比如钱多多拥有某家公司的股票，每年获得股息 $C = 10$ 万元，r 为 10%，他获得的股息现值为多少？

对上式分子分母同时除以 $(1+r)^n$，可以得到如下公式，即为永续年金的计算公式：

$$P = \frac{C}{r}$$

所以，钱多多获得的股息的现值为 $10/10\% = 100$ 万元。

（五）系列现金流的终值

现在假如钱多多为自己的孩子投资一份为期 5 年教育基金，每年年末存入该教育基金账户 1 万元，年利率为 10%，复利计息，则第五年年末该账户有多少资金？

第一年年末存入 1 万元的终值：$1\times(1+10\%)^4 = 1.46$（万元）

第二年年末存入 1 万元的终值：$1\times(1+10\%)^3 = 1.33$（万元）

第三年年末存入 1 万元的终值：$1\times(1+10\%)^2 = 1.21$（万元）

第四年年末存入 1 万元的终值：$1\times(1+10\%)^1 = 1.1$（万元）

第五年年末存入 1 万元的终值：$1\times(1+10\%)^0 = 1$（万元），还未产生利息。

第五年年末账户共有 6.105 万元，也就是这一系列现金流产生的终值为 6.105 万元。

这样，系列现金流终值计算公式可以归纳为：

$$F = C(1+r)^{(n-1)} + C(1+r)^{(n-2)} + \cdots + C(1+r)^0$$

通过推算，可以变形为：

$$F = C\frac{(1+r)^n - 1}{r}$$

第三节　利率决定理论

一、利率的风险结构

债权工具的到期期限相同但利率却不相同的现象称为利率的风险结构。到期期限相同的债权工具利率不同是由三个原因引起的：违约风险、流动性和所得税因素。

（一）违约风险

债务人无法按约定支付付息或归还本金的风险称为违约风险，它影响着债权工具的利率。各种债权工具都存在着违约风险，公司债券的利率往往高于同等条件下的政府债券的利率，普通公司债券的违约风险比信用等级较高的公司债券的违约风险比要大。

一般来说，债券违约风险越大，其利率越高。

（二）流动性

影响债权工具利率的另一个重要因素是债券的流动性。流动性是指资产能够以一个合理的价格顺利变现的能力，它是一种投资的时间尺度（卖出它所需多长时间）和价格尺度（与公平市场价格相比的折扣）之间的关系。各种债券工具由于交易费用、偿还期限、是否可转换等方面的不同，变现所需要的时间或成本不同，流动性也就不同。

一般来说，国债的流动性强于公司债券；期限较长的债券，流动性差。流动性差的债权工具，风险相对较大，利率定得就高一些；债券流动性越强，其利率越低。

（三）所得税

所得税也是影响利率风险结构的重要因素。在同等条件下，具有免税特征的债券利率更低。在美国，市政债券的违约风险高于国债、流动性低于国债，但由于市政债券的利息收入是免税的，长期以来，美国市政债券的利率低于国债的利率。

二、利率的期限结构

在金融市场上，具有相同风险、流动性和收税特征的债券，由于距离到期日的时间不同，利率水平也会不一样，这种差异我们称为利率的期限结构。利率的期限结构可以形象地以收益率曲线表示出来，如果以横轴表示距离到期日的时间，以纵轴表示收益率，将不同期限的利率连接起来，就会形成一条收益率曲线。利率的期限结构可以概括为四种收益率曲线（如图 4-2 所示）。四种不同的收益率曲线表明，期限越长，利率不一定就越高。

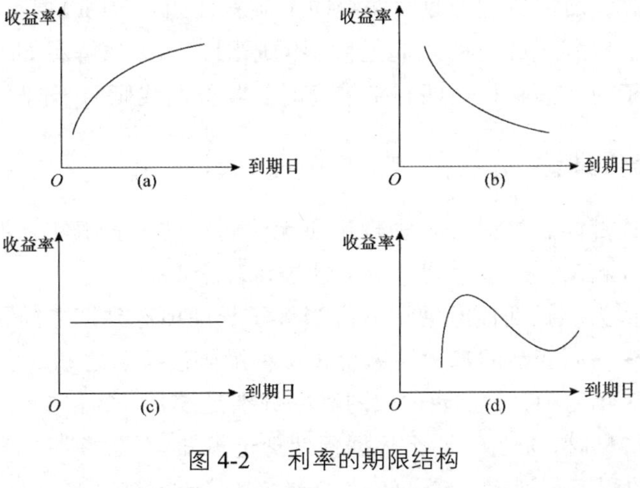

图 4-2　利率的期限结构

目前，主要有三种理论解释利率的期限结构，即预期理论、分割市场理论和流动性溢价理论。

（一）预期理论

预期理论认为，长期债券的利率等于一定时期内人们所预期的短期利率的平均值。该理论认为到期期限不同的债券之所以具有不同的利率，在于在未来不同的时间段内，短期利率的预期值是不同的。预期理论表明，长期利率的波动小于短期利率的波动。

预期理论解释了如下现象：如果短期利率较低，收益率曲线倾向于向上倾斜，如图 4-2（a）所示，这是因为当投资者预期未来短期利率上升时，作为现时和未来短期利率平均数的长期利率就会高于现时短期利率，从而形成上升的收益率曲线；如果短期利率较高，收益率曲线倾向于向下倾斜，如图 4-2（b）所示，这是因为当投资者预期未来短期利率下降时，长期利率就会低于现时短期利率，从而使收益率曲线下。同样，当投资者预期未来短期利率与现时短期利率持平时，就会形成一条水平的收益率曲线，如图 4-2（c）所示；如果投资者预期未来短期利率先上升后下降，那么就会形成一条先升后降的收益率曲线，如图 4-2（d）所示。

预期理论的缺陷在于，无法解释收益率曲线为什么大多数情况下都是向上倾斜的，如图 4-2（a）所示。

（二）分割市场理论

分割市场理论将不同到期期限的债券市场看作完全独立和相互分割的。到期期限不同的每种债券的利率取决于该债券的供给与需求，其他到期期限的债券的预期回报率对此毫无影响。

分割市场理论的假设条件是不同到期期限的债券无法相互替代。到期期限不同的每种债券的预期回报率对于其他到期期限债券的需求不产生任何影响。

故而，收益率曲线的形状不一，就可以由不同到期期限的债券的供求状况来解释。如果投资者偏好期限短、利率风险小的债券，分割市场理论就可以对典型的收益曲线向上倾斜的原因做出解释。通常情况下，长期债券相对于短期债券来说，需求要少很多，因此长期债券的价格较低，利率较高，所以典型的收益曲线向上倾斜，如 4-2（a）所示。

市场分割理论虽然解释了收益曲线向上倾斜的原因，却无法解释如下现象：短期利率较低时，收益曲线倾向于向上倾斜；短期利率较高时，收益曲线倾向于向下倾斜。

（三）流动性溢价理论

由于上述两种理论都能解释另外一种理论所无法解释的经验事实，那么，最合理的办法就是将这两种理论结合起来，这就得到了流动性溢价理论。

流动性溢价理论认为，长期债券的利率应当等于长期债券到期之前预期短期利率的平均值与随债券供求状况变动而变动的流动性溢价（又称期限溢价）之和。

例如：假定未来 3 年当中，1 年期债权的利率分别是 5%、6%和 7%，1 ~ 3 年期债券的流动性溢价分别为 0，0.25%和 0.5%，那么根据预期理论可知：

2 年期和 3 年期的利率分别为（5%+6%）/2=5.5%，（5%+6%+7%）/3 =6%，

2 年期的利率为（5%+6%）/2+0.25%=5.75%，

3 年期债券利率为（5%+6%+7%）/3+0.5%=6.5%

不同期限债权的利率往往会同升或同降（同步波动现象），预期理论和流动性溢价理论可以解释它，而市场分割理论则无法解释。

三、利率决定理论

经济学家把利率决定理论大致分为三种类型：一是古典学派的储蓄投资理论，二是凯恩斯学派的流动性偏好理论，三是新古典学派的借贷资金理论。西方经济学中关于利率决定的理论全都着眼于利率变动与供求关系的对比，但观察的角度则各不相同。

（一）古典学派的储蓄投资理论

古典学派认为，利率决定于储蓄与投资的相互作用。储蓄（S）为利率（r）的递增函数，投资（I）为利率的递减函数，如图 4-3 所示。

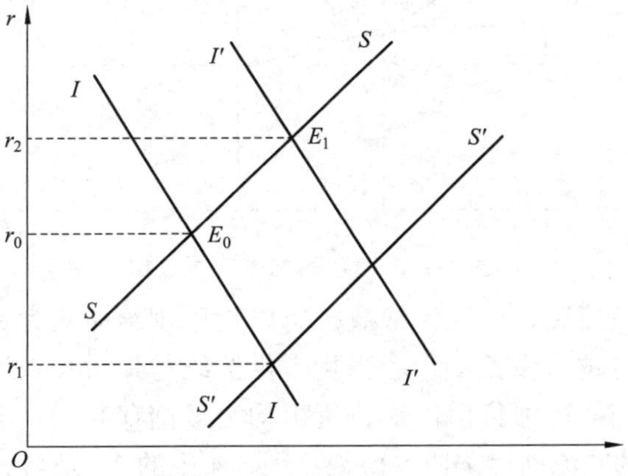

图 4-3　古典利率理论下的利率

当 $S>I$ 时，利率会下降；当 $S<I$ 时，利率会上升；当 $S=I$ 时，利率便达到均衡水平。

当投资增加时，投资线从图 4-3 中的 I 向右平移到 I'，均衡点从 E_0 移向 E_1，均衡利率也从 r_0 上升到 r_2。

该理论的隐含假定是当实体经济部门的储蓄等于投资时，整个国民经济达到均衡状态，因此，该理论属于“纯实物分析”的框架。

（二）凯恩斯学派的流动性偏好理论

凯恩斯认为利率是放弃流动性偏好的报酬，是一种纯货币现象。利率与实物因素（节欲和生产率）无关，因此利率就不是由借贷资本的供求关系来决定，而是由货币市场的货币供求关系来决定，利率的变动是货币供给和货币需求变动的结果。

凯恩斯认为利率决定于货币供求关系，货币供给为外生变量，由中央银行直接控制。货币需求则是一个内生变量，由人们的流动性偏好决定。所谓流动性偏好是指公众愿意持有货币资产的一种心理倾向。货币作为一种特殊形式的资产，具有完全的流动性和最小的风险性。因此当人们考虑持有财富的形式时，对货币资产具有流动性偏好。

人们的流动性偏好的动机有三个：交易动机、预防动机和投机动机。其中，交易动机和预防动机与利率没有直接关系，而与收入成正比关系；投机动机则与利率成反比关系。

如果以 L_1 表示为交易动机和预防动机而保有货币的货币需求，以 L_2 表示为投机动机而保有货币的货币需求，则 $L_1(Y)$ 为收入的递增函数，$L_2(r)$ 为利率的递减函数。货币总需求量 $L=L_1(Y)+L_2(r)$。再以 M_1 表示满足 L_1 的货币供应量，以 M_2 表示满足 L_2 的货币供应量，则货币供给量 $M=M_1+M_2$。

凯恩斯认为均衡利率决定于货币需求与货币供给的相互作用，如果人们的流动性偏好加强，货币需求大于货币供给，利率便上升；相反，当人们的流动性偏好减弱，货币需求量小于货币的供给量时，利率便下降；当人们的流动性偏好所决定的货币需求量与货币管理当局所决定的货币供给量相等时，利率便达到了均衡水平。这种利率决定过程可用图 4-4 表示

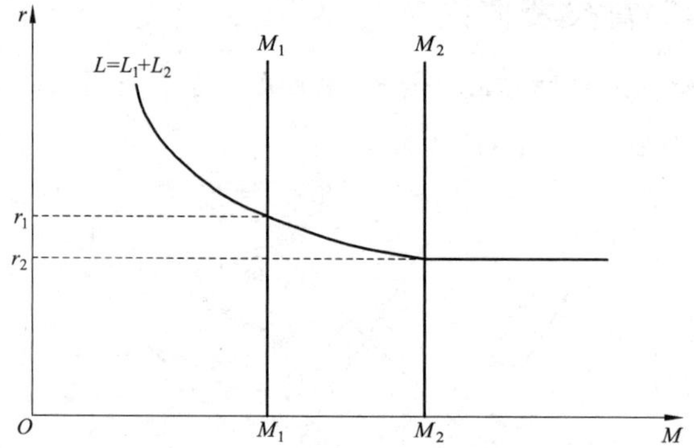

图 4-4 凯恩斯的利率决定过程

货币供给由货币当局控制，可视为常数，所以货币供给曲线为一条垂直线。货币需求曲线向右下方倾斜，越向右越与横轴平行。当货币供给线与货币需求线的平行部分相交时，利率将不再变动，即无论怎样增加货币供给，货币均会被储存起来，不会对利率产生影响，这便是凯恩斯利率理论中的“流动性陷阱”假说。图 4-4 中的 M_1 是与 r_1 对应的货币供应量，M_2 是货币供给在这之后无论如何继续增加，利率也不会从 r_2 再下降的货币供给量。

因此，均衡利率取决于货币需求线与货币供给线的交点。只有当货币供求达到均衡时，利率便达到均衡水平。

“流动性陷阱”还可用来解释扩张性货币政策的有效性问题，如图 4-5 所示。假定初始货币供应量为 M_1，则相应的初始均衡点为 E_1，初始均衡利率为 r_1。当货币供应量从 M_1 增加到 M_2 时，货币供求均衡点从点 E_1 移到点 E_2，均衡利率相应地从 r_1 下降到 r_2，说明市场利率随着银根的扩张而下降，这时，货币政策是有效的。

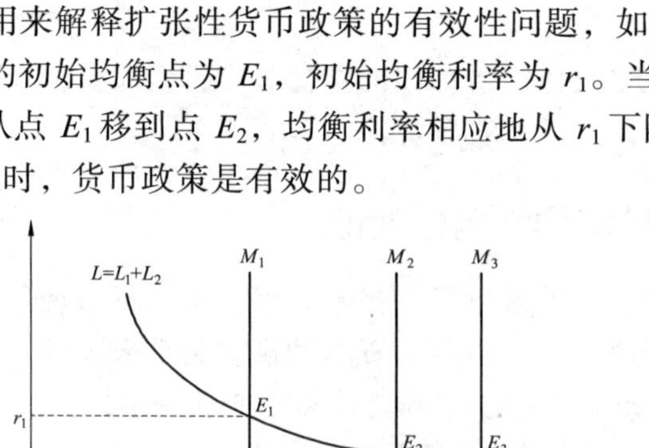

图 4-5 流动性陷阱

若货币供应量继续从 M_2 增加到 M_3，货币供求均衡点从点 E_2 移到点 E_3，由于此时的货币需求线处于“流动性陷阱”的平台上，所以利率还是保持在原有水平上。因此，在“流动性陷阱”区间，货币政策是完全无效的，此时只能依靠财政政策。

该理论的隐含假定是，当货币供求达到均衡时，整个国民经济处于均衡状态，决定利率的所有因素均为货币因素，利率水平与实体经济部门没有任何关系。因此，它属于“纯货币分析”的框架。在方法论上，它从古典均衡利率理论“纯实物分析”的一个“极端”跳到“纯货币分析”的另一个“极端”。

（三）可贷资金理论

可贷资金利率理论是新古典学派的利率理论，是为修正凯恩斯的“流动性偏好”利率理论而提出的。实际上可将它看成古典利率理论和凯恩斯理论的一种综合。可贷资金论综合了前两种利率决定论，认为利率是由可贷资金的供求决定的，利率的决定取决于商品市场和货币市场的共同均衡。

第四节　收益率

一、名义收益率

名义收益率又称票面收益率，是债券票面上的固定利率，即票面收益与债券面额之比率，其计算公式如下所示：

$$r=\frac{C}{F}$$

式中，r 表示名义收益率；C 为票面收益率（即年利息）；F 为票面面值。

二、实际收益率

由于市场因素和市场利率变动的影响，债券价格可能与面值不相等，从而使得票面利率与实际收益率不相等。名义收益率是用名义货币收入表示的收益率，实际收益率是剔除通货膨胀因素后的收益率，可以用名义收益率扣除通货膨胀率得到实际收益率，即：

$$\text{实际收益率}=\text{名义收益率}-\text{通货膨胀率}$$

三、本期收益率

本期收益率也称当前收益率、当期收益率，它是指本期获得债券利息（股利）额对债券本期市场价格的比率。计算公式为：

$$\text{本期收益率}=\text{支付的年利息（股利）总额}/\text{本期市场价格}$$

即信用工具（金融工具）的票面收益与其市场价格的比率，其计算公式为：

$$r=\frac{C}{P}$$

式中，r 表示本期收益率；C 为票面收益率（即年利息）；P 为当前的市场价格。

四、到期收益率

（一）零息债券的到期收益率

零息债券不支付利息，折价出售，到期按债券面值兑现。如果按年复利计算，则到期收益率的计算公式为：

因为
$$P=\frac{F}{(1+r)^n}$$

所以
$$r=\left[\frac{F}{P}\right]^{\frac{1}{n}}-1$$

式中，P 为债券价格；F 为债券面值；r 为债券的到期收益率；n 为债券期限。

【例 4】某公司发行 2 年期的零息债券，面值为 100 元，如果现在的购买价格为 85 元，则到期收益为：

$$r=\left[\frac{F}{P}\right]^{\frac{1}{n}}-1=\left[\frac{100}{85}\right]^{\frac{1}{2}}-1=8.47\%$$

如果一年计息 2 次，则到期收益率的计算公式为：

$$P=\frac{F}{\left(1+\frac{r}{2}\right)^{2n}}$$

【例 5】某公司发行 10 年期的零息债券，面值为 100 元，现在的市场价格为 30 元，则有：

$$P=\frac{F}{\left(1+\frac{r}{2}\right)^{2n}}=\frac{100}{\left(1+\frac{r}{2}\right)^{20}}=30$$

求得半年计息一次的到期收益率 r 为 12.44%，表示投资者现在花费 30 元购买债券，10 年以后将获得 100 元。

（二）附息债券的到期收益率

如果按年复利计算，附息债券到期收益率的计算公式为：

$$P=\sum_{n=1}^{n}\frac{C}{(1+r)^n}+\frac{F}{(1+r)^n}$$

式中，P 为债券价格；C 为债券的年付息额；F 为面值；r 为到期收益率；n 是债券期限。

【例 6】钱多多现在花费 90 元购买了某上市公司发行的 10 年期债券，票面面值为 100 元，公司每年支付 5%利息，则钱多多的到期收益率为：

$$P=\sum_{n=1}^{n}\frac{100\times 5\%}{(1+r)^{10}}+\frac{100}{(1+r)^{10}}=90$$

解得 r=6%。

在现实中，许多债券并不是一年支付一次利息，而是每半年支付一次利息，甚至一个季度支付一次，到期归还全部本金。如果按半年复利计算，例 6 中的这种债券到期收益率的计算公式如下：

$$P=\sum_{n=1}^{2n}\frac{C/2}{\left(1+\frac{r}{2}\right)^{2n}}+\frac{F}{\left(1+\frac{r}{2}\right)^{2n}}$$

则有

$$90=\sum_{n=1}^{2n}\frac{5/2}{\left(1+\frac{r}{2}\right)^{20}}+\frac{100}{\left(1+\frac{r}{2}\right)^{20}}$$

解得 $r=6\%$ 。

如果已知债券的市场价格、面值、票面利率和期限，便可以求出它的到期收益率；反之已知债券的到期收益率，就可以求出债券的价格。

债券的市场价格越高，到期收益率越低；反之，债券的到期收益率越高，其市场价格就越低。由此可以得出一个结论，债券的市场价格与到期收益率成反向变化关系。当市场利率上升时，到期收益率低于市场利率的债券将会被抛售，从而引起债券价格下降，直到其到期收益率等于市场利率。这就是人们为什么会发现债券的价格随市场利率的上升而下降的原因。

五、持有期收益率

持期收益率是指从购入到卖出这段特有期限里所能得到的收益率。持有期收益率和到期收益率的差别在于将来值不同。债券持有期收益率是债券持有人在持有期间获得的收益率，能综合反映债券持有期间的利息收入情况和资本损益水平。

（一）持有时间等于 1 年

这时，直接按债券持有期间的收益额除以买入价计算持有其收益率，公式如下所示：

$$r=\frac{P_n-P_0+C}{P_0}$$

式中，r 为到期收益率；C 为票面收益（年利息）；P_n 为债券的卖出价；P_0 为债券的买入价格。

【例 7】钱多多购买了某公司发行的 10 年期债券，购买价格为 95 元，票面面值 100 元，票面利率为 5%，持有一年后，按照 97 元的价格卖出，则这段时间钱多多获得的持有其收益率为：

$$r=\frac{\frac{P_n-P_0}{n}+C}{P_0}=\frac{97-95+100\times5\%}{95}=7.37\%$$

但是如果投资者持有的期限较长，或者在持有期内需要按复利计息， 则计算持有期收益率 时需要考虑货币的时间价值，则须用长期投资的持有期收益率。

（二）持有时间大于 1 年

如果持有时间大于 1 年，则计算持有期收益率的公式如下所示：

$$r=\frac{P_n-P_0+nC}{nP_0}$$

式中，r 为到期收益率；C 为票面收益（年利息）；P_n 为债券的卖出价；P_0 为债券的买入价格；n 为持有债券的期限（按年计算）。

【例 8】钱多多购买了某公司发行的 10 年期债券，购买价格为 95 元，票面面值 100 元，票面利率为 5%，持有 3 年后，按照 97 元的价格卖出，则这段时间钱多多获得的持有其收益率为：

$$r=\frac{P_n-P_0+nC}{nP_0}=\frac{97-95+100\times5\%\times3}{3\times95}=5.96\%$$

第五节　金融资产定价

一、债券定价

有价证券交易价格主要依据货币的时间价值，即未来收益的现值确定。利率与证券的价格成反比关系，这一关系适用于所有的债券工具。利率上升，证券价格就会下降；利率下降，证券价格就会提高。

债券价格分为债券发行价格和流通转让价格。债券的发行价格根据票面金额决定，也可采取折价或溢价的方式进行。债券在二级市场上的流通转让价格依不同的经济环境决定，但有一个基本的“理论价格”决定公式，它由债券的票面金额、票面利率和实际持有期限三个因素决定。

（一）到期一次还本付息债券定价

这种债券的特征是在债券持有内产生的利息不用每期支付，一并合计到到期日和本金一起支付。

$$P=\frac{F}{(1+r)^n}$$

式中，P 表示债券现在的交易价格；r 为利率（或贴现率、收益率）；n 为偿还期限；F 为到期日时的本息和。

【例 9】假如某家企业发现的债券面值为 100 元，折价发行，不支付利息，期限 2 年，收益率为 4%，到期一次还本付息。则该债券的交易价格为：

$$P=\frac{F}{(1+r)^n}=\frac{100}{(1+4\%)^2}=92.46\text{（元）}$$

（二）分期付息到期归还本债券定价

这种债券的特征是每期期末支付利息，本金由到期支付，其计算公式如下所示：

$$P=\frac{I_1}{1+r}+\frac{I_2}{(1+r)^2}+\cdots+\frac{I_n}{(1+r)^n}+\frac{F_n}{(1+r)^n}$$

式中，P 表示债券现在的交易价格；F 为债券面额，即 n 年到期所归还的本金；I_n 为第 n 时期产生的息票利息额或债券收益；r 为市场利率或债券预期收益率；n 为偿还期限。

【例 10】假如有某债券面值 100 元，票面利率为 4%，当前市场利率为 5%，每年付息一次，满三年后还本付息，则其发行价应：

第一年末收入 4（=100*4%）元的现值：4/（1+5%）=3.81（元）

第二年末收入 4（=100*4%）元的现值：4/（1+5%）^{2}=3.63（元）

第三年末收入 4（=100*4%）元的现值：4/（1+5%）^{3}=3.46（元）

第三年末收入 100 元的现值：100/（1+5%）^{3}=86.38

总现值：3.8+3.63+3.46+86.38=97.28（元）

该债券发行时的未来票面收益的现值为 10.9（=3.81+3.63+3.46）元，100 元的偿还价的现值为 86.38，该债券的发行价就为 97.28 元。

实际上，债券定价就是根据市场利率以及债券未来的现金流，计算未来的现金流现值，并据此确定该债券当时的理论交易价格。

如果市场利率（或债券预期收益率）高于债券收益率（息票利率）时，债券的市场价格（购买价）小于债券面值，即债券为折价发行；如果市场利率（或债券预期收益率）低于债券收益率（息票利率）时，债券的市场价格（购买价）大于债券面值，即债券为溢价发行；如果市场利率（或债券预期收益率）等于债券收益率（息票利率）时，债券的市场价格（购买价）等于债券面值，即债券为平价发行，也称等价发行。如果债券期限为永久性的，其价格确定与股票价格计算相同。

二、股票定价

（一）股息估值

股票的理论价格由其预期收入和当时的市场利率两个因素决定，其公式为：

$$股票价格 = \frac{预期股息收入}{市场利率}$$

【例 11】假如农业银行的股票预期年股息收入每股为 0.5 元（不论其面值多少），市场利率为 10%时，则其价格为 5 元（=0.5/10%）。

故而，预期收入越高，利率越低，股票价格越高，反之亦然。

理论上讲，当股票市场价格高于股票价格，说明股票价值被高估，可以适当卖出；当股票市场价格低于股票价格，说明股票价值被低估，可以适当买入。

（二）市盈率估值

市盈率是对股票进行估值常用的指标之一。一般情况下，一只股票市盈率越低，股票价格相对于股票的盈利能力越低，表明投资回收期越短，投资风险就越小，股票的投资价值就越大；反之则结论相反。市盈率的计算公式如下所示：

$$市盈率 = \frac{股票价格}{每股盈余} = \frac{市值}{净利润}$$

【例题 12】比如某股份有限公司的股票价格为 80 元，每股盈余为 8 元，则该股票的市盈率为：

$$市盈率 = \frac{股票价格}{每股盈余} = \frac{80}{8} = 10$$

（三）市值估值

以 QH 味业为例，运用市值对该企业进行估值，整理该公司 2016 年上市到 2021 年 4 月公布 2020 年年报，其营业收入和净利润如表 4-4 所示。

表 4-4　QH 味业营业收入和净利润情况　　单位：亿元

关键指标	2020 年报	2019 年报	2018 年报	2017 年报	2016 年报
营业收入	16.93	13.55	10.65	9.48	7.71
营业收入同比增长	24.95%	27.19%	12.37%	23.00%	23.62%
净利润	2.06	1.98	2.4	1.44	1
净利润同比增长	3.81%	-17.40%	66.61%	43.93%	50.44%
扣非净利润	2.01	1.83	1.55	1.3	0.88
扣非净利润同比增长	9.91%	17.85%	19.39%	47.35%	37.00%

从表中可以看出该公司上市以来营业收入快速增长，从最初的 7.71 亿元增长到 2020 年的 16.93 亿元，年均复合增长率为 17%。净利润从 2016 年的 1 亿元增长到 2020 年的 2.06 亿元，但是从数据上发现 2019 年的净利润同比增长率为-17.40%，是不是净利润增速出现问题了呢？查阅年报发现 2018 年 3 月 28 日公司以人民币 10,845.37 万元的金额与四川某房地产开发有限公司签订《股权转让协议》转让一电子商务有限公司 100%股权。交易价款扣除土地使用权账

面价值、土地出资设立子公司过程中应缴纳税费后获得收益 6,910.52 万元（扣除所得税）。加上扣除其他非经常性收益，2019 年其扣非净利润同比增长 17.85%，成长性并没有出现问题。

2020 年年报显示，其净利润为 2.06 亿元，净利润同比增长为 3.81%，扣非净利润同比增长 9.91%，远低于其他年份的增长率。查阅年报之后发现，2020 年第一季度扣非净利润同比增长 53.46%，第二季为 91.1%，第三季度为 71.99%，那么年报增长仅为 9.91%的原因是什么呢？继续查阅年报发现是该公司对某地进行商誉减值 8994.21 万元，此次减值基本是一次性的减值，若加回净利润，扣非净利润同比增长 59.1%，同期的经营现金流量净额为 3.78 亿元，同比增长 96.6%，该公司经营上和成长性都是没有问题的。

这样，对上面的表 4-4 进行修改，选取该公司的扣非净利润情况，计算其年假复合增长率为 27.02%，如表 4-5 所示。

表 4-5　QH 味业扣非净利润情况　　　　　　单位：亿元

	2020 年报	2019 年报	2018 年报	2017 年报	2016 年报	年均复合增长率
扣非净利润	2.91	1.83	1.55	1.3	0.88	27.02%
扣非净利润同比增长	59.02%	17.85%	19.39%	47.35%	37.00%	

那么，基于 2020 年年报数据进行未来 3 年的净利润估算，3 年后的净利润（假设经营上没有发生非经常性收益，扣非净利润=净利润）为 2.91*（1+27.02%）*（1+27.02%）*（1+27.02%）=5.96 亿元。

运用市值=净利润*PE 计算 3 年后的市值，而截至 2021 年 4.16 日，2020 年年报发布之后的第一个交易日结束，其 PE=113 倍，那么 3 年后的 PE 是否还能保持 113 倍呢？

截取近 5 年来 QH 味业的 PE 图，如图 4-6 所示，PE 最高值为 116 倍，最小值为 23 倍，均值为 50 倍。

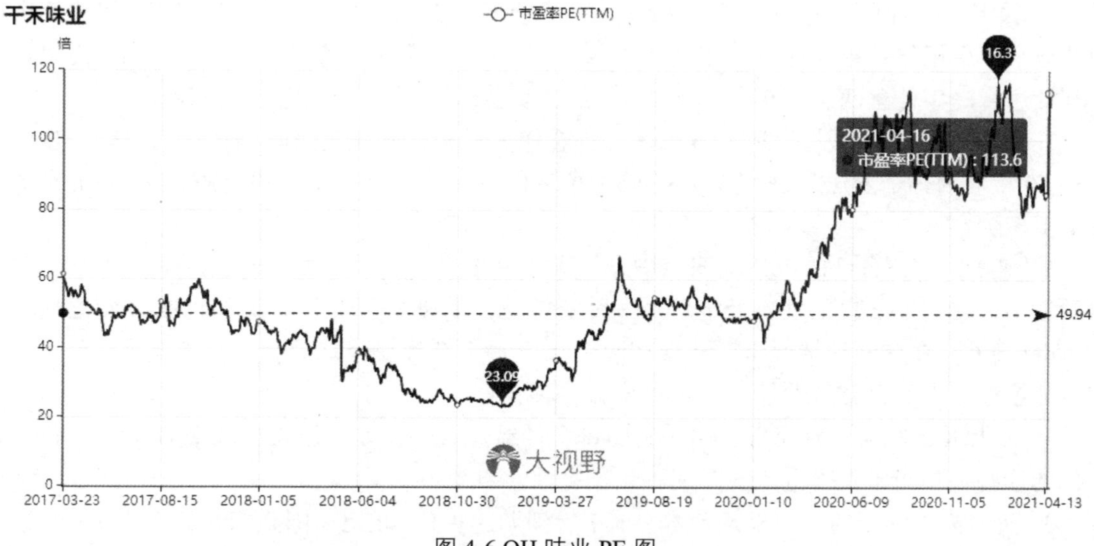

图 4-6 QH 味业 PE 图

采用上面的三个 PE 进行估算，3 年年后 QH 味业的市值分别为：

116*5.96=691.4 亿元

23*5.96=137.08 亿元

50*5.96=298 亿元

截至发布年报后一个交易日结束的 2021.4.16 日，收盘价为 35.12 元，市值为 233.79 亿元。那么按照当前的价格买入，如果 3 年后净利润按照 27.02%的增长，而 PE 保持不变，3 年市值为 691.4 亿元，增长了 2.96 倍，收益相当不错。如果 PE 回归均值，则 3 年后的市值为 298 亿元，增长了 1.27 倍，三年一倍多，十年就是十倍，收益也很不错。如果 PE 回归到最低点，那么市值仅为 137.08 亿元，仅为目前市值的 0.59 倍，可谓投资失败，损失惨重。

当然，估值可以说是一种艺术，应该有自己的投资体系，有完善的研究，而不能仅仅基于几个财务数据做出决策。本书这里仅仅是从成长性这个角度运用市值估值。

就如巴菲特的投资逻辑：投资就是以合理的价格买到绩优的企业，赚企业成长的钱。研究企业的商业模式以及财务数据，发行优秀的企业，然后对其进行估值，在估值低的时候买入，在估值高的时候卖出，赚取企业成长的钱。

而此时，QH 味业的估值已经高达 116 倍，3 年以后估值是否还在 116 倍呢，概率相对还是比较小的，PE 大概率会有所下降，那么趋于均值的概率要远大于趋于最大值和最小值。

所以此刻并不是最好的买入时期，而是应该耐心等待，等待估值回归的时候，在低估的时候买入，然后耐心等待，企业不断的成长带来净利润的不断增长，赚取企业成长的钱。同时，净利润不断的增长，市场也就会给企业不断的提高估值，那么就会出现净利润和 PE 的双增长，市值就会快速增长，实现戴维斯双击，投资者赚了企业成长的钱也赚了估值的钱。

课后练习题

一、计算题

1. 钱多多准备存一笔 20 万元的资金，存款期限为 3 年，甲、乙、丙三家商业银行给出不同的方案。甲银行：单利计息，年利率为 8%；乙银行：复利计息，年利率为 7%；丙银行：复利计息，一年计息两次，年利率为 6%；钱多多会选择存入哪家银行，为什么？

2. 钱多多从奶奶那儿收到了 3 000 元现金作为礼物，并决定将这笔钱存入银行，从而能够在 50 年后为孙子发送礼物。在 8.5%的利率条件下，最终可以得到的金额，比 8%的利率条件下多多少？

3. 现在，你往自己的退休金账户中存入了 1 500 美元。假定每年的收益率是 12%，并且以后你不再往这个账户里投入资金。另一种安排是：你现在不存入现金，而是 10 年之后才存入 1500 美元。在这两种情况下，从现在起，25 年后，在你退休之际，第一种安排条件下，你的退休金账户中的存款数额能比第二种安排多多少？

4. 你上大学的 4 年时间里，你的奶奶每个月给你 125 美元。假设折现率为 6.5%，你奶奶给你的这些钱相当于在你进入大学时一次给你多少钱？

5. 面值为 100 元的贴现发现债券，1 年后到期，售价 80 元，则到期收益率为多少？

6. 有两种 1 000 元的债券，甲债券：期限为 20 年，售价为 800 元，票面收益率为 15%；乙债券：期限为 1 年，售价为 800 元，票面收益率为 5%。哪种债券的到期收益率更高？

7. 某公司在市场上有发行债券，每年支付一次，14 年到期，市场价格是 1 382.01，面值是 1 000。按这个价格，债券收益率为 7.5%。到期收益率是多少？

8. 现在，你想卖掉你目前持有的面值为 1000 美元的零息债券。这债券 4.5 年后到期。如果市场到期收益率目前为 5.33%，卖出债券可以获得多少现金？（忽略任何应计利息）

9. 采用最近 5 年的财务数据，用市值法对你熟悉的某公司进行估值，并给出合理的投资建议。

10. 钱多多在 2008 年向某商业（4.9%）银行贷款买房，约定借款期限为 20 年，等额本息还款，当时约定的贷款利率是按照基准利率上浮 10%，2019 年 12 月 20 日，5 年期以上 LPR 为 4.8%，那么到了 2020 年 6 月，钱多多要把目前的贷款利率转换为 LPR，则 LPR 为多少？应该选择浮动利率还是固定利率？

二、单选题

1. 假设未来 2 年中，1 年期和 2 年期债券的利率分别是 3%和 4%，1 年期和 2 年期债券的流动性溢价分别为 0 和 0.25%。按照流动性溢价理论，在此情况下，2 年期债券的利率应当是（　　）。

A. 4.00%　　B. 3.50%　　C. 3.25%　　D. 3.75%

2. 债券购买价格 90 元，面值 100 元，票面利率 5%，期限 3 年，持有一年后以 92 元卖出，则持有期收益率为（　　）。

A. 7.8%　　B. 2.2%　　C. 5.5%　　D. 5%

3. 按利率的决定方式不同，利率可分为（　　）和浮动利率。

A. 实际利率　　B. 固定利率　　C. 年利率　　D. 月利率

4. 某证券的年利率是 3.24%，则该证券的日利率是（　　）。

A. 0.008%　　B. 0.9%　　C. 0.009%　　D. 0.01%

5. 小王于 2016 年 1 月 1 日购买了一款期限 1 年、到期一次性支付本息的银行理财产品，初始投资 2 万元。该产品按复利每季度计息一次，年利率为 8%。则到期后小王一共能获得本息（　　）元。

A. 20 400.00　　B. 21 600.00　　C. 21 648.64　　D. 27 209.78

6. 一般讲，流动性差的债权工具的特点是（　　）。

A. 风险相对较大、利率相对较高

B. 风险相对较大、利率相对较低

C. 风险相对较小、利率相对较高

D. 风险相对较小、利率相对较低

7. 关于利率期限结构理论中的预期理论认为，长期债券的利率等于长期利率到期之前人们预期的短期利率的平均值。按照该理论（　　）。

A. 长期利率一定高于短期利率

B. 长期利率一定低于短期利率

C. 长期利率的波动高于短期利率的波动

D. 长期利率的波动低于短期利率的波动

8. 我国某企业计划于年初发行面额为 100 元、期限为 4 年的债券 100 亿元。该债券票面利息为每年 4 元，于每年年末支付，到期还本，该笔贷款的名义利率是（　　）。

A. 4%　　B. 5%　　C. 6%　　D. 7%

9. 若某面值为 100 元、票面利息率为 3%的公司债的市场价格为 102 元，则该公司债券的当前收益率是（　　）。

A. 2.896%　　B. 2.941%　　C. 3%　　D. 3.017%

10. 一年期的零息债券，面值为 100 元，若现在的购买价格为 90 元，则到期收益率是（　　）。

A. 11%　　B. 11.1%　　C. 12%　　D. 12.1%

11. 通常情况下，当市场利率（债券预期收益率）低于债券收益率（息票利率）时，发债企业多采用（　　）。

A. 折价发行　　B. 溢价发行　　C. 等价发行　　D. 止损价发行

12. 某债券的票面利率（名义利率）为 10%，当期的通胀率为 5%，则该债券精确的实际利率为（　　）。

A. 5.2%　　B. 4.76%　　C. 10%　　D. 5%

13. 在整个金融市场上和整个利率体系中处于关键地位、起决定性作用的利率称为（　　）。

A. 市场利率　　B. 官定利率　　C. 实际利率　　D. 基准利率

14. 更能体现货币资金价值增值规律的是（　　）。

A. 单利　　B. 复利　　C. 都不能　　D. 现值

15. 政府债券被称为无风险债券，是指其不存在（　　）。

A. 投机风险　　B. 信用风险　　C. 流动性风险　　D. 市场风险

三、案例题

【资料一】甲公司为扩大业务范围，在上海证券交易所通过发行债券的方式筹集资金，共发行面值为 100 元、票据利率为 5%、到期期限为 3 年的债券 10 亿元，每年 11 月 20 日支付利息，到期还本付息，假定未来 3 年市场利率一直保持为 5%。

【资料二】钱多多拟进行一项两年期的投资，现在购买该资产的价格是 80 元，两年后到期时可按照 100 元的价格出售。如果按照复利计息，有三种计算利息的方式，分别是每年计息一次、每半年计息一次和连续复利计息。

1. 该债券的投资者每张债券第一年后收到的第一笔利息的现值为（　　）元。

A. 4.5　　B. 4.55　　C. 4.76　　D. 5.05

2. 该债券的发行价格应为（　　）元。

A. 86.38　　B. 90.7　　C. 95.23　　D. 100.00

3. 该债券的投资者以发行价格买入该债券，持有至到期的收益率为（　　）。

A. 4.70%　　B. 4.55%　　C. 5.00%　　D. 5.23%

4. 关于市场利率，债券价格与收益利率之间关系的说法，正确的有（　　）。

A. 市场利率上升，债券价格下降

B. 市场利率下降，债券价格不变

C. 债券价格越高，到期收益率越高

D. 债券价格越低，到期收益率越高

5. 如果每年计息一次，则钱多多的年利率是（　　）。

A. 11.10%　　B. 11.30%　　C. 11.50%　　D. 11.80%

6. 如果每半年计息一次，则该投资的年利率是（　　）。

A. 11.27%　　B. 11.47%　　C. 11.67%　　D. 11.87%

7. 如果按照连续复利计息，则该投资的年利率是（　　）。

A. 11.06%　　B. 11.16%　　C. 11.26%　　D. 11.36%

8. 在收益固定的情况下，按照背景资料进行计算，结论正确的是（　　）。

A. 随着计算间隔的缩短，年利率呈下降趋势

B. 随着计算间隔的缩短，年利率呈上升趋势

C. 如果追求高利率，投资者会选择按年复利计息

D. 如果追求高利率，投资者会选择按连续复利计息

四、应用题

结合所学知识，收集某家上市公司近 5 ~ 10 年的财务数据，对其股票进行估值分析。

第四章练习题答案

第五章　金融市场

【本章要点】

1. 金融市场的构成要素。
2. 有效市场假说。
3. 货币市场的特点以及包含的子市场。
4. 回购协议市场的概念以及特点。
5. 资本市场的功能。
6. 股票特征以及股票价值分析。
7. 金融衍生品的概念与特征。

第一节　金融市场概述

一、金融市场与构成要素

（一）金融市场概念

金融市场是指有关主体按照市场机制，从事货币资金融通、交易的场所或营运网络。它是由不同市场要素构成的相互联系、相互作用的有机整体，是各种金融交易及资金融通关系的总和。

（二）金融市场的构成要素

尽管各国各地区的金融市场的形式和发达程度有所不同，但都包含四个基本的构成要素，即：金融市场主体、金融市场客体、金融市场中介和金融市场价格。

1. 金融市场主体

金融市场主体是指在金融市场交易的参与者。在这些参与者中， 既有资金的供给者，又有资金的需求者。二者的相互关系使得市场上资金的融通成为可能，从而促进了金融市场的决定性意义。市场交易主体的数量决定着金融工具的规模和发展程度。

一般来说，金融市场的主体包括：家庭、企业、政府、金融机构、中央银行及监管机构。

（1）家庭。家庭是金融市场上主要的资金供应者。他们以购买债券、股票、投资基金等金融工具的方式，将手中的闲置资金投入市场，实现资金的保值和增值。

（2）企业。企业是金融市场场运行的基础，是重要的资金需求者和供给者。一方面，为了扩大生产规模或弥补暂时性的资金不足，企业通过向银行借款、发行债券或股票等方式筹集资，成为金融市场上的资金需求者。另一方面，由于企业的资金收入和支出在时间上往往是不对称的，因此在生产经营的过程中会有部分暂时闲置的货币资金。为了实现资金的保值和增值，企业会将其投入金融市场，成为融市场上资金的供给者。

（3）政府。在金融市场上，各国中央政府和地方政府通常是资金的需求者。它们通过发行国债或地方政府债券来筹措资金，用于弥补财政赤字、投资基础建设项目等。政府也会出现短期资金盈余，如税款集中收进却尚未产生支出时。此时，政府部门也会成为暂时的资金供应者。

（4）金融机构。金融机构是金融市场上最活跃的交易者，其又分为存款性金融机构和非存款性金融机构。存款性金融机构是指经营各种存款并提供信用中介服务以获取收益的金融机构，主要包括商业银行、储蓄机构和信用合作社等。非存款性金融机构不直接吸收公众存款，而是通过发行债券或以契约的形式聚集社会闲散资金，包括保险公司、退休养老基金、证券公司和投资基金等机构。

各类金融机构通过各种方式，一方面向社会吸收闲散资金，另一方面向需要资金的部门提供资金，在金融市场上扮演着资金需求者和资金的供给者的双重身份。

（5）中央银行。中央银行在金融市场上处于一种特殊地位，既是金融市场中重要的交易主体，又是监管机构之一。从参与金融市场交易的角度来看，中央银行作为银行的银行，充当最后的贷款人，从而成为金融市场资金的供给者。此外，为了执行货币政策，调节货币供应量，中央银行以公开市场操作的方式参与金融市场交易。中央银行的公开市场操作不以营利为目的，但会影响到金融市场上资金供求双方的行为和金融工具的价格。同时，中央银行与其他监管机构一起，代表政府对金融市场上交易者的行为进行监督和管理，以防范金融风险，确保金融市场平稳运行。

2. 金融市场客体

金融市场客体即金融工具，是金融市场的交易对象和交易的标的物。

金融市场上的交易主体在金融工具的帮助下实现货币资金的融通。在金融创新的推动下，金融工具的品种日益增多，目前主要的金融工具有股票、债券、汇票、本票、期权等。

（1）金融工具的分类

第一，按期限不同，金融工具可分为货币市场工具和资本市场工具。货币市场工具是期限在一年以内的金融工具，包括商业票据、国库券、银行承兑汇票、大额可转让定期存单、同业拆借、回购协议等。资本市场工具是期限在一年以上，代表债务债权或所有权关系的金融工具，包括国债、企业债券、股票等。

第二，按性质不同，金融工具可分为债权凭证与所有权凭证。债权凭证是发行人依法定程序发行并约定在一定期限内还本付息的有价证券。它反映了证券发行人与持有人之间的债权债务关系。所有权凭证主要是指股票，是股份有限公司发行的、用以证明投资者的股东身份和权益、并据以取得股息红利的有价证券。它反映的是股票持有人对公司的所有权。

第三，按与实际金融活动的关系，可分为原生金融工具和衍生金融工具。前者是指商业票据、股票、债券、基金等基础金融工具。后者是在前者的基础上派生出来的，包括期货合约、期权合约、互换合约等新型金融工具。

（2）金融工具的性质

第一，期限性。期限性是指金融工具中的债权凭证一般有约定的偿还期，即规定发行人到期必须履行还本付息义务。债券一般有明确的还本付息期限，以满足不同筹资者和投资者对融资期限和收益率的要求。债券的期限具有法律约束力，是对融资双方权利和义务的保障。

第二，流动性。流动性是指金融工具在金融市场上能够迅速地转化为现金而不致遭受损失的能力。它主要通过买卖、承兑、贴现与再贴现等交易来实现。金融工具的收益率高低和发行人的资信程度也是决定流动性高低的重要因素。

第三，收益性。收益性是指金融工具的持有者可以获得一定的报酬和价值增值。它包括两个方面：一是金融工具定期的股息和利息收益；二是投资者出售金融工具时获得的价差。

第四，风险性。风险性是指购买金融工具的本金是否会遭到损失的可能性。会导致本金受损的风险主要有两种：信用风险和市场风险。

信用风险也称为违约风险，是指债务人不能履行合约，不按期归还本金的风险。这类风险往往取决于债务人的信誉以及经营状况，比如政府发行的债券就比公司发行的债券风险小，经营状况良好的大公司发行的债券总是比小公司发行的债券信用好。而金融工具的种类也对信用风险有影响。例如，优先股的风险就小于普通股。市场风险是指由于金融工具市场价格下跌所带来的风险。股票、债券等金融工具的市场价格经常变化，一旦市场价格下跌，持有者的财富必然减少。

一般而言，金融工具的期限性与收益性、风险性成正比，与流动性成反比。而流动性与收益性成反比，即流动性越强的金融工具，越容易在金融市场上迅速变现，所要求的风险溢价就越小，其收益水平也越低。同时，收益性与风险性成正比，高收益的金融工具往往风险也高，低收益的金融工具风险也小。

3. 金融市场中介

金融市场中介是指金融市场上充当交易媒介，从事交易或促使交易完成的组织机构或个人。它与金融市场主体一样，都是金融市场中的参与者。金融市场中介参与金融市场活动的目的是获取佣金，其本身并非真正的资金供给者或需求者。

金融市场中介在金融市场上发挥着促进资金融通、降低交易成本、构造和维持市场运行的作用。同时，金融市场中介也是金融创新活动的活跃主体，它通过不断开拓新的业务，创造多种多样的金融工具，对金融市场的风险控制和防范、扩大金融市场的广度深度、提高金融市场在社会经济中的地位都有重要作用。

4. 金融市场价格

金融市场的价格也是金融市场的基本构成要素之一，它通常表现为各种金融工具的价格。

由于金融市场价格与投资者的利益密切相关，因而受到广泛的关注。不同的金融工具有着不同的价格，且影响其变动的因素十分广泛，这也使金融市场的价格形成变得更加复杂。价格机制在金融市场中发挥着极为关键的作用，是金融市场高速运行的基础。在一个有效的金融市场中，金融工具的价格能及时、准确、全面地体现该工具所反映的资产的价值，反映各种公开信息，引导市场资金的流向。

金融市场的四个要素之间是相互联系、相互影响的。其中，金融市场主体和金融市场客体是构成金融市场最基本的要素，是金融市场形成的基础。金融市场中介和金融市场价格则是伴随金融市场交易产生的，它们也是金融市场中不可或缺的构成要素，对促进金融市场的繁荣和发展具有重要意义。

二、金融市场的类型

金融市场是一个由许多子市场构成的庞大的市场体系，内含丰富的种类。各种类型的子市场的组成和其间的关系就是通常所说的金融市场结构。研究金融市场的类型及其结构，对于判断一国金融市场的发展程度，确定金融市场的发展特点以及完善对金融市场的管理，都具有重要的意义。

(一) 按交易标的物划分

按照市场中交易标的物的不同，金融市场划分为货币市场、资本市场、外汇市场、衍生品市场、保险市场和黄金市场等。

(二) 按交易中介划分

按照交易中介作用的不同，金融市场可以划分为直接金融市场和间接金融市场。直接金融市场是指资金需求者直接向资金供给者融通资金的市场，一般指的是政府、企业等通过发行债券或股票的方式在金融市场上筹集资金。而间接金融市场则是银行等信用中介机构作为媒介，在其中充当债权人和债权人双重角色来进行资金融通的市场。在间接金融市场上，资金供给者将闲置资金贷放给银行等中介机构，再由这些信用中介机构转贷给资金需求者。

值得注意的是，直接金融市场和间接金融市场的差别并不在于是否有中介机构参与，而在于金融中介机构在交易中的地位和性质。在直接金融市场上也有金融中介机构，但这些机构并不充当债权人债务人，而仅仅是充当信息中介和服务中介。资金的流通过程如图 5-1 所示。

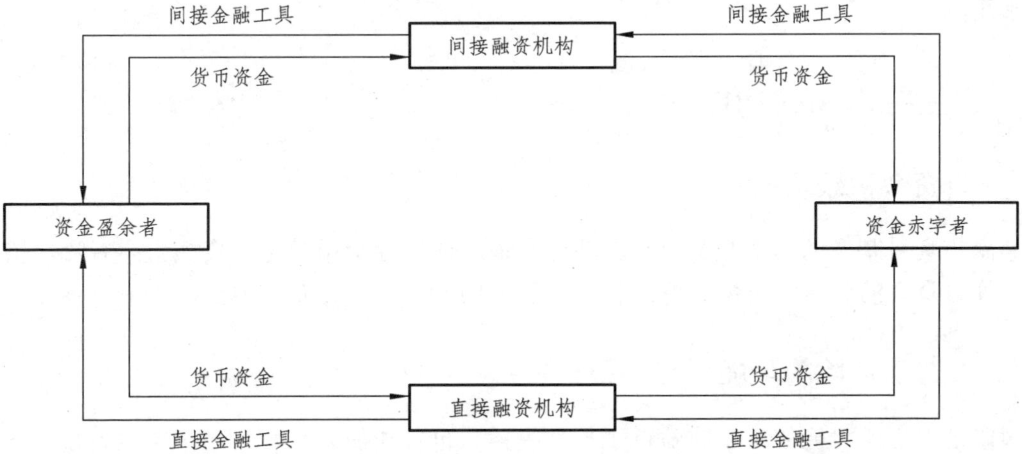

图 5-1 金融市场中的资金流通过程

（三）按交易程序划分

按照金融工具的交易程序不同，金融市场可以划为发行市场和流通市场。发行市场又称一级市场、初级市场，是金融工具首次出售给公众所形成的交易市场。在一级市场中，证券公司、经纪人和券商等作为经营者，承担政府和企业新发现债券的承购和分销。流通市场又称为二级市场、次级市场，是已经发现的金融工具在投资者之间买卖流通的市场。

（四）按有无固定场所划分

按照金融交易是否存在固定场所，金融市场可划分为有形市场和无形市场两类。有形市场是指有固定的交易场所、集中进行交易的市场，一般指证券交易所、期货交易所等有组织的交易场地。无形市场是在证券交易所外进行的金融资产交易的总称。它本身没有集中固定的交易场所，通过现代化的电信工具和网络实现交易。在现实世界中，大部分的金融交易是在无形市场上进行的。

（五）按本原和从属关系划分

按照金融工具的本原和从属关系不同，金融市场可划分为传统金融市场和金融衍生品市场。传统金融市场又称基础性金融市场，是指一切基础性金融工具的交易市场，主要包括货币市场、资本市场、外汇市场等。金融衍生品市场是从基础性金融市场中派生出来的，从事以传统金融工具为基础的金融衍生品交易的市场。

（六）按地域范围划分

按照地域范围的不同，金融市场可分为国内金融市场和国际金融市场。国内金融市场是指金融交易的范围仅限于一国之内的市场。它在一国内部，交易以本币计价，受本国法律制度的规范和保护。国内金融市场又包括全国性金融市场和地区性金融市场。国际金融市场是金融工具在国际进行交易并引起资本在国际流动的市场。它大多数没有固定的交易场所，属于无形市场。

三、金融市场的功能

（一）资金积聚功能

金融市场最基本的功能是资金积聚功能，该功能引导货币资金从资金盈余者流向资金赤字者，通过资金的调剂，实现资源配置，如图 5-1 所示，实现资金的融通。

（二）分散风险的功能

风险的存在既可能使未来收益低于预期收益，也可能使未来收益高于预期收益。通过金融资产的交易，我们可以分散风险，达到消除风险的目的。例如，市场上农产品的价格总是起伏不定，很可能在收获时大幅下降，农民为了规避农产品价格变化带来的风险，就可以选择套期保值的方法，在金融市场上把风险转移出去。

（三）发现价格的功能

金融市场具有发现价格的功能，即金融资产的定价必须依靠金融市场来完成。虽然股票、债券等在金融市场上交易的金融资产往往都标有票面金额，但这一票面金额并不能代表该种金融工具的内在价值，只有通过金融市场上买卖双方的相互交易才能发现这些金融资产的内在价值，从而确定其价格。在真实有效的价格信号引导下，金融市场就可以实现资源的最佳配置了。

（四）满足金融资产流动性的要求

出于对安全、收益等方面的担心，很少有投资者会愿意把自己手中的资金长期借给他人使用，所以需要长期占用资金的项目就很难筹集到资金。金融市场的出现很好地解决了这一问题，在金融市场上，人们可以交易未到期的金融资产，从而使得金融资产具有的流动性变为现实。例如，住房抵押贷款往往会占用银行资产数十年，银行资金的流动性因此降低，而通过贷款证券化的方式，银行可以随时把贷款变现。于是长期贷款也具有很好的流动性。

（五）降低交易成本

资金赤字者和资金盈余者为了成功地进行交易，一般会产生两类成本：搜寻成本和信息成本。搜寻成本是指为了寻找合适的交易对象而产生的成本。信息成本是为了评价金融资产价值而产生的成本。而金融市场上各类专业金融机构的存在，可以极大地降低交易成本。

当然，金融市场并不是在任何条件下都能发挥如上所述的五种经济功能。一般认为，金融市场本身的效率和质量制约了金融市场经济功能的发挥，金融市场的效率越低，金融市场就越难以发挥自身的经济功能，并且还会阻碍经济的发展。

四、有效资本市场假说

金融市场承担着多项重要的经济功能，而这些功能的实施，必须要以金融市场具有较高的效率为前提。一般认为金融市场实现其功能必须具备两个理想条件：完整的信息和完全由市场供求决定的价格。完整的信息是指金融交易的买卖双方均可以迅速获得所需要的信息，以便依据它们进行决策。完全由市场供求决定的价格是指价格水平的形成除了取决于资金供给方和需求方的竞争之外，不受任何其他力量的干预。

然而，即使是在发达的市场经济国家也很难完全具备这两个理想条件。为了评价金融市场的效率，以美国经济学家尤金·法马为代表的经济学家提出了有效资本市场假说，该假说对市场定位证券价格的效率做出了评价。有效资本市场假说理论认为：如果金融市场能够迅速传递大量准确的信息，投资者就可以准确地做出判断，采取行动，使证券的价格迅速回到正确的位置。而如果金融市场传递市场信息的速度慢，信息也不够准确，那么投资者就难以做出正确的判断，证券价格也会长期处于一个不适当的位置。所谓资本市场的有效性，就是指市场根据新信息迅速调整证券价格的能力。如果资本市场是有效的，那么有关某个资本品的全部信息都能够迅速、完整和准确地被关注它的投资者所得到，进而该资本品的购买者能够根据这些信息明确判断出该资本品的价值，从而以符合价值的价格买到该资本品。

根据资本市场的有效性，有效资本市场假说把资本市场划分为强式有效市场、半强式有效市场和弱式有效市场。

（一）强式有效市场

在强式有效市场上，有关资本产品的任何信息一经产生，就得及时公开，一经公开就能得到及时处理，一经处理，就能在市场上得到反馈。信息的产生、公开、处理和反馈几乎是同时的。另外，有关信息的公开是真实的，信息的处理是正确的，反馈也是准确的。在强式有效市场上，每一位交易者都掌握了有关资本产品的所有信息，而且每一位交易者所掌握的信息都是一样的。因此，对于强式有效资本市场来说，在该市场上不存在因发行者和投资者的非理性所产生的供求失衡而导致的资本品价格波动。也就是说，证券的价格反映了所有即时信息所包含的价值。

（二）半强式有效市场

在半强式有效市场上，有关资本品的信息在其产生到被公开的过程中受到了某种程度的损害，即证券的发行者由于种种原因没有将所有有关发行证券的信息完全、真实、及时地公开。因此，发行者和投资者在信息的占有上处于不平等的地位，投资者获得的只是发行者公开出来的信息，而不是发行者自己所掌握的全部信息。而且，由于种种原因，在发行者公开的信息中，还可能有虚假的成分。在现实的市场上，那些未公开的信息被称为“内幕消息”，但是在该市场上，所有投资者所占有的公开信息都是相同的。也就是说，除了未公开的“内幕消息”之外，只要是被公开的信息，就可以为每一位投资者所占有。这样，在半强式有效市场上，极少数人控制着“内幕消息”，大部分人获得公开信息。于是市场上就会出现两个价格：基于“内幕消息”的价格和基于公开信息的真正市场价格。

（三）弱式有效市场

在弱式有效市场上，存在信息的高度不对称，信息从产生到被公开的过程中其有效性都受到损害，证券价格只反映包括它本身在内的历史资料。此外，投资者对信息进行价值判断的有效性也受到损害，并不是每一位投资者对所披露的信息都能做出全面、正确、及时和理性的解读与判断，只有那些掌握专门分析工具的专业人员才能对所披露的信息做出及时的反应。于是，在弱式有效市场上，除了通过掌握“内幕消息”可以获得超额利润之外，专业投资者可以利用他们在信息分析上的专业优势获得额外利润。

根据有效资本市场假说，证券的价格是以其内在价值为依据，高度有效的市场可以迅速传递所有相关的真实信息，使价格反映其内在价值。这样，要想保证资本市场的有效性，就必须保证各种与证券市场相关的信息能迅速而且完全地被披露、传输、解读和反馈。因此，提高资本市场的有效性，关键就是建立上市公司强制信息披露制度。

第二节　货币市场

一、货币市场的概念

金融市场是一个大系统，包括许多相互独立但又紧密关联的子市场。对金融市场，可以有许多不同的分类标准，其中最常见的分类方法是按照金融交易的期限，把金融市场划分为货币市场和资本市场。

货币市场是短期融资市场，融资期限一般在 1 年以内，其功能在于满足交易者的流动性资金需求。在这个市场上交易的工具有国库券、商业票据、银行票据、大额可转让存单、回购协议、超额准备金存款等。这些工具因为偿还期短、流动性高、风险小而与货币差别不大，被当作货币的代用品，交易这些工具的市场被称为货币市场。货币市场包括短期存贷市场、银行同业拆借市场、贴现市场、短期债券市场以及大额存单等短期金融工具市场。

比如，2019 年 8 月份我国货币市场运行情况为：银行间货币市场成交共计 82.8 万亿元，同比下降 10.18%，环比下降 8.56%。其中，质押式回购成交 70.5 万亿元，同比下降 6.92%，环比下降 7.01%；买断式回购成交 0.8 万亿元，同比下降 34.24%，环比下降 0.55%；同业拆借成交 11.5 万亿元，同比下降 24.44%，环比下降 17.41%。8 月份，同业拆借月加权平均利率为 2.65%，较上月上行 57 个基点；质押式回购月加权平均利率为 2.65%，较上月上行 50 个基点。

二、货币市场的特点

作为融资期限短于 1 年的金融市场，货币市场具有许多不同于资本市场的特点。

第一，货币市场融通资金的期限较短，最长不超过一年。短的一般是 1 天、2 天，最短的时候只有几个小时或隔夜。

第二，货币市场的交易主体以机构投资人为主，单笔交易的数量比较大，一般都在百万以上。

第三，货币市场上对资金的需求主要是为了应付短期、临时性的需要。而提供资金的目的也是获得流动性，收益性并不是投资的主要目的。

第四，货币市场具有比较严格的市场准入条件，只有那些信誉良好的公司、企业和金融机构才能够进入参与货币市场交易。

第五，货币市场一般没有确定的交易场所。目前的交易主要通过计算机网络进行。由于货币市场的信用风险低于资本市场，货币市场工具的流动性也比资本市场工具好，因此货币市场的利率一般会低于资本市场利率，是一国利率体系中的最低水平。

三、货币市场的主要类型

按照交易的金融产品不同，货币市场包括的子市场有同业拆借市场、回购市场、票据市场、贴现市场、大额可转让大额定期存单市场、国库券市场等。

（一）同业拆借市场

同业拆借市场是指银行及其他金融机构之间进行短期资金借贷的市场。市场的参与者为商业银行以及其他各类金融机构。金融机构在日常经营活动中，每天资金存入和提取的数目变化不定，这样，金融机构在一个营业日内，可能会出现资金收支不平衡的情况，有时收大于支，有时支大于收。资金不足的金融机构当然需要借入资金，而资金有余的金融机构为了获得更多的盈利，也需要借出资金，从而产生了金融机构之间相互进行短期资金拆借的需要。资金不足者向资金多余者借入资金，称为资金拆入；资金多余者向资金不足者借出资金，称为资金拆出。资金拆入大于资金拆出的，称为净拆入，反之，则称为净拆出。

同业拆借能够调剂各个金融机构的头寸，或者应付一些临时性的资金短缺。这样，商业银行不必保持大量超额准备金就能满足意外的提款要求。比如表 5-1 就是 2019 年 10 月我国各金融机构当月的成交情况。

表 5-1　2019 年 10 月同业拆借按机构类别交易统计

机构类型	成交笔数	成交金额/亿元	加权平均利率/%
大型商业银行	2 376	27 018.78	2.5179
股份制商业银行	5 259	76 500.18	2.4853
城市商业银行	3 930	30 235.05	2.5581
农村商业银行和合作银行	3 313	12 426.76	2.5698
证券公司	2 916	13 663.46	2.7161
其他	8 298	30 638.40	2.7206
合计	26 092	190 482.63	2.5614

同业拆借市场具有如下特点：

（1）期限短，风险小，安全性高。一般是 1 天、2 天、1 个星期不等，最短的甚至只有几个小时。由于出借时间较短，流动性较强，风险小，安全性较高。

（2）参与者广泛。参与拆借的金融机构主要有商业银行与非银行金融机构等，它们基本上都在中央银行开立了存款账户，资金的划拨主要通过中央银行的票据结算系统或是电子转账系统完成。

（3）利率由交易双方商定，拆借的资金主要是央行账户上的超额准备金。通常高于中央银行超额准备金利率，低于中央银行再贴现率。同业拆借市场利率变动很快，能够灵敏地反映出市场资金供求状况。

（4）同业拆借市场交易额巨大，体现了其主要交易主体是银行的特点。由于同业拆借市场的利率基本上代表了资金的市场价格，是确定其他资金价格的基础参照利率，因此中央银行可以通过调控同业拆借市场利率来影响其他利率，从而实现对经济的调控。这样，同业拆借市场就成为中央银行制定和实施货币政策的重要载体。

（5）信用拆借。同业拆借活动都是在金融机构之间进行的，市场准入条件比较严格，金融机构主要以其信誉参加拆借活动。也就是说，同业拆借市场基本上都是信用拆借，没有抵押物。

我国同业拆借市场主体日益多元化，满足了金融市场中调剂资金余缺、资产负债管理等多种交易需求。同业拆借市场的参与机构包括了中资大型银行、中资中小型银行、证券公司、基金公司、保险公司、外资金融机构以及其他金融机构（如城市信用社、农村信用社、财务公司、信托投资公司、金融租赁公司、资产管理公司、社保基金、投资公司、企业年金、其他投资产品等）。

（二）回购协议市场

回购协议市场是指通过证券回购协议进行短期货币资金借贷所形成的市场。证券回购协议是指证券资产的持有者在卖出一定数量的证券资产的同时与买方签订的在未来某一特定日期按照约定的价格购回所卖证券资产的协议。

从表面上看，证券回购是一种证券买卖，但实际上它是一笔以证券为质押品而进行的短期资金融通。证券的卖方以一定数量的证券为质押进行短期借款，条件是在规定期限内再购回证券，且购回价格高于卖出价格，两者的差额即为借款的利息。

在证券回购协议中，作为标的物的主要是国库券等政府债券或其他有担保债券，也可以是商业票据、大额可转让定期存单等其他货币市场工具。比如，表 5-2 就是 2019 年 10 月我国质押式回购情况。

表 5-2　2019 年 10 月质押式回购月报情况

机构类型	成交笔数/笔	成交金额/亿元	加权平均利率/%
大型商业银行	17 136	124 275.14	2.5063
股份制商业银行	22 696	204 922.88	2.4853
城市商业银行	61 695	254 654.84	2.5136
农村商业银行和合作银行	54 295	120 406.69	2.5307
证券公司	38 948	67 989.52	2.6840
其他	185 976	393 146.95	2.6564
合计	380 746	1 165 396.02	2.5677

证券回购作为一种重要的短期融资工具，在货币市场中发挥着重要作用。

1. 证券回购交易增加了证券的运用途径和闲置资金的灵活性

通过回购交易，证券交易商可以融入短期资金，或者通过逆回购交易买入证券以满足自己或客户的需要，有些交易商甚至利用回购协议市场进行空头交易，实现套利目的。商业银行通过回购交易，能够不断地调剂头寸余缺，保持资产与负债的动态均衡，使存贷差资金得到很好的利用。对一般投资者来说，证券回购市场也提供了更加灵活地选择到期日以及规避债券价格变动风险的手段。

例如：某公司 5 天后会有一笔资金到账，但该公司当天需要 3 000 万元流动资金。为解决流动资金不足的问题，该公司进入回购市场，寻找到交易对象，将自己持有的 3 000 万元国债以回购协议的方式出售，5 天后以 3 008 万元的价格购回。于是这家公司获得了为期 5 天、本金 3 000 万元、利息 8 万元的贷款。在实际操作中，用于质押的证券实际价值往往高于交易价值。

2. 回购协议是中央银行进行公开市场操作的重要工具

在市场经济较为发达的国家或地区，中央银行常常通过回购协议进行公开市场操作，达到间接调控货币市场的目的。即中央银行以回购或逆回购方式吞吐基础货币，减少或增加短期内社会的货币供应量。这样操作的最大优点是能够减少利率波动给中央银行持有债券资产带来的资本损失，对证券市场的冲击也比直接买卖有价证券带来的冲击小。因此，回购协议在中央银行公开市场操作中占据日益重要的地位。

目前，我国的证券回购市场已经是一个发展稳定、交易规范的市场。回购市场的交易主体是具有法人资格的金融机构，交易场所是证券交易所和经批准的融资中心，回购券种为国债和经中国人民银行批准的金融债券，回购期限在 1 年以下。我国证券回购市场已经成为市场参与者进行短期融资、流动性管理的主要场所，成为央行进行公开市场操作、实现货币政策传导的重要平台。银行间回购利率也已成为反映货币市场资金价格的市场化利率基准，为货币政策的决策提供了重要依据，在利率市场化进程中扮演重要角色。

2018 年我国银行间回购、拆借交易较快增长，中资大中型银行仍是资金的主要净融出方，从融资主体结构看，主要呈现以下特点：一是中资大中型银行是资金的融出方，全年经回购和拆借净融出资金 301.5 万亿元，同比增长 26.4%。二是证券业和保险业机构下半年融入资金明显增加，第三、四季度分别净融入 29.7 万亿元和 27.8 万亿元，分别占全年净融入金额的 30.7%和 28.7%。三是其他金融机构及产品净融入资金保持高速增长，全年净融入 137.3 万亿元，同比增长 49.3%。如表 5-3 所示。

表 5-3　2018 年金融机构回购、同业拆借资金净融出、净融入情况　　单位：亿元

	回购市场		同业拆借	
	2018 年	2017 年	2018 年	2017 年
中资大型银行①	−1 669 110⑦	−1 450 764	−290 833	−170 598
中资中型银行②	−920 274	−651 465	−134 766	−111 693
中资小型银行③	438 495	701 303	184 557	135 183
证券业机构④	692 711	465 915	201 362	119 990
保险业机构⑤	71 081	−8 761	930	77
外资银行	68 718	49 186	−18 563	2 295
其他金融机构及产品⑥	1 315 380	894 587	57 313	24 747

注：① 中资大型银行包括工商银行、农业银行、中国银行、建设银行、国家开发银行、交通银行、邮政储蓄银行。② 中资中型银行包括政策性银行、招商银行等九家股份制商业银行、北京银行、上海银行、江苏银行。③ 中资小型银行包括恒丰银行、浙商银行、渤海银行、其他城市商业银行、农村商业银行和合作银行、民营银行、村镇银行。④ 证券业机构包括证券公司、基金公司和期货公司。⑤ 保险业机构包括保险公司和企业年金。⑥ 其他金融机构及产品包括城市信用社、农村信用社、财务公司、信托投资公司、金融租赁公司、资产管理公司、社保基金、基金、理财产品、信托计划、其他投资产品等，其中部分金融机构和产品未参与同业拆借市场。⑦ 负号表示净融出，正号表示净融入。

数据来源：中国外汇交易中心。

（三）商业票据市场

商业票据是公司为了筹措资金，以贴现的方式出售给投资者的一种短期无担保的信用凭证。由于商业票据没有担保，完全依靠公司的信用发行，因此其发行者一般都是规模较大、信誉良好的公司。商业票据市场就是这些公司发行商业票据并进行交易的市场。

一般来说，商业票据的发行期限较短，面额较大，且绝大部分是在一级市场上直接进行交易。商业票据具有融资成本低、融资方式灵活等特点，并且发行票据还能提高公司的声誉。因此无论对于发行者还是投资者而言，商业票据都是一种理想的货币市场工具。

（四）贴现市场

贴现市场是通过票据贴现来融通短期资金的场所。票据贴现是指票据持有人将未到期的票据转让给银行，银行扣除一定的利息之后把票面金额支付给持票人的一种票据行为。贴现的计算公式如下所示：

$$\text{贴现额}=\text{票面面值}-\text{票面面值}\times\text{贴现率}\times\frac{\text{未到期天数}}{360}$$

【例 1】票据持有者钱多多将一张 3 个月后到期、面额 3 000 万元的商业票据贴现给建设银行，按照 10%的贴现率计算，钱多多将获得多少资金？

$$\begin{aligned}\text{贴现额}&=\text{票面面值}-\text{票面面值}\times\text{贴现率}\times\frac{\text{未到期天数}}{360}\\&=3000-3000\times10\%\times\frac{3}{12}=2925\text{（万元）}\end{aligned}$$

当贴现银行将贴现的未到期票据转卖给其他银行时，就是转贴现，如果卖给中央银行，就是再贴现。在贴现市场交易的金融工具，主要有国库券、短期债券、银行承兑汇票及其他商业票据。贴现市场的参与者有工商企业、商业银行和中央银行。

（五）大额可转让定期存单（CDs）市场

大额可转让定期存单（CDs）是银行发行的有固定面额、可转让流通的存款凭证。它产生于美国，由花旗银行首先推出，是银行业创造的金融创新工具。

与传统的定期存单相比，大额可转让定期存单具有以下特点：

（1）大额可转让定期存单不记名，且可在市场上流通并转让。可转让大额定期存单的期限通常不得少于 14 天，一般在一年以内，以 3 个月到 6 个月的居多。

（2）大额可转让定期存单一般面额固定且较大。比如美国规定最低面额是 10 万美元，一般都在 50 万美元以上。

（3）大额可转让定期存单不可提前支取，只能在二级市场上流通转让。

（4）大额可转让定期存单的利率既有固定的，也有浮动的，一般高于同期限的定期存款利率。

（六）国库券市场

国库券，又称短期政府债券，是交易国库券的市场，是一国政府发行的期限在 1 年以内的政府债券。国库券市场由国库券发行市场和流通市场两部分组成。

表 5-4 是 2019 年 10 月我国国债发行量情况统计，其中 1 年以内的国库券当月发行 1 388.45 亿元，同比增长 9.05%，相对于 10 年以内的债券发行量而言，增长是最多的。本年国库券累计发行量同比减少了 9.22%。

表 5-4　2019 年 10 月我国债券发行量

	本月		本年累计	
	面额/亿元	同比/%	面额/亿元	同比/%
合计	9 368.70	−15.56	132 481.68	12.89
1 年以下	1 388.45	9.05	13 472.32	−9.2
1～3 年	2 248.36	−21.56	22 981.19	−10.40
3～5 年	1 892.50	−15.40	28 931.20	−7.53
5～7 年	938.15	−29.18	16 576.24	−6.64
7～10 年	1 770.67	−39.62	32 001.52	40.59
10 年以上	1 130.57	145.48	18 519.22	266.25

数据来源：中国债券信息网

国库券以国家信用为担保，期限短，几乎不存在违约风险，也极易在市场上变现，具有较高的流动性，又被称为“金边债券”。同时，政府债券的收益免缴所得税，这也成为其吸引投资者的一个重要因素。相对于其他货币市场工具而言，短期政府债券的面额较小。政府发行短期政府债券，通常是为了满足短期资金周转的需要。

除此之外，由于国库券市场具有的流动性好、规模大的特点，因此许多国家的中央银行都选择国库券市场开展公开市场业务，它也就为中央银行的公开市场业务提供了一种可操作的工具。国库券被认为是安全性和流动性最好的信用工具，几乎所有的金融机构和一些非金融的公司企业都会参与这个市场的交易。

第三节　资本市场

一、资本市场的概念以及基本功能

（一）资本市场的概念

资本市场是融资期限在一年以上的长期资金交易市场。资本市场的交易对象主要是政府中长期公债、公司债券、股票和基金等有价证券以及银行中长期贷款。在我国，资本市场主要包括股票市场、债券市场和投资基金市场。

（二）资本市场的基本功能

1. 筹集资金功能

由于资本市场上的金融工具收益较高，能吸引众多的投资者，他们在踊跃购买证券的同时，也向市场提供了源源不断的巨额长期资金来源。

2. 资本配置功能

在大多数情况下，企业设立时的资本配置不直接涉及资本市场机制，它主要由投资者通过直接投资（或投资入股）来完成。但在两种情况下，企业设立时的资本配置与资本市场机制相关：一是在企业设立时，投资者考虑到在不远的将来该企业可能会运用资本市场机制来发行证券，从而按照有关法律法规的要求进行资本配置；二是公司选择发股募集资本的方式设立，由此公司设立直接就是运用资本市场机制的产物。

在企业增资过程中，资本市场的优化资本配置功能发挥着重要作用。其内在机理是，相当多企业仅依靠自身积累不能满足生产经营发展对资本增长的需求，而投资者彼此分散又难以通过一对一谈判的方式来向企业提供资本，由此，利用资本市场机制，向投资者集中募集资本成为企业增资的主要选择方式。对投资者来说，既然有着诸多企业需要募集资本，各家企业的生产经营状况和发展前景又有很大差别，他们理所当然地要选择那些具有良好经营效益或发展前景企业进行投资，由此推进了资本配置的优化。

另外，企业之间的资产重组，常常通过股权置换、股权收购、公司合并等方式实现，资本市场机制发挥着积极重要的作用。

3. 实现资本价值的功能

投资者将资本投入企业的主要目的在于获得资本回报。资本回报的方式主要有二：一是通过利润分配获得收益，二是通过资本增值获得收益。由于企业在经营活动中面临着多种风险，投资者的投资机会也不断发生变化，同时通过利润分配获得投资收益常常需要较长的时间，由此通过出售资本投资的凭证，在转让资本未来收益的基础上获得资本增值收益，就成为投资者的重要选择。这种选择通过资本市场中的证券交易来实现。

二、我国多层次资本市场的主要内容

在资本市场上，不同的投资者与融资者都有不同的规模大小与主体特征，存在着对资本市场金融服务的不同需求。投资者与融资者对投融资金融服务的多样化需求决定了资本市场应该是一个多层次的市场体系。

我国资本市场发展至今，由场内市场和场外市场两部分构成。其中场内市场的主板（含中小板）、创业板（俗称二板）和场外市场的全国中小企业股份转让系统（俗称新三板）、区域性股权交易市场、证券公司主导的柜台市场共同组成了我国多层次资本市场体系。

1. 主板市场

主板市场也称为一板市场，指传统意义上的证券市场（通常指股票市场），是一个国家或地区证券发行、上市及交易的主要场所。主板市场对发行人的营业期限、股本大小、盈利水平、最低市值等方面的要求标准较高，上市企业多为大型成熟企业，具有较大的资本规模以及稳定的盈利能力。

中国大陆主板市场的公司在上交所和深交所两个市场上市。主板市场是资本市场中最重要的组成部分，很大程度上能够反映经济发展状况，有“国民经济晴雨表”之称。

2004 年 5 月，经国务院批准，中国证监会批复同意深圳证券交易所在主板市场内设立中小企业板块。其在资本市场架构上也从属于一板市场。

2. 二板市场

又称创业板市场，是地位次于主板市场的二级证券市场，在我国特指深圳创业板。它在上市门槛、监管制度、信息披露、交易者条件、投资风险等方面和主板市场有较大区别。其目的主要是扶持中小企业，尤其是高成长性企业，为风险投资和创投企业建立正常的退出机制，为自主创新国家战略提供融资平台，为多层次的资本市场体系建设添砖加瓦。

3. 三板市场（场外市场）

我国三板市场主要包括全国中小企业股份转让系统，是经国务院批准设立的全国性证券交易场所，全国中小企业股份转让系统有限责任公司为其运营管理机构。2012 年 9 月 20 日，该公司在国家工商总局注册成立，注册资本 30 亿元。上海证券交易所、深圳证券交易所、中国证券登记结算有限责任公司、上海期货交易所、中国金融期货交易所、郑州商品交易所、大连商品交易所为公司股东单位。

由于新三板市场的定位是“以机构投资者和高净值人士为参与主体，为中小微企业提供融资、交易、并购、发债等功能的股票交易场所”，因此，其市场生态、研究方法、博弈策略、生存逻辑等，都和以中小散户为参与主体的，与沪深股票市场有着显著的区别。

4. 四板市场

四板市场又称区域性股权交易市场（下称“区域股权市场”），是为特定区域内的企业提供股权、债券的转让和融资服务的私募市场，一般以省级为单位，由省级人民政府监管。它是我国多层次资本市场的重要组成部分，亦是中国多层次资本市场建设中必不可少的部分。其对于促进企业特别是中小微企业股权交易和融资，鼓励科技创新和激活民间资本，加强对实体经济薄弱环节的支持，具有积极作用。

目前全国建成并初具规模的区域股权市场有：青海股权交易中心、天津股权交易所、齐鲁股权托管交易中心、上海股权托管交易中心、武汉股权托管交易中心、重庆股份转让系统、前海股权交易中心、广州股权交易中心、浙江股权交易中心、江苏股权交易中心、大连股权托管交易中心、海峡股权托管交易中心等十几家股权交易市场。

三、债券市场

（一）债券的概念与特征

债券是债务人依照法定程序发行，承诺按约定的利率和日期支付利息，并在约定日期偿还本金的书面债务凭证。它反映了筹资者和投资者之间的债权债务关系。

我国 2019 年 8 月债券市场运行情况为：8 月份，银行间债券市场现券成交 20.1 万亿元，日均成交 9118.7 亿元，同比增长 26.48%，环比增长 10.0%。交易所债券市场现券成交 7 513.1 亿元，日均成交 341.5 亿元，同比增长 51.33%，环比增长 2.88%。8 月末，银行间债券总指数为 194.92 点，较上月末上涨 1.19 点。

作为资本市场上最为重要的工具之一，债券具有以下特征：

（1）偿还性。债券有规定的偿还期限，债务人必须按期向债权人支付利息和偿还本金。

（2）流动性。在到期日之前，债券一般都可在流通市场上自由转让变现，具有较强的流动性。一般来说，债券市场越发达，债券发行人的信用程度越高，债券期限越短，债券的流动性就越强。

（3）收益性。债券能够为投资者带来一定的收益，这种收益主要来源于投资者获得的定期的利息收入以及在二级市场上出售债券，获得的买卖价差。

（4）安全性。与股票等其他有价证券相比，债券的投资风险较小，安全性较高。这是因为债券的发行要经过有关部门的严格审核，一般只有信誉较高的筹资人才能发行债券，即使企业破产，债券的持有者也享有优于股票持有者的求偿权。

（二）债券市场的功能

债券市场是发行和买卖债券的市场。

1. 债券发行市场

债券发行市场又称为一级市场，是将新发现的债券从发行人手中转移到初始投资者手中的市场，是债券发行人发行证券、募集资金的场所。该市场由证券发行人、投资人和中介组成。发行人是指符合发行条件并且正在从事证券发行或者准备进行证券发行的政府组织、金融机构或者商业组织，它是构成证券发行市场的主要因素。为了保障投资者的利益，维护证券发行市场的秩序，防止各种欺诈舞弊行为，多数国家的证券法规都对证券发行人的主体资格、净资产额、经营业绩和发起人责任设有条件限制。投资人是指根据发行人的招募要约，已经认购证券或者将要认购证券的个人或社团组织。中介人主要是指媒介证券发行人与投资人交易的证券承销人，它通常是负担承销义务的投资银行、证券公司或信托投资公司。

在发行市场证券的发行方式一般有公募和私募两种。公募发行是指向社会大众等不特定的投资者发行证券。由于公募发行涉及众多的投资者，其社会责任和影响很大。为了保证投资者的合法权益，政府对证券的公募发行控制非常严格，要求发行人具备较高的条件。比如要求发行人必须向社会提供各种财务报表及其他相关资料等。

公募发行的债券可以上市流通，具有较高的流动性，因而易于被广大投资者接受。公募发行提高了发行人在证券市场上的知名度，扩大了社会影响，能够使其在较短时间内筹集到大量资金。但是公募发行对发行人的要求高，手续复杂，发行成本高，而且由于必须公开发行人的财务报表，不利于发行人保守商业秘密。

私募发行是指仅向少数特定投资者发行证券，也称内部发行。发行对象一般是与发行人有特定关系的投资者，如发行人的职工或与发行人有密切关系的金融机构、公司、企业等。发行人的资信情况为投资者所了解，因此不必向公募发行那样向社会公开内部信息。私募发行手续简单，发行费用较低。但私募证券一般不能上市流通，由于私募发行面对的投资者范围较小，私募证券的流动性较差，私募发行所能筹集到的资金数量要小于公募发行。

2. 债券买卖市场

债券买卖市场又称二级市场，是买卖已发行证券的市场，也被称为交易市场或次级市场，是已发行的债券在投资者之间转手买卖的市场。二级市场上的交易虽然不能为证券的发行人增加新的资产，但却为投资者提供了转让证券的场所，从而使得证券能够顺利发行。发行市场是交易市场的前提，交易市场是发行市场的保障，二者不可或缺。

（三）债券的类型

1. 根据发行主体不同分

根据发行主体不同，可分为政府债券、金融债券和公司债券。

（1）政府债券是政府为筹集资金而发行的债券。由于政府信用高于一般的企业信用，加上政府债券在市场上流通比例较大，所以政府债券被认为是安全性和流动性比较高的债券，种类主要包括国债、地方政府债券等，其中最主要的是国债。

（2）金融债券是由银行或非银行金融机构发行的债券。发行金融债券的金融机构一般资金实力雄厚，资信比较高，发行债券所筹集的资金有特定的用途。中国人民银行、国家开发银行、中国进出口银行和中国农业发展银行等都曾发行过金融债券。在西方国家，由于金融机构大多属于股份公司组织，故金融债券可纳入公司债券的范围，但它的信用风险要比普通公司债券低。

（3）公司债券也称为企业债券，是指由公司发行并负责还本付息的债券。由于存在违约或破产的可能性，企业债券的持有人面临一定的信用风险。一般的企业债券有债券契约，有的企业债券还有抵押。另外，在发行前，企业债券一般还要经过信用评级。这些措施都是为了尽量保护持有人的利益。

2. 根据是否有财产担保分

根据是否有财产担保，可分为抵押债券和信用债券。

（1）抵押债券是以企业财产作为担保的债券，按抵押品的不同又可以分为一般抵押债券、不动产抵押债券、动产抵押债券和证券信托抵押债券。

（2）信用债券是不以任何企业财产作为担保，完全凭信用发行的债券。最常见的信用债券就是政府债券。

3. 根据债券形态分

根据债券形态，可分为实物债券、凭证式债券和记账式债券。

（1）实物债券是一种具有标准格式的债券。其券面上一般印制了债券面额、债券利率、债券期限、债券发行人全称、还本付息方式等各种债券票面要素。实物债券不记名，不挂失，可上市流通。

（2）凭证式债券的主要代表是凭证式国债，是指国家采取不印刷实物券，而用填制“国库券收款凭证”的方式发行的国债。凭证式国债通常被称为“储蓄式国债”，从购买之日起计息，可记名、可挂失，但不能上市流通。

（3）记账式债券指没有实物形态的债券，以电脑记账方式记录债权，通过证券交易所的交易系统发行和交易。

4. 根据能否转换分

根据能否转换，可分为可转换债券和不可转换债券。

（1）可转换债券是指在特定时期内可以按某一固定的比例转换成普通股的债券，它具有债务与权益双重属性，属于一种混合性筹资方式。

（2）不可转换债券是指不能转换为普通股的债券，又称为普通债券。

5. 根据付息方式不同分

根据付息方式不同，可分为零息债券、定息债券和浮息债券。

（1）零息债券也叫贴现债券，是指债券在票面上不规定利率，发行时按规定的折扣率以低于债券面值的价格发行，到期按面值支付本息的债券。

（2）定息债券也叫固定利率债券，是在债券票面上标示利率并按期向债券持有人支付利息的债券，该利率不随市场利率的变化而调整，因而固定利率债券可以较好地抵御通货紧缩风险。

（3）浮动利率债券在债券存续期间内，债券票面利率根据市场利率的变动按照事先约定的规则定期调整，因此，债券持有人每期获得的利息支付是不固定的。采用浮动利率形式，有利于减少持有者的利率风险，也有利于债券发行人按照短期利率筹集中长期的资金。

（四）债券交易

1. 债券交易的方式

（1）现券交易

现券交易是指交易双方以约定的价格在当日或次日转让债券所有权的交易行为。实际上它就是一个债券的买卖行为。

（2）回购交易

证券回购交易是指债券买卖双方在成交同时就约定于未来某一时间以某一价格双方再行反向成交。其实质内容是：证券的持有方（融资者、资金需求方）以持有的证券作抵押，获得一定期限内的资金使用权，期满后则需归还借贷的资金，并按约定支付一定的利息；而资金的贷出方（融券方、资金供应方）则暂时放弃相应资金的使用权，从而获得融资方的证券抵押权，并于回购期满时归还对方抵押的证券，收回融出资金并获得一定利息。

2. 债券价值与市场利率

债券作为固定收益类证券，在债务人不违约的前提下，其未来现金流是事先确定的，而影响债券当前价值的主要可变因素就是收入资本化公式中位于分母上的市场利率或者贴现率。在其他条件不变的情况下，债券的价值与市场利率之间存在反向变动关系，当市场利率上升时，债券价值下降，当市场利率下降时，债券价值上升，如表 5-5 所示。同时，对于同样的利率变化幅度，利率上升对债券价值的影响要小于利率下降的影响。

表 5-5 债券在不同利率下的价值

市场利率/%	5	6	7	8	9	10
债券 1 的价值/元	614	558	508	463	422	386
债券 2 的价值/元	1 154	1 073	1 000	933	872	816
债券 3 的价值/元	1 309	1 221	1 140	1 067	1 000	939

注：债券 1 为 10 年期零息债券，债券 2 为息票利率为 7%的 10 年期债券，债券 3 为息票利率为 9%的 10 年期债券。

这样，债券价值与市场利率之间的相关性都可以用一条向下倾斜的凸向原点的曲线来描述，如图 5-2 所示。

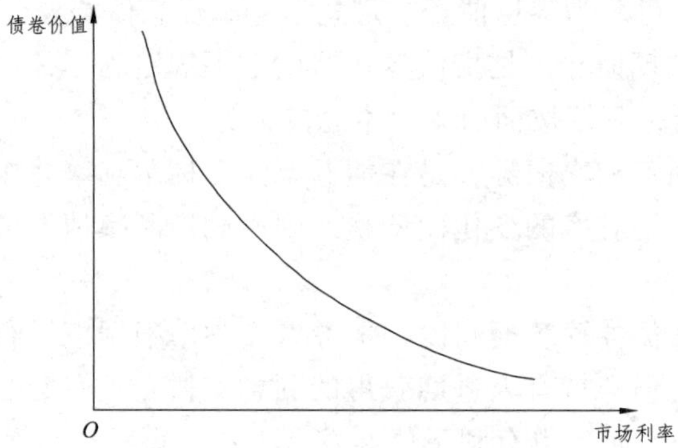

图 5-2 债券价值与市场利率

四、股票市场

股票是由股份有限公司签发的用以证明股东所持股份的凭证，它表明股票持有者对公司的部分资本拥有所有权。股票是代表对一定经济利益分配请求权的资本证券，是资本市场上流通的一种重要工具。股票市场是股票发行和流通的市场，可分为一级市场和二级市场。一级市场就是股票的发行市场，是股份公司发行新股票筹集资本的市场。二级市场即股票的流通市场，是指对已发行的股票进行买卖和转让的市场。股票的发行是流通的基础，流通市场的存在又保证了股票的流动性，为投资者提供了交易变现的途径，保证了股票发行市场的正常运行。

随着各国经济的蓬勃发展，近年来各国股票市场中上市公司和投资者的数量也急剧增加。股票市场在国民经济中发挥着越来越重要的作用。交易规范、活跃的股票市场是促进一个国家金融市场繁荣不可或缺的要素。同时，通过市场化改革，股票市场有望建立科学、有效的运行机制，发挥股票市场应有的功能和作用，成为真正的“经济晴雨表”。

2019 年 8 月末，我国上证综指收于 2 886.24 点，较上月末下降 46.27 点，降幅为 1.58%；深证成指收于 9 365.68 点，较上月末上涨 39.07 点，涨幅为 0.42%。8 月份，沪市日均交易量为 1 944 亿元，环比增长 11.67%，深市日均交易量为 2 540 亿元，环比增长 13.34%。

表 5-6 是 2013 年至 2019 年 5 月以来我国 A 股市场各主要指数涨幅情况。涨幅最大为 2014 年，跌幅最大为 2018 年。

表 5-6　2013 年至 2019 年 5 月我国 A 股市场各主要指数涨幅　　单位：%

栏目日期	上证综指	深证综指	沪深 300	深证成指	中小板指	创业板指	上证 50
2013 年	−6.75	20.03	−7.65	−10.91	17.54	82.73	−15.23
2014 年	52.87	33.80	51.66	35.62	9.67	12.83	63.93
2015 年	9.41	63.15	5.58	14.98	53.70	84.41	−6.23
2016 年	−12.31	−14.72	−11.28	−19.64	−22.89	−27.71	−5.53
2017 年	6.56	−3.54	21.78	8.48	16.73	-10.67	25.08
2018 年	−24.59	−33.25	−25.31	−34.42	−37.75	−28.65	−19.83
2019 年 1～5 月	16.23	20.82	20.56	23.25	16.41	18.64	19.01

（一）股票的特征

（1）永久性。股票是一种无期限的有价证券，其有效性与股份制公司的存续是并存的。

（2）参与性。股票的持有者有权参与股东大会、行使选举权及参与公司重大决策。

（3）收益性。收益性是股票最基本的特征，股东可凭其持有的股票从公司获得投资收益。股票的收益来源于两部分，一部分是公司派发的股息，另一部分是来于市场价格波动带来股价上升所赚取的差价。

（4）流动性。流动性是指股票可以通过流通进行转让。股东想要将股票转换为现金，可以将股票在不同投资者之间进行交易。

（5）风险性。股票的风险性表现为其投资收益的不确定性，即实际收益可能高于或低于预期收益。

（二）股票的类型

1. 按股东承担的风险和享受的权利分

按股东承担的风险和享受的权利，可分为普通股和优先股。

普通股是随着企业利润变动而变动的一种股份，是股份公司资本构成中最普通、最基本的股份，是股份企业资金的基础部分。

普通股的基本特点是其投资收益（股息和分红）不是在购买时约定，而是事后根据股票发行公司的经营业绩来确定。公司的经营业绩好，普通股的收益就高；反之，若经营业绩差，普通股的收益就低。普通股具有较大的风险，因为其股息和红利收益不确定。在中国上交所与深交所上市的股票都是普通股。

普通股持有人的权利有如下四点：

（1）持有普通股的股东有权获得股利，但必须是在公司支付了债息和优先股的股息之后才能分得。普通股的股利并不固定，一般视公司净利润的多少而定。

（2）当公司因破产或结业而进行清算时，普通股东有权分得公司剩余资产，但普通股东必须在公司的债权人、优先股股东之后才能分得财产，财产多时多分，少时少分，没有则只能作罢。

（3）普通股东一般都拥有发言权和表决权，即有权就公司重大问题进行发言和投票表决。普通股东持有一股便有一股的投票权，持有两股者便有两股的投票权。任何普通股东都有资格参加公司最高级会议即每年一次的股东大会，但如果不愿参加，也可以委托代理人来行使其投票权。

（4）普通股东一般具有优先认股权，即当公司增发新普通股时，现有股东有权优先（可能还以低价）购买新发行的股票，以保持其对企业所有权的原百分比不变，从而维持其在公司中的权益。

优先股是指股份有限公司发行的在分配公司收益和剩余资产方面比普通股有优先权的股票。

优先股是一种没有期限的有权凭证，具有如下特点：

（1）优先股股东不参加公司的红利分配，无表决权和参与公司经营管理权。优先股股东一般没有选举权和被选举权，对股份公司的重大经营无投票权，但在某些情况下可以享有投票权。对于优先股股东的表决权限财务管理中有严格限制，优先股东在一般股东大会中无表决权或限制表决权，或缩减表决权，但当召开会议讨论与优先股股东利益有关的事项时，优先股东具有表决权。

（2）优先股有固定的股息。由于优先股股息率事先固定，所以优先股的股息一般不会根据公司经营情况而增减，而且一般也不能参与公司的分红。但优先股可以先于普通股获得股息。对公司来说，由于股息固定，它不影响公司的利润分配。

（3）当公司破产进行财产清算时，优先股股东对公司剩余财产有先于普通股股东的要求权。

2. 按投资主体的不同分

按投资主体的不同，可分为国家股、法人股、个人股。

（1）国家股是有权代表国家投资的部门或机构以国有资产向公司投资而形成的股份，包括以公司现有国有资产折算成的股份。

（2）法人股是企业法人依法以其可支配的财产向公司投资而形成的股份，或具有法人资格的事业单位和社会团体以国家允许用于经营的资产向公司投资而形成的股份。

（3）个人股是社会个人或公司内部职工以个人合法财产投入公司而形成的股份。

3. 按股票有无记名分

按股票有无记名，可分为记名股和不记名股。

（1）记名股是在股票票面上记载股东姓名或名称的股票。这种股票除了股票上所记载的股东外，其他人不得行使其股权，股份的转让有严格的法律程序与手续，需办理过户。中国《公司法》规定，像发起人、国家授权投资的机构、法人发行的股票，应为记名股。

（2）不记名股是票面上不记载股东姓名或名称的股票。这类票的持有人即股份的所有人，具有股东资格，股票的转让也比较自由、方便，无须办理过户手续。

4. 按发行对象和上市地区的不同分

按发行对象和上市地区的不同，可将股票分为 A 股、B 股、H 股、N 股和 S 股。

（1）A 股是由我国境内的公司发行，供境内机构、组织或个人（不含港、澳、台投资者）以人民币认购和交易的普通股股票。

（2）B 股称为人民币特种股票。它是以人民币标明面值，以外币认购和买卖，在境内（上海、深圳）证券交易所上市交易的股票。

（3）H 股指的是注册地在内地、上市地在中国香港的外资股。中国香港的英文是 Hong Kong，其字母为 H，因此在中国香港上市的外资股就叫 H 股。以此类推，纽约的第一个英文字母是 N，新加坡的第一个英文字母是 S，纽约和新加坡上市的股票就分别叫 N 股和 S 股。

5. 按公司业绩划分

按公司业绩可以划分为以下几种类型：

（1）ST 股，是指境内上市的公司连续亏损 2 年，被进行特别处理的股票。

（2）垃圾股，是指经营亏损或违规的公司股票。

（3）绩优股，是指公司经营业绩很好，每股收益在 0.5 元以上的股票。

（4）蓝筹股，是指其所在行业内占有重要支配地位、业绩优良，红利优厚的大公司股票。

（5）红筹股，是指在境外注册，在中国香港上市的，由中资企业控股和主要业务在中国内地的股票。

（三）股票发行

1. 股票发行的条件

由于股票是所有权的凭证，因此，各国对股票发行都有严格的条件限制。股份公司在发行股票前必须向证券主管机构呈交申请文件，文件主要包括以下内容。

（1）股份公司章程：主要包括公司名称、地址、法定代表、经营范围、资本总额、股权结构、管理体制、经济效益和收益分配等。

（2）发行股票申请书：包括拟发行股票的名称、种类、数量、发行对象、所筹资金的用途和上级主管部门的初审意见等。

（3）发行股票说明书：必须说明的内容除公司章程以外，还包括公司近三年来的资产负债情况、发行股票的目的、公司的发展前景、公司董事会的构成及其成员情况、股票发行的起止日期等。

（4）股票承销合同：包括股票承销人的名称、地址、法定代表、承销金额、承销费用、承销起止日期、承销剩余部分的处理和违约责任及赔偿等。

（5）经过审计和公证的企业财务报表和有关文件。

2. 股票发行的基本方式

股票发行的基本方式按发行对象可分为私募发行和公募发行。私募发行是指向少数特定的投资人发行。私募发行的对象有两类：即个人投资者和机构投资者。个人投资者主要是使用本公司产品的用户或本公司职工；机构投资者主要是与本公司有业务往来的金融机构或企业。

金融小学堂

青岛日辰食品股份有限公司首次公开发行股票招股意向书部分摘要

一、本次发行概况

（一）发行人基本情况

公司名称：青岛日辰食品股份有限公司

英文名称：QINGDAO RICHEN FOOD CO.,LTD.

法定代表人：张华君

注册资本：73,953,681 元

公司住所：青岛市即墨区青岛环保产业园（即发龙山路 20 号）

有限公司设立日期：2001 年 3 月 23 日

股份公司设立日期：2016 年 5 月 6 日

经营范围：生产经营调味料（液态、半固态、固态、调味油）、食品添加剂(焦糖色及复配食品添加剂)、其他食品（依据食药部门核发的《食品生产许可证》开展经营活动）；批发兼零售预包装食品；食品技术开发及技术服务；货物及技术进出。（依法须经批准的项目，经相关部门批准后方可开展经营活动）。

（二）本次发行基本情况及发行费用（见表 5-7）

表 5-7　日辰股份发行基本情况及发行费用

序号	项目	基本情况
1	股票种类	人民币普通股（A 股）
2	每股面值	1.00 元
3	发行股数	不超过 2 466 万股，全部为发行新股，不进行老股转让
4	每股发行价格	15.70 元/股
5	市盈率	22.98 倍（发行价格除以每股收益，每股收益按 2018 年经审计的扣除非经常性损益前后孰低的归属于母公司股东的净利润除以本次发行后总股本计算）
6	发行前每股净资产	2.57 元/股（以 2019 年 6 月 30 日经审计的归属于母公司所有者权益除以本次发行前总股本计算）
7	发行后每股净资产	5.40 元/股（以 2019 年 6 月 30 日经审计的归属于母公司所有者权益加上本次发行募集资金净额除以发行后总股本计算）
8	市净率	2.91 倍，按照每股发行价除以发行后每股净资产
9	发行方式	网下向投资者询价配售与网上按市值申购向社会公众投资者定价发行相结合的方式或中国证监会认可的其他发行方式

续表

序号	项目	基本情况
10	发行对象	符合资格的询价对象和在证券交易所开户的自然人、法人等投资者（国家法律、法规禁止购买者除外）
11	承销方式	余股包销
12	预计募集资金总额	38 716.20 万元
13	预计募集资金净额	扣除发行费用后，34 266.06 万元
14	承销费用与保荐费用	3 397.30 万元
	审计验资费用	288.68 万元
	律师费用	216.98 万元
	用于本次发行的信息披露费用	518.87 万元
	发行手续费及材料制作费	28.31 万元
	发行费用合计	4 450.14 万元

二、本次募集资金投资项目的具体安排和计划

经公司 2017 年第一次临时股东大会、2018 年第二次临时股东大会批准，公司拟申请向社会公开发行人民币普通股 A 股，发行数量不超过 2 466 万股。募集资金总额将由实际发行股数和根据询价结果确定的发行价格确定。本次募集资金扣除发行费用后，公司将结合实际情况分别投入到以下项目（见表 5-8）。

表 5-8 募集资金投资项目的具体安排和计划 单位：万元

序号	项目名称	投资总额	募集资金使用金额	实施主体
1	年产 15 000 吨复合调味品生产基地建设项目	20 589.61	16 697.85	日辰食品
2	年产 5 000 吨汤类抽提生产线建设项目	13 500.00	10 948.00	日辰食品
3	营销网络建设项目	4 623.76	3 748.71	日辰食品
4	技术中心升级建设项目	3 540.34	2 871.50	日辰食品
合计		42 253.71	34 266.06	

在本次公开发行股票募集资金到位前，公司可以根据项目进度的实际情况，以自有资金或负债方式筹集资金先行投入，待本次发行股票募集资金到位后，再予以置换。若本次发行的实际募集资金量少于投资项目资金需求量，公司将以自有资金或银行贷款解决；若本次发行的实际募集资金量超过项目资金需求量，公司将富余的募集资金用于其他与主营业务相关的营运资金。

三、股权转让的基本情况

2015 年 12 月 27 日，日辰有限董事会通过决议，将公司投资总额和注册资本的计价币种由美元改为人民币，投资总额由 1600 万美元改为 120740704.50 元人民币，注册

资本由980万美元改为73953681.50元人民币。公司根据设立、历次增资之日收到的人民币金额登记人民币注册资本金额。

同日，日辰有限股东会通过决议，同意博亚国际将其持有的日辰有限75%、4%、4%的股权以2.54元/出资额的价格分别转让青岛博亚、融诚吾阳、德润壹号；同意万宝有限将其持有的日辰有限12.10%的股权以2.54元/出资额的价格转让给晨星投资；公司类型由有限责任公司（外商合资）变更为有限责任公司（中外合资）。

本次股权转让的股权变动情况如表5-9所示。

表5-9 日辰股份股权转让的基本情况

序号	股东名称	本次转让前		转让出资比例/%	本次转让后	
		出资额/万美元	占注册资本比例/%		出资额/万元	占注册资本比例/%
1	博亚国际	813.40	83.00	-83.00	—	—
2	万宝有限	166.60	17.00	-12.10	362.37	4.90
3	青岛博亚	—	—	75.00	5 546.53	75.00
4	晨星投资	—	—	12.10	894.84	12.10
6	融诚吾阳	—	—	4.00	295.81	4.00
7	德润壹号	—	—	4.00	295.81	4.00
合计		980.00	100.00	0	7 395.37	100.00

博亚国际将所持公司75.00%、4.00%、4.00%的股权分别转让给青岛博亚（同一实际控制人）、融诚吾阳、德润壹号的主要目的是优化公司的股权结构。万宝有限将其持有公司的12.10%股权转让给员工持股平台晨星投资是为了对公司员工进行股权激励。

资料来源：节选自巨潮网公布《日辰股份首次公开发行股票招股说明书》

（四）股票价值与价格

1. 股票的价值

股票的价值指的是股票的内在价值，也就是股票未来收益的现值。本书采用市盈率和市净率两个指标对股票的内在价值进行分析。

（1）市盈率

市盈率简称PE，又称价格收益比，是估计普通股价值的最基本、最重要的指标之一。其计算公式如下所示：

$$\text{市盈率}=\frac{\text{每股市价}}{\text{每股净利润}}=\frac{\text{每股市价}}{\text{净利润}\div\text{年末普通股股数}}$$

年末普通股股数是指股票在股市上交易的发行量。市盈率反映了在每股盈利不变的情况下，当派息率为100%以及所得股息没有进行再投资时，经过多少年投资者的投资可以通过股息全部收回。一般情况下，一只股票市盈率越低，市价相对于股票的盈利能力越低，表明投资回收期越短，投资风险就越小，股票的投资价值就越大，反之结论相反。

一般认为PE在20和30之间较为正常，过小说明股价低，风险小，估值低，可以适当购买；过大则说明股价高，风险大，购买时应谨慎。从国外成熟市场看，上市公司市盈率分布大致有这样的特点：稳健型、发展缓慢型企业的市盈率低；增长性强的企业市盈率高；周期起伏型企业的市盈率介于两者之间。大型公司的市盈率低，小型公司的市盈率高。

（2）市净率

市净率，简称PB，是股票市价与每股净资产的比率，代表的是投资者愿意用多少价格购买某家上市公司的每股净资产。其计算公式如下所示：

$$市净率=\frac{股票市价}{每股净资产}=\frac{每股市价}{净资产\div年末普通股股数}$$

市净率越低意味着风险越低，因此，一般来说市净率较低的股票投资价值较高。相反，则投资价值较低。但在判断投资价值时还要考虑当时的市场环境以及公司经营情况、盈利能力等因素。因为净资产的多少是由股份公司经营状况决定的。股份公司的经营业绩越好，其资产增值越快，股票净值就越高，股东所拥有的权益也越多。

2. 股票价格

股票价格也叫股票的市场价格，一般是指股票在证券市场上买卖的价格。股票的市场价格由股票的价值所决定，但同时受许多其他因素影响。其中，供求关系是最直接的影响因素，其他因素都是通过作用于供求关系而影响股票价格的，而且这些因素的影响程度几乎是不可预测的。正由于影响股票价格的因素是复杂多变的，所以，股票价格经常起伏波动、变化不定。

股票市场价格具有多层次性，同一只股票在市场交易时，通过多种价格显示：

（1）开盘价格。股票市场开市时第一笔成交价。我国股票市场的开盘价格通过集合竞价产生。

（2）现价。到目前为止最新的一笔成交价。

（3）最高价格。成交时间内已成交的最高价格。

（4）最低价格。成交时间内已成交的最低价格。

（5）买入价格、卖出价格。尚未成交但已有人下了买入或卖出指令，想在此价位成交的报价。

（6）收盘价格。当天股市闭市之前通过集合竞价产生。

把上面的开盘价、收盘价、最高价和最低价共同反映在K线中，K线的标准表示如图5-3所示。

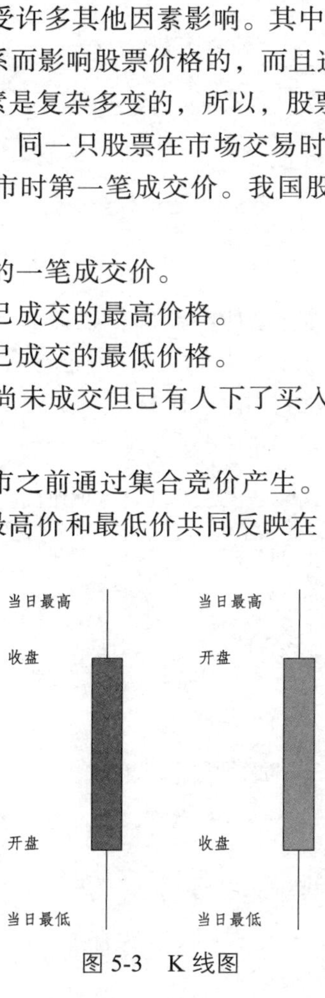

图5-3　K线图

（五）我国主要的股票价格指数

1. 上证综合指数

上海证券交易所从 1991 年 7 月 15 日起编制并公布上海证券交易所股价指数，以 1990 年 12 月 19 日为基期，以全部上市股票为样本，以股票发行量为权数，按加权平均法计算。其计算公式为：

$$本日股价指数=\frac{本日股票市价总值}{基期股票市价总值}$$

图 5-4 是截至 2019 年 11 月 8 日收盘的 A 股上证综合指数。

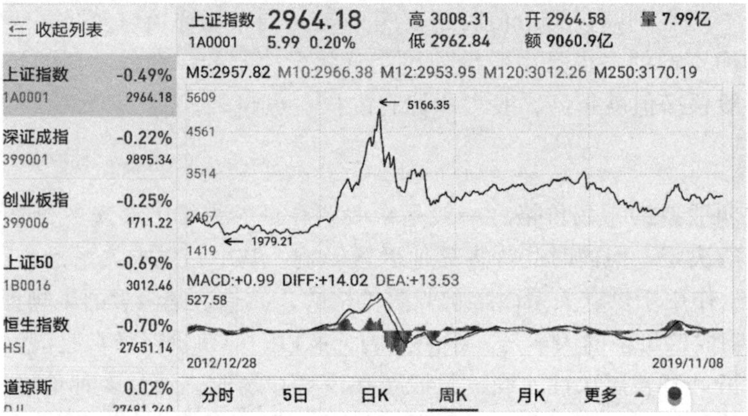

图 5-4　上证综合指数

2. 深证综合指数

深证综合指数指的是深圳证券交易所编制的，以深圳证券交易所挂牌上市的全部股票为计算范围，以发行量为权数的加权综合股价指数。深证综合指数由深圳证券交易所从 1991 年 4 月 3 日开始编制并公开发表，该指数规定 1991 年 4 月 3 日为基期，基期指数为 100 点。图 5-5 是截至 2019 年 11 月 8 日收盘的深证综合指数。

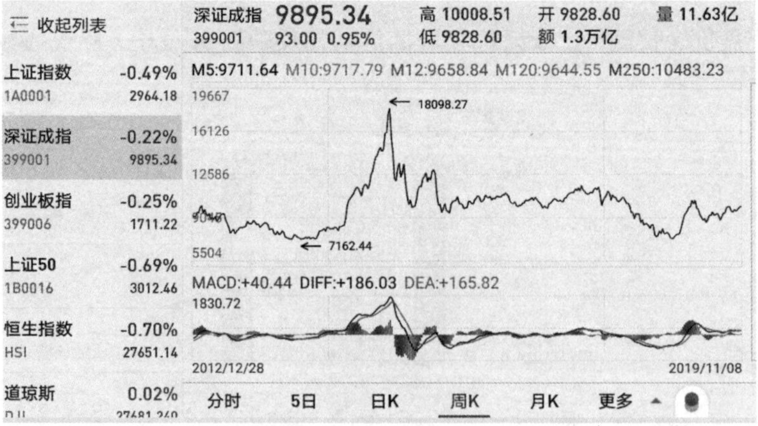

图 5-5　深证综合指数

3. 创业板指数

创业板指数就是以起始日为一个基准点，按照创业板所有股票的流通市值，一个一个计算当天的股价，再加权平均，与开板之日的“基准点”比较。

为了更全面地反映创业板市场情况，向投资者提供更多的可交易的指数产品和金融衍生工具的标的物，推进指数基金产品以及丰富证券市场产品品种，深圳证券交易所于 2010 年 6 月 1 日起正式编制和发布创业板指数。该指数的编制参照深证成份指数和深证 100 指数的编制方法和国际惯例（包括全收益指数和纯价格指数）。至此，创业板指数、深证成指、中小板指数共同构成反映深交所上市股票运行情况的核心指数。

（六）股票市场的作用

1. 筹集资金

筹集资金是股票市场最直接的作用。企业通过发行股票，能够把社会上的闲散资金集中进来，形成巨额的、可供长期使用的资本，支持规模经营。

2. 转换机制

随着社会主义市场经济的发展，原有的企业机制已不能适应新的经济环境，需要尽快建立现代企业制度。通过证券市场可以促进公司进行经营机制的转换。

3. 资源配置

股票市场的资源配置功能是通过一级市场的发行和二级市场的流通来实现的，使资金向效益好、发展前景好的行业流动，完成优胜劣汰，实现优化资源配置。

4. 分散风险

股份公司通过发行股票筹资，实际上是将其经营风险部分地转移给投资者，实现了公司风险的分散。

五、证券投资基金市场

证券投资基金通过发售基金份额或收益凭证，将众多投资者分散的资金集中起来，由专业管理人员投资于股票、债券或其他金融资产，并将投资收益按投资份额分配给基金持有者。它是一种利益共享、风险共担的集合投资方式，其本质是股票、债券和其他证券投资的机构化。

（一）证券投资基金的特点

证券投资基金体现了基金持有人与管理人之间的一种信托关系，是一种间接投资工具。具体来看，它有以下特征。

1. 集合投资，降低成本

证券投资基金集合了众多投资者的小额资金，通过统一经营，可以显著地降低交易成本，实现规模收益。

2. 分散投资，降低风险

证券投资基金将巨额的资金分散投资到多个市场，构造有效的资产组合，最大限度地降低投资的非系统性风险。

3. 专业化管理

相比普通投资者而言，证券投资基金的管理人一般拥有广泛的金融证券知识和丰富的投资经验，并能了解和掌握更多的市场信息。证券投资基金的投资对象范围十分广泛，既包括资本市场上的股票和债券、货币市场上的短期票据等金融工具，又包括一些金融衍生产品和黄金、收藏品等。

（二）证券投资基金的类型

1. 根据投资对象不同分

根据投资对象不同，可分为股票型、债券型和货币型基金。

（1）股票基金。它的投资对象是股票，这是基金最原始、最基本的品种之一。

（2）债券基金。它是投资于债券的基金，这是基金市场上规模仅次于股票基金的另一重要品种。

（3）货币市场基金。它是投资于存款证、短期票据等货币市场工具的基金，属于货币市场范畴。

2. 根据是否可以自由赎回分

根据是否可以自由赎回，可分为开放式基金和封闭式基金。

（1）开放式基金。开放式基金是指基金可以无限地向投资者追加发行股份，并且随时准备赎回发行在外的基金股份，因此其股份总数是不固定的，这种基金就是一般所称的投资基金或共同基金。

（2）封闭式基金。封闭式基金的基金股份总数固定，且规定封闭期限，在封闭期限内投资者不得向基金管理公司提出赎回，而只能寻求在二级市场上挂牌转让，其中以柜台交易居多。

3. 根据组织形式分

根据组织形式，可分为公司型基金和契约型基金。

（1）公司型基金。公司型基金是依据公司法成立的、以营利为目的的股份有限公司形式的基金，其特点是基金本身是股份制的投资公司，基金公司通过发行股票筹集资金，投资者通过购买基金公司的股票而成为股东，享有基金收益的索取权。

（2）契约型基金。契约型基金是依据一定的信托契约组织起来的基金，其中作为委托人的基金管理公司通过发行受益凭证筹集资金，并将其交由受托人（基金保管公司）保管，其本身则负责基金的投资营运，而投资者是受益人，凭基金受益凭证索取投资收益。目前我国的证券投资基金都是契约型基金。

货币型基金

阿里巴巴在2013年的时候推出了余额宝，它其实就是利用当时支付宝的账户优势，把支付转账的功能和货币基金相结合起来，为投资者提供比银行的活期存款更高的利率。它绕开了银行存款准备金的监管的同时，还让投资者分享了高收益的银行间的市场利率。

现在市面上我们看到的形形色色的货币基金，等于是为投资者提供了一种高流动性、低风险的金融产品。由于货币基金一般来说都是可以次日赎回的，所以它的流动性接近活期存款，但是利率要高得多。今年货币型基金的平均收益率是百分之三点几，活期是0.3%，货币基金的收益率是银行活期存款的10倍以上。

那么对于银行来讲，货币基金的出现确实是一个警钟，如果银行仍按兵不动的话，说不定更多的存款会从银行里流失。所以银行纷纷推出了货币基金的产品。到今年的6月份，我国一共有122家金融机构，一共推出了372种货币基金，总规模达到了5万亿元左右。如果没有货币型基金这样的产品，那这5万亿可能还大部分躺在银行的活期存款里，也就是说货币基金的出现将银行的资金成本推高了。

货币型基金的出现其实是给了投资者选择权，让投资者获得了稍高的收益率，让一小部分的利润从银行手里流回投资者的手里而已。更何况在中国并没有发生银行存款大搬家的情形。从2013年至今，居民的储蓄存款总额是持续上升的。到今天，货币型基金占存款总额的比例仅有3%左右，在整个中国金融体系里还是沧海一粟罢了。

货币型基金的投向主要是银行间市场，它的利率上下浮动，主要是跟随着银行间市场利率在波动。

2013年时，市场上资金不足，所以银行间隔夜拆借的利率一直很高，6月份平均达6.7%，下半年平均达4%，2013年货基的平均利率是4.87%，余额宝最高的时候一度突破过7%的利率，它是跟随着银行间市场利率来波动的。此后几年，中国经济增速下行，银行货币政策适当放松，银行间的市场利率又慢慢地降了下来。今年的银行间市场利率大概平均就是2.63%左右，货币基金也降为平均3%左右的利率。

资料来源：新浪财经网

第四节 金融衍生品市场及其工具

一、金融衍生品的概念与特征

金融衍生品又称金融衍生工具，是从原生性金融工具中（股票、债券、存单、货币等）派生出来的金融工具，其价值依赖于基础标的资产。金融衍生品在形式上表现为一系列的合约，合约中载明交易品种、价格、数量、交割时间及地点等。目前较为普遍的金融衍生品合约有金融远期、金融期货、金融期权、金融互换和信用衍生品等。

（一）与传统金融工具相比，金融衍生品的特征

1. 杠杆比例高

金融衍生品市场中允许进行保证金交易，这就意味着投资者可以从事几倍甚至几十倍高于自身拥有资金的交易，放大了交易的收益和损失。

2. 联动性

金融衍生品的价格依赖于基础标的资产的未来价值，两者紧密联系。

3. 高风险性

金融衍生品的交易后果取决于交易者对基础工具未来价格的预测和判断的准确性。基础工具的价格变动变幻莫测，有很大的不确定性，风险较大。

4. 全球化程度高

20 世纪 70 年代，伴随着布雷顿森林体系的崩溃，西方各国开始实行浮动汇率制，国际金融市场上的汇率波动既频繁又剧烈，外汇风险日益增加。石油危机的爆发，西方国家通货膨胀率居高不下，不得不运用利率工具对付通货膨胀，又使金融市场的利率大幅波动。各经济主体都希望能够通过金融交易规避汇率风险和利率风险。与此同时，各国政府逐渐放松金融管制，金融创新成为可能。多方面的因素共同促使金融衍生工具迅速繁衍发展。目前，金融衍生工具种类繁多，结构复杂，并且不断有新的类型出现。本节将介绍期货和期权这两个比较主要的衍生工具。

（二）金融衍生品市场的交易机制

根据交易目的不同，金融衍生品市场上的交易主体可以分为四类：

（1）套期保值者：又称风险对冲者，从事衍生品交易是为了减少未来的不确定性，降低甚至消除风险。

（2）投机者：利用不同市场上的定价差异，同时在两个或两个以上的市场中进行交易，以获取利润的投资者。

（3）套利者：利用不同市场的价格差异，同时在两个及以上市场进行衍生品交易，以获

取无风险收益。

（4）经纪人：作为交易的中介，以促成交易、收取佣金为目的。

二、期货市场

期货市场就是进行期货交易的市场。

（一）金融远期合约与期货

金融远期合约是最早出现的一类金融衍生品，合约的双方约定在未来某一确定日期，按确定的价格买卖一定数量的某种金融资产。在合约有效期内，合约的价值随标的资产市场价格的波动而变化。一般称呼双方约定买卖的资产为标的资产，约定的成交价格为期货价格、执行价格或协议价格，卖出资产的一方为空头，买入资产的一方为多头。

远期合约是一种非标准化的合约类型，没有固定的交易场所。这既使得远期合约拥有自由灵活的优点，同时也降低了远期合约的流动性，加大了投资者的交易风险。目前比较常见的远期合约主要有远期利率协议、远期外汇合约和远期股票合约。

远期交易起源于农产品交易。农产品的生产周期比较长，而且农产品价格具有在收获季节下降、非收获季节上涨的季节性波动规律，无论是农民还是农产品需求者都面临价格波动带来的风险。为了消除农产品价格波动风险，农民和农产品需求者希望能够提前确定农产品价格，于是诞生了以农产品为标的资产的远期交易。通过远期交易，农民和农产品需求者可以在播种时就商定农产品的销售价格和数量，等到收获之后再交货付款。

目前，远期合约主要在场外市场进行交易，标的资产的数量、质量、交货时间、交货地点等交易条件由交易双方自行商定。

期货则是标准化的远期合约，主要在交易所市场进行交易。期货合约是由期货交易所统一制定的，规定在将来某一特定的时间和地点交易一定数量和质量商品的标准化合约。其最大的特点就是每张合约所包含的内容，例如标的资产的种类、数量、质量、交货地点等都标准化。期货交易采取保证金制度，即交易双方在开始交易时，不需要支付全部款项，只需要在各自经纪商那里存入一定比例的保证金用于结算。保证金一般占期货合约价值的5%～10%。期货交易所在每个交易日结束时，根据当天的收盘价，将投资者的损益记入其保证金账户，超过保证金的部分投资者可以支取使用，不足的部分必须由投资者在24小时内追加，否则经纪商就会强行平仓。

（二）期货的种类

根据标的资产的不同，可以把期货分成商品期货和金融期货。商品期货是以实物商品为标的资产的期货合约，例如交易大豆、玉米等的期货就属于商品期货。金融期货是以各种金融商品为交易对象的期货合约，例如外汇期货、利率期货、股票价格指数期货等。

1. 外汇期货

外汇期货又称货币期货，是金融期货中最早产生的品种。外汇期货是为适应人们管理外汇风险的需要而产生的。通过外汇期货，交易者可以事先确定外汇汇率，以避免由汇率波动而带来的损失。虽然远期外汇交易和期货外汇交易非常类似，但大型金融机构一般采用远期交易，而规模较小的商户和投资者一般采用期货交易。

2. 利率期货

利率期货是标的物是一定数量的某种与利率相关的商品，即各种固定利率的有价证券。当利率发生变化时，固定利率有价证券的价格就会随之发生变化，给证券持有者带来风险。利率期货能够帮助持有者规避国债等固定利率有价证券的利率风险。

3. 股票价格指数期货

股票价格指数期货是金融期货中最晚产生的一个品种，是金融创新中出现的最重要、最成功的金融工具之一。

股票价格指数是反映整个股票市场上各种股票的市场价格总体水平及其变动情况的一种指标，而股票价格指数期货即是以股票价格指数为标的物的期货交易。股票市场上的股票价格处于不断波动之中，股票价格指数期货是为适应人们管理股市风险，尤其是系统性风险的需要而产生的。股票价格指数期货采用现金结算的方式，其合约的价值通常是以股票价格指数值乘以一个固定的金额来计算。

（三）期货合约的价值

期货作为一种金融衍生产品，其价值取决于标的资产价值的变化。具体地说，如果在现货市场（也叫即期市场，是指商品贷交割必须在交易之后的两个工作日内完成的市场）中，标的资产的即期价格高于期货价格，那么期货合约的多头方将从这份合约中获益。这是因为，虽然标的资产的即期价格已经上涨，但多头方仍然可以按照较低的期货价格购得该资产。反之，如果在即期市场上标的资产的即期价格低于期货价格，那么期货合约的空头方将从这份合约中获益，因为空头方能够按照高于即期价格的期货价格出售标的资产。

从图 5-6 中可以明白，当期货合约到期时，交易双方一般用现金来结清交易，而不是对标的资产进行实物交割。那么当即期价格高于合约约定的期货价格时，卖方向买方支付即期价格和期货价格之间的价差；而当即期价格低于期货价格时，则由买方向卖方支付即期价格和期货价格之间的价差。

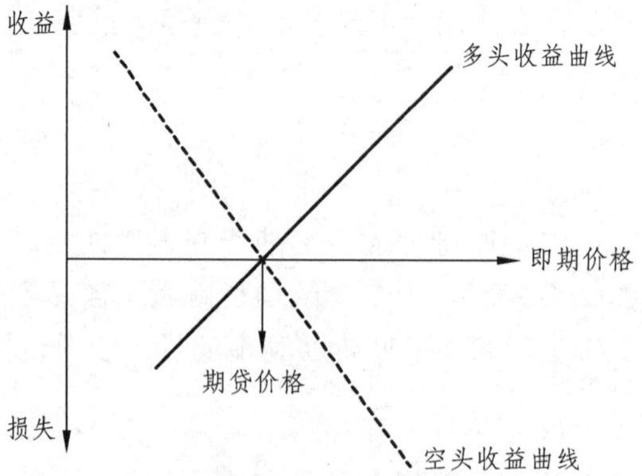

图 5-6 期货合约交易双方收益曲线

（四）期货的功能

1. 套期保值功能

套期保值是指在现货市场与期货市场同时做相反的交易，从而达到为其现货保值的目的。套期保值的操作原理是标的资产的期货价格和现货价格受相同经济因素的制约和影响，具有相同的变动趋势。

操作方法是投资者在现货市场买进或卖出某种标的资产的同时，做一笔与现货交易品种、数量、期限相当但方向相反的期货交易，以期在未来某一时间通过期货合约的对冲，以一个市场的盈利来弥补另一个市场的亏损，从而回避现货价格变动带来的风险，实现套期保值的目的。

【例 2】一家中国公司从美国进口电子设备，双方约定货款为 2 500 万美元，60 天后支付。此时 1 美元=6.68 元，中国公司担心 60 天之后，人民币兑美元汇率贬值，加大公司进口商品的成本。因此，公司进入期货市场，购买了如下内容的期货合约：约定在 60 天之后按照 1 美元=6.68 元的汇率购买 2 500 万美元。假设在交割日，人民币兑美元的汇率上升到 1 美元=6.61 元，那么该公司在期货市场上将收入 3.96（=2500÷6.61-2500÷6.68）万美元。同时，美元汇率的上升会导致公司在现货市场上损失 3.96（=2500÷6.61-2500÷6.68）万美元。两相抵消，该公司通过套期保值的方法规避了汇率风险。

当然，只有在期货交易和现货交易完全匹配的情况下，套期保值才能规避所有的风险。

2. 价格发现功能

价格发现功能是指在一个公开、公平、高效、竞争的期货市场中通过集中竞价形成期货价格的功能。由于期货价格与现货价格走向一致，并逐渐趋同，因此今天的期货价可能就是未来的现货价格。这一关系使世界各地的套期保值者和现货经营者都利用期货价格来衡量相关现货商品的近远期价格发展趋势，利用期货价格和传播的市场信息来制定各自的经营决策。这样，期货价格就成为世界各地现货成交价的基础。

期货市场之所以具有价格发现功能，是因为期货市场将众多的影响供求关系的因素集中在交易场所内，通过买卖双方公开竞价，将其集中转化为一个统一的交易价格，这一价格一旦形成，立即向世界各地传播，并影响供求关系，从而形成新的价格，如此循环往复，使价格不断趋于合理。

三、期权市场

期权市场就是进行期权交易的市场。

（一）期权的概念

期权又称选择权，是指期权的买方有权在约定的时间或约定的时期内，按照约定的价格买进或卖出一定数量的相关资产，也可以根据需要放弃行使这一权利。期权的买方为了取得这样一种权利，必须要向卖方支付一定数额的费用，这笔费用就是期权费。

期权交易实际上是一种权利的单方面有偿让渡。期权的买方以支付一定数量的期权费为代价而取得了这种权利，不必承担必须买进或卖出的义务。期权的卖方则在收取了一定数量的期权费后，在一定期限内必须无条件服从买方的选择，履行成交时的承诺。

与期货不同，期权赋予买方将风险锁定在一定范围之内的权利，可以实现有限的损失，即至最大损失不超过期权费，和无限的收益。

（二）期权的类型

1. 看涨期权和看跌期权

看涨期权又称为买入期权，是指期权的买方具有在约定期限内按约定价格买入一定数量标的资产的权利。投资者之所以会买入看涨期权是因为他预期标的资产的价格将会上涨。如果判断正确，投资者可以按照约定价格买入该项资产并以市价出售，赚取市价与约定价格之间的差额。如果判断失误，则损失期权费，如图 5-7 所示，约定价格和 A 点之间的差额即为期权费。

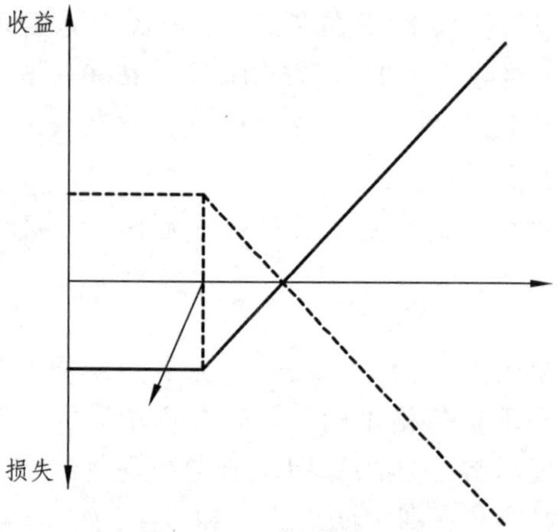

图 5-7 看涨期限的收益曲线

看跌期权又称卖出期权，是指期权的买方具有在约定期限内按约定价格卖出一定数量标的资产的权利。投资者之所以会买入看跌期权，是因为他预期标的资产的价格将会下跌，如果判断正确，投资者可以按照市价买入该项资产并以约定价格出售，赚取约定价格与市价之间的差额。如果判断失误，则损失期权费，如图 5-8 所示，约定价格和 A 点之间的差额即为期权费。

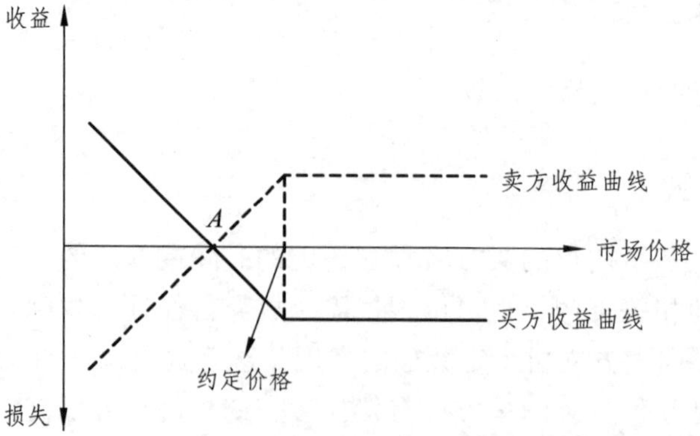

图 5-8 看跌期权的收益曲线

二者的具体行权过程，可以总结为表 5-10 所示。

表 5-10　买方与卖方行权过程

	看涨期权买方	看跌期权买方
市场价格高于执行价格	行使期权	放弃合约
市场价格低于执行价格	放弃合约	行使期权
期权合约买方实现有限的损失（期权费）和无限的收益 期权合约卖方则是有限的收益（期权费）和无限的损失		

2. 欧式期权和美式期权

按照期权合约所规定的履约时间不同，可以把期权分为欧式期权和美式期权。欧式期权的买方只能在合约到期日行使权利，而美式期权的买方则可以在期权的有效期内任何时间行使权利。显然，美式期权赋予了期权买方更大的选择空间。

（三）期权的功能

期权有着和期货类似的功能，同样具有套期保值和发现价格的作用。但是，期权能够更加有效地控制风险，从这种意义上说，期权是期货的延伸和发展。

四、金融互换

金融互换是指双方商定在一定时间后彼此交换支付的金融交易，是利用比较优势原理进行套利的一种金融工具。比较优势指出，在两国都生产两种产品，且一国在这两种产品的生产上均处于优势地位，而另一国均处于劣势地位，如果前者专门生产优势较大的产品，后者专门生产劣势较小的产品（即具有了比较优势），那么通过专业化分工和国际贸易，双方都能从中获利。

金融互换是比较优势理论在金融领域最为生动的运用。根据比较优势理论，只要满足两个条件，就可以进行互换套利：一是双方对对方的资产或负债都有需求，二是双方在两种资产或负债上存在比较优势。

（一）利率互换的套利

利率互换是交易双方在一笔名义本金数额的基础上相互交换具有不同性质的利率支付，即同种通货不同利率的利息交换。通过这种互换行为，交易一方可将某种固定利率资产或负债换成浮动利率资产或负债，另一方则取得相反结果。利率互换的主要目的是为了降低双方的资金成本（即利息），并使各自得到自己需要的利息支付方式（固定或浮动）。

【例 3】甲乙两家公司想借入 5 年期的 6 000 万元借款，甲公司想借入固定利率资金的成本是 10%，浮动利率资金的成本是 LIBOR+0.25%；乙公司借入固定利率资金的成本是 12%，浮动利率资金的成本是 LIBOR+0.75%。由于两家公司信用等级不一样，市场提供的利率也不一样，根据比较优势理论整理上面信息如表 5-11 所示。

表 5-11 甲乙两家公司融资相对比较优势

	甲公司	乙公司	两公司的利差
固定利率筹资成本	10%	12%	2%
浮动利率筹资成本	LIBOR+0.25%	LIBOR+0.75%	0.5%
融资相对比较优势	固定利率	浮动利率	

注：表中的利率均为一年复利计息一次的年利率。

此时，甲公司在固定利率市场上具有比较优势，因为甲公司在固定利率市场上比乙公司的融资成本低了 2%，而浮动利率市场上比乙公司的融资成本低了 0.5%。因此，甲公司在固定利率市场上比浮动利率市场上相对乙公司融资成本优势更大，存在1.5% (= 2% – 0.5%) 的套利利润，甲乙两家公司各得 0.75%。

甲乙两家公司可以通过如下互换分享无风险利润，降低双方的融资成本，实现双赢的目标。

甲公司作为利率互换的卖方，按照 LIBOR 变动支付乙公司浮动利率，获得乙公司支付的 8.5%的固定利率，同时在市场上按 10%的固定利率借入借款 6 000 万元；乙公司作为利率互换的买方，向甲公司支付 8.5%的固定利率，获得甲公司支付的 LIBOR 浮动利率，同时在市场上按 LIBOR+0.75%借入浮动利率的借款 6 000 万元。

在这种情况下，甲公司最终的融资成本为 LIBOR+10%−8.5%=LIBOR+1.5%，到达了浮动利率借款的目的；乙公司最终的融资成本为 8.5%+LIBOR+0.75%−LIBOR=9.25%，达到了固定利率借款的目的。相比直接在市场上融资，经过金融互换，甲乙两家公司各自节约了 0.75%的成本。

（二）货币互换

货币互换（又称货币掉期）是指两笔金额相同、期限相同、但货币不同的债务资金之间的调换，同时也进行不同利息额的货币调换。简单来说，利率互换是相同货币债务间的调换，而货币互换则是不同货币债务间的调换。货币互换双方互换的是货币，它们之间各自的债权债务关系并没有改变。初次互换的汇率以协定的即期汇率计算。货币互换的目的在于降低筹资成本及防止汇率变动风险造成的损失。货币互换的条件与利率互换一样，包括存在品质加码差异与相反的筹资意愿，此外，还包括对汇率风险的防范。

【例 4】假设人民币和美元汇率为 1 美元=6.68 元，甲公司想借入 5 年期的 6 680 万的人民币，乙公司想借入 5 年期的 1 000 万美元，市场向两家公司提供的固定利率如表 5-12 所示。

表 5-12 市场向甲乙公司提供的借款利率

	美元	人民币
甲公司	8%	11.6%
乙公司	10%	12%
甲−乙	−2%	−0.4%

此时甲公司在美元市场上存在比较优势，因为甲公司在美元市场上的融资成本比乙公司低 2%，而在人民币市场上低了 0.4%。这里存在着1.6% (= 2% − 0.4%) 的套利利润，甲乙两家公司各自获得 0.8%。

甲乙两家公司可以通过货币互换分享无风险利润，降低双方的融资成本：甲公司在货币互换中支付人民币利息，获得美元利息，同时在市场上借入美元借款；乙公司在货币互换中支付美元利息，获得人民币利息，同时在市场上借入人民币。

这样，甲公司最终的融资成本为 $8\%+10\%-8\%=10.8\%$，达到了借人民币的目的。乙公司最终的融资成本为 $8\%+12\%-10.8\%=9.2\%$，达到借款美元的目的。同时相比直接融资市场，甲乙两家企业都节约了 8%的借贷成本。

课后练习题

一、单选题

1. 一家工商企业拟在金融市场上筹集长期资金，其可以选择的市场是（　　）。
   A. 股票市场　　B. 同业拆借市场
   C. 商业票据市场　　D. 回购协议市场

2. 如果某一金融机构希望通过持有的债券来获得一笔短期资金融通，则它可以参加（　　）市场。
   A. 同业拆借　　B. 商业票据
   C. 回购协议　　D. 大额可转让定期存单

3. 在金融衍生品市场上，以风险对冲为主要交易目的的市场参与者是（　　）。
   A. 套期保值者　　B. 投机者
   C. 套利者　　D. 经纪人

4. 在金融市场的各类主体中，最活跃的交易者、扮演着多重角色的是（　　）。
   A. 企业　　B. 家庭　　C. 政府　　D. 金融机构

5. 下列金融工具中，不属于原生金融工具的是（　　）。
   A. 商业票据　　B. 股票　　C. 企业债券　　D. 股指期货

6. 直接金融市场与间接金融市场的差别在于（　　）。
   A. 是否有中介机构参与
   B. 中介机构的交易规模
   C. 中介机构在交易中的活跃程度
   D. 中介机构在交易中是否同时扮演债权人与债务人角色

7. 某投资者在上海证券交易所购买了一家股份有限公司首次公开出售的股票，该笔交易所在的市场属于（　　）。
   A. 流通市场　　B. 发行市场　　C. 期货市场　　D. 期权市场

8. 证券回购是以证券为质押品而进行的短期资金融通，借款的利息等于（　　）之差。
   A. 购回价格与买入价格　　B. 购回价格与卖出价格

C. 证券面值与买入价格　　D. 证券面值与卖出价格

9. 人民币普通股票账户又称为（　　）。

A. 基金账户　　B. A 股账户

C. B 股账户　　D. 人民币特种股票账户

10. 在金融衍生品市场上，利用不同市场上的价格差异，同时在两个或两个以上的市场中进行衍生品交易，以获取无风险收益的投资者是（　　）。

A. 套期保值者　　B. 投机者

C. 套利者　　D. 经纪人

二、多选题

1. 根据资产定价理论中的有效市场理论，资本市场可以分为弱式有效市场、半强式有效市场和强式有效市场。其中，半强式有效市场的信息集包括（　　）。

A. 内幕消息　　B. 历史价格信息

C. 公司红利政策信息　　D. 公司公告

E. 公司财务报告信息

2. 关于我国债券市场现状的描述，正确的有（　　）。

A. 债券市场的主体是银行间债券市场

B. 债券市场以人民币债券为主

C. 债券市场的主体是交易所债券市场

D. 上市商业银行可以在交易所债券市场进行交易

E. 外资金融机构经批准可以进入银行间债券市场进行交易

3. 货币市场主要包括（　　）。

A. 商业票据市场　　B. 银行承兑汇票市场

C. 同业拆借市场　　D. 公司债权市场

E. 投资基金市场

4. 在金融工具四个性质之间，存在反比关系的是（　　）。

A. 期限性与收益性　　B. 期限性与风险性

C. 流动性与收益性　　D. 期限性与流动性

E. 收益性与风险性

5. 下列属于金融市场构成要素的有（　　）。

A. 金融市场主体　　B. 金融市场价格

C. 金融市场客体　　D. 金融市场中介

E. 金融市场类型

6. 同业拆借市场的特点包括（　　）。

A. 期限短　　B. 参与者广泛

C. 交易主要是超额准备金　　D. 信用拆借

E. 收益率高

7. 证券回购实际上是一种（　　）交易。

A. 以证券为质押品　　B. 银行为担保人

C. 短期资金融通　　D. 长期资金融通
E. 无担保

8. 与传统的定期存单相比，大额可转让定期存单的特点是（　　）。
A. 不记名并可转让流通　　B. 面额不固定且为大额
C. 不可提前支取　　D. 利率一般高于同期限的定期存款利率
E. 利率是固定的

9. 作为一种投资工具，投资基金的特点有（　　）。
A. 集合理财，专业管理　　B. 组合投资，分散风险
C. 投资对象单一　　D. 严格监管，信息透明
E. 独立托管，保障安全

10. 在回购协议市场中，可以作为回购证券标的物的有（　　）。
A. 国库券　　B. 商业票据
C. 股指期权合约　　D. 股指期货合约
E. 大额可转让定期存单

三、案例题

1. 2019 年 8 月 1 日，钱多多以 95 元价格在上海证券交易所购买了甲公司于 2019 年 1 月 1 日发行的公司债券。该债券面值为 100 元，票面利率 4%，到期日为 2022 年 1 月 1 日，每年末付息一次，到期后还本。假设此期间市场利率始终为 5%。

（1）钱多多进行该笔交易所在的市场属于（　　）。
A. 股票市场　B. 初级市场　C. 次级市场　D. 期权市场

（2）该债券的发行价格应为（　　）元。
A. 86.38　B. 97.28　C. 100　D. 102.45

（3）假设钱多多于 2020 年 1 月 1 日以 98.6 元的价格将债券卖出，则其中每只债券获得的收益为（　　）元。
A. 3.6　B. 4.0　C. 5.0　D. 7.6

（4）该债券属于（　　）。
A. 折价发行债券　　B. 溢价发行债券
C. 零息债券　　D. 付息债券

2. 甲公司和乙公司均要在金融市场上借入 1 000 万美元的资金，期限都为 3 年。其中，甲公司需要借入浮动利率资金，乙公司需要借入固定利率资金。由于两家公司的信用等级不同，融资年利率分别如表 5-13 所示。

表 5-13　甲、乙融资年利率

	固定利率	浮动利率
甲公司	8.0%	Libor+0.4%
乙公司	9.5%	Libor+1.0%

两家公司希望通过设计利率互换协议进行互换套利，降低融资成本。

（1）两家公司在固定利率借款上的年利差是（　　）。

A. 0.4%　　B. 0.6%　　C. 1.0%　　D. 1.5%

（2）两家公司在浮动利率借款上的年利率是（　　）。

A. 0.4%　　B. 0.6%　　C. 0.9%　　D. 1.0%

（3）如果双方合作，通过利率互换交易分享无风险利润，则存在的利润为（　　）。

A. 0.3%　　B. 0.6%　　C. 0.9%　　D. 1.0%

（4）如果银行从中获得 0.1%的报酬，则甲公司和乙公司每年可能分别节约（　　）的融资成本。

A. 0.4%和 0.4%　　B. 1.5%和 0.6%

C. 0.4%和 0.6%　　D. 1.5%和 0.4%

四、应用题

收集资料，说明上市公司在金融市场上可以通过哪些途径融通资金，降低直接融资成本？

第五章练习题答案

第六章　金融机构与金融风险

【本章要点】

1. 金融机构的功能。
2. 政策性银行与商业银行的区别。
3. 商业银行的类型。
4. 金融风险的含义以及类型。
5. 金融危机。

第一节　金融机构

一、金融机构的性质与职能

（一）金融机构的性质

金融机构也被称为金融中介，是指所有从事各类金融活动的组织，包括直接融资领域中的金融机构和间接融资领域中的金融机构。直接融资领域中金融机构的主要职能是充当投资者和筹资者之间的经纪人；间接融资领域中金融机构的主要职能是作为资金余缺双方进行货币借贷交易的媒介，同时充当债权人和债务人。

资金从盈余者向短缺者融通，无论是采取直接融资还是间接融资，金融机构作为信用中介和支付中介都起着不可替代的作用。在现代市场经济中，金融机构所从事的金融活动发挥着核心作用。

从金融机构产生的历史过程看，它是一种以追逐利润为目标的金融企业。说它是企业，是因为它与普通企业相同，经营目标都是为了以最小的成本获得最大的利润；说它是金融企业，是因为它所经营的对象不是普通商品，而是特殊的商品——货币资金。

（二）金融机构的职能

金融机构的职能是由其性质决定的。金融机构主要具有以下职能。

1. 信用中介

信用中介是金融机构最基本、最能反映其经营活动特征的职能。这一职能的实质，是金融机构借助于信用，一方面通过负债业务，动员和集中社会闲散货币资金；另一方面则通过资产业务把这些资金投向有关经济部门。金融机构通过信用中介职能，实现资金盈余方和资金短缺方的资金融通，从而使资金得到有效利用，在不改变社会资本总量的条件下，推动扩大再生产的规模，提高生产率。金融机构则从吸收资金的成本与发放贷款的利息收入，以及投资等收益的差额中获取自身利润。

2. 支付中介

支付中介指金融机构在为客户开立存款账户吸收存款的基础上，通过办理存款在账户上的资金转移、代理客户支付，以及在存款的基础上为客户兑付现款等。金融机构成为社会支付的中介，是由于它具有较高的信誉和众多的分支机构。金融机构发挥支付中介职能，大大减少了现金的使用，节约了社会流通费用，加速了结算过程和货币资本的周转，促进了社会再生产的扩大。

3. 分散风险

金融中介将高风险资产转换成低风险资产的功能叫分散风险。通俗地说，就是“不要把鸡蛋放在一个篮子里”，强调的是进行多样投资，以降低风险。但如果投资者只有一个“鸡蛋”，资金量太小，怎么把它放在不同“篮子”里呢？即使有很多鸡蛋并放入不同的篮子，投资者是否有足够的精力同时照看好它们呢？这就表明，单个投资者的多样化策略会有一定的困难。引入银行、投资基金等金融机构之后，就可解决这些困难。因为银行有足够的资金、大量的专家专门看管这些“鸡蛋”，通过联合经营足以减少贷款的风险。

4. 降低交易成本

任何投资者和筹资者无论进行多大金额的交易，都要花费时间和金钱去收集、加工和分析信息，然后进行决策、谈判、办理手续，交易成本很高。这些成本包括信息成本、监督成本、法律合约成本等，而银行等金融机构具有专业化和规模经济优势，拥有专门的组织、人才、设备、网络、技术、经验等，相对于直接融资来说，银行在分辨企业的投资价值上比个人更胜一筹，在甄别贷款风险、防范由逆向选择造成的损失方面，银行的经验和办法更多。在签订合约之后，银行在监督贷款人从而减少道德风险所造成的损失方面也有着专长。

尽管银行等金融中介机构并不能完全消除直接融资中出现的逆向选择和道德风险问题，但由于银行引入了一些制度性的措施，从而可以极大地减少或缓解信息不对称所造成的交易费用与风险。这些措施主要有：① 当借款人不能归还贷款时，银行可以出卖抵押品来减少损失；② 要求借款人有一定量的自有资本金，一旦借款人破产，必须要用其资本金来清偿银行的债务；③ 贷款合约的一些限制性条文。

5. 提供支付机制

现代交易的支付手段绝大多数并不使用现金，而是通过支票、信用卡、储蓄卡和资金电子划拨系统等各种各样的结算方式和工具来结算，而这些结算工具和方式都是由银行等特定的金融中介机构所提供。由于金融机构的信誉高，拥有大量的分支机构和代理行关系，通过其提供的服务网络进行支付有利于加速结算过程和货币资金的周转，促进再生产的顺利进行，银行存款变现迅捷容易，不会遭受名义价值损失。商业银行和中央银行的结算支付机制所构成的支付体系在国民经济中占有十分重要的地位。

二、金融机构体系

现代金融机构体系通常是以中央银行为核心，由以经营信贷业务为主的商业银行和以提供各类融资服务的非银行金融机构，以及相关金融监管机构共同构成的系统。

近年来，在商业银行信贷业务和投资银行业务日益融合的背景下，严格的金融机构分类已成为困难的事情。但不同的金融机构仍具有其鲜明的特点，以下按照中央银行以及监管机构、存款性金融机构、政策性金融机构和证券机构划分进行阐述。

（一）中央银行以及监管机构

在现代金融中介体系中，中央银行是管理和调节一国金融的特殊金融机构，它不对一般客户和公众开办业务，只与金融机构进行管理性业务往来，并执行货币政策。它实质上是政府的一个职能机构，处于金融体系的中心环节。

1. 中国人民银行

中国人民银行是我国的中央银行，是在国务院领导下制定和实施货币政策，对金融业实施监督管理的国家机关。在探索建立货币政策和宏观审慎政策双支柱调控的框架下，中国人民银行在实施金融宏观调控、保持币值稳定、促进经济可持续增长的基础上，强化了中国人民银行宏观审慎管理、防范系统性金融风险的职能。

2. 中国银行保险监督管理委员会

2018 年 3 月，国务院机构改革方案宣布组建中国银行保险监督管理委员会，将中国银行业监督管理委员会和中国保险监督管理委员会拟订银行业、保险业重要法律法规草案和审慎监管基本制度的职责划入中国人民银行，不再保留中国银行业监督管理委员会、中国保险监督管理委员会。新建的中国银行保险监督管理委员会将整合原银监会与保监会的职责，依照法律法规统一监督管理银行业和保险业，保护金融消费者合法权益，维护银行业和保险业合法，稳健运行，防范和化解金融风险，维护金融稳定。

3. 中国证券监督管理委员会

1992 年 10 月，国务院证券委员会和中国证券监督管理委员会宣告成立，标志着中国证券市场统一监管体制开始形成。国务院证券委员会是国家对证券市场进行统一宏观管理的主管机构，中国证监会是国务院证券委员会的监管执行机构，依照法律法规对证券市场进行监管。

（二）存款性金融机构

存款性金融机构是吸收个人或机构存款，并发放贷款的金融中介机构。它主要包括商业银行、储蓄银行和信用合作社等。

1. 商业银行

商业银行是以经营存款、贷款和金融服务为主要业务，以盈利为经营目标的金融企业。与其他金融机构相比，吸收活期存款，创造信用货币，是商业银行最明显的特征。正是这一点，使商业银行有特殊的职能，它们的活期存款构成货币供给或交换媒介的重要组成部分，也是信用扩张的重要源泉。因此，通常人们又称商业银行为存款货币银行。

在所有的金融机构中，商业银行是历史最悠久、资本最雄厚、体系最庞大、业务范围最广、掌握金融资源最多的金融机构，因而对经济生活的影响最大。

商业银行是我国金融中介机构体系的主体，主要由国有商业银行、股份制商业银行、城市商业银行等构成。

（1）国有商业银行

国有商业银行是由国家专业银行演变而来的，包括中国工商银行、中国农业银行、中国银行、中国建设银行、交通银行，是金融中介机构体系的主体。在 1994 年之前，这五家银行在服务对象上各有侧重，随着金融体制改革的不断深化，几家银行的传统分工开始被打破，各行的业务交叉增多，竞争日益激烈。近几年来，这几家银行营运机制有所改善，内部管理得到加强。

（2）股份制商业银行

随着金融体制改革的不断深化，我国陆续组建和成立了一批股份制商业银行，主要包括中信银行、中国光大银行、华夏银行、招商银行、平安银行、兴业银行、上海浦东发展银行、中国民生银行等。

（3）城市商业银行

城市商业银行的前身是城市信用社，由于城市信用社规模太小、数量太多以及管理水平较低，金融监管机构的监管成本很高、监管难以到位，导致由信用社引发的信用风险频频发生。1995 年，国务院决定在城市信用社基础上组建城市合作银行，其服务宗旨为发展地方经济服务，为中小企业发展服务。自 1999 年开始，为进一步明确城市合作银行的股份制性质，城市合作银行陆续更名为城市商业银行，它是地方性的股份制的商业银行。比如有北京银行、上海银行、江苏银行、成都银行、富滇银行、曲靖市商业银行、西安银行等。

（4）邮政储蓄银行

随着我国金融体制改革的不断深化，邮政储蓄管理体制已不能满足银行业监管法制化、规范化的管理要求，为了理顺邮政储蓄管理体制，有效防范和化解金融风险，促进邮政储蓄持续健康发展，经原银监会批准，中国邮政储蓄银行有限责任公司于 2007 年 3 月 20 日正式挂牌成立。邮政储蓄银行是我国连接城乡的最大金融网，也是农村金融服务体系的重要组成部分。

中国邮政储蓄银行成立后的市场定位是充分依托和发挥邮政的网络优势，完善城乡金融服务功能，以零售业务和中间业务为主，为国民经济和社会发展，为广大居民群众提供金融服务。其经监管部门批准，办理零售类信贷业务和公司业务，与国内其他商业银行形成良好的互补关系，有力地支持社会主义新农村建设。

目前，中国邮政储蓄银行主要是利用覆盖城乡的网络资源，大力发展零售业务，稳健经营低风险资产业务。主要的资产业务包括：协议存款、同业存款、债券投资、票据贴现、银团贷款、小额贷款、消费信贷等。负债业务将从吸收本外币存款逐步扩展到对公存款业务、发行金融债券等。中间业务将逐步发展基金托管业务、理财服务、代理买卖外汇、公司结算业务等。

（5）村镇银行

我国农村金融市场长期被农村信用社和只存不贷的邮政储蓄所垄断。金融服务的水平越来越无法满足农民的需求，因此建设村镇银行成为监管层大力推动的目标。自 2006 年底原银监会开始村镇银行试点以来，在国家政策扶持和监管机构的大力推动下，村镇银行获得了快速发展。截至 2017 年 9 月末，全国共组建村镇银行 1567 家。而随着原银监会《关于加快发展新型农村金融机构有关事宜的通知》的发布，大型商业银行和资产管理公司开始大规模参与发起设立村镇银行，村镇银行的设立速度将进一步加快，村镇银行主要为当地农民、农业和农村经济发展提供金融服务，功能相当齐全，而且信贷措施灵活、决策快。村镇银行的设立将在很大程度上弥补我国农村金融服务的不足，提升农村金融服务水平，促进农村经济的发展。比如，2018 年全国百强村镇银行有长丰科源村镇银行、东港同合村镇银行、广元市贵商村镇银行、天津津南村镇银行、文山广南长江村镇银行等等。

从中国银保监会官方网站公布的统计数据图（见图 6-1），可以看出，我国的商业银行体系中，金融资产份额最主要以大型国有商业银行为主，占比为 39.6%，其次是股份制商业银行，占比为 18.2%。

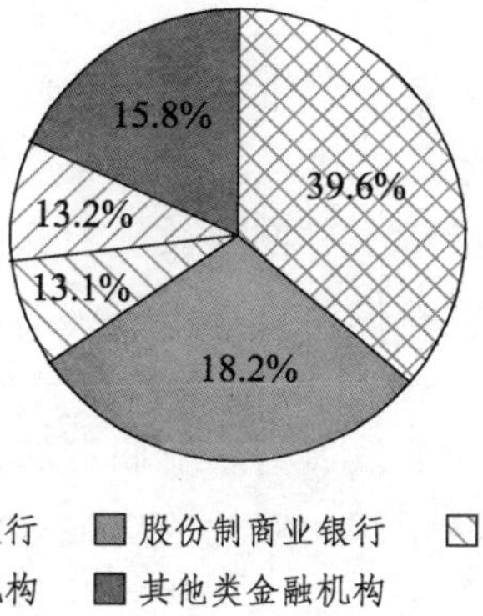

图 6-1　2020 年 5 月银行业金融机构资产份额图

（三）政策性金融机构

政策性金融机构指为贯彻实施政府的政策意图，由政府或政府机构发起、出资设立、参股或保证，不以利润最大化为经营目的，在特定的业务领域内从事政策性金融活动的金融机构。政策性金融机构主要包括以下几种类型。

1. 经济开发政策性金融机构

经济开发政策性金融机构是专门为经济开发提供长期投资或贷款的金融机构，这类机构多以配合国家经济发展和振兴而设立，贷款和投资的方向主要关系国家经济发展的基础设施建设、基础产业建设和支柱产业建设。

开发性投资具有投资量大、时间长、见效慢、风险较大的特点，一般的商业性金融机构不愿承担，有时也无力承担。然而开发性投资在一个国家济发展中具有重要作用。故而，通常由政府创办不以营利为目的的开发银行来从事这类业务。

开发性金融机构分为国际性、区域性和本国性三种。国际性开发银行以联合国下属的世界银行集团为代表，世界银行集团由国际复兴开发银行（简称世界银行）、国际开发协会和国际金融公司组成，其中国际开发协会和国际金融公司是世界银行的附属机构。世界银行的宗旨是对用于生产目的的投资提供贷款或贷款担保，以协助成员国的复兴与开发，鼓励不发达国家的生产和资源开发；鼓励国际投资，促进成员国国际贸易的平衡发展等。其资金来源主要由会员国缴纳的股金、借款、出让债权及净收益形成。其贷款主要用于各种基础设施工程项目。

区域性开发银行的宗旨、业务与世界银行集团基本相同，只是服务对象限于某一区域的会员国。如亚洲开发银行是面向亚洲及太平洋地区，旨在促进该地区经济发展的政府间多边开发银行机构。其业务的开展是为参加该组织的会员国提供金融服务，推动本地区经济运行。非洲开发银行、泛美开发银行、亚投行等也属于区域性开发银行。

本国性开发银行主要对国内企业和建设项目提供长期性贷款支持。各国开发性金融机构的名称各异：日本称作开发银行，德国称作复兴信贷银行，美国称作复兴金融公司，我国称作国家开发银行。

2. 农业政策性金融机构

农业政策性金融机构是专门向农业提供中长期低息贷款，以配合贯彻国家农业扶持和保护政策的金融机构。农业受自然因素影响大，农村地域广阔，农户分散。农业部门对资金的需求具有季节性强、单笔资金需求数额小、期限长、利息负担能力低等特征，这就决定了经营农业信贷具有风险大、期限长、收益低等特点。商业银行和其他商业性金融机构一般都不愿意承做这方面的业务。

为此，许多国家专设了以支持农业发展为主要职责的政策性金融机构，如美国的联邦土地银行、合作银行，法国的土地信贷银行、农业信贷银行，德国的农业抵押银行，我国的农业发展银行等。

农业政策性金融机构一般以政府拨款、发行债券、吸收特定存款和借款为资金来源，向农业发放贷款的范围包括农业机器设备购置，种子、化肥、农药的购买等。有的国家政府还对农业政策性金融机构的某些贷款给予利息补贴和税收优待。

3. 进出口政策性金融机构

进出口政策性金融机构是国家为促进对外贸易发展，改善国际收支状况，由政府支持设置的向外贸部门提供优惠出口信贷的政策性金融机构。该机构旨在配合政府的产业政策和外贸政策，通过提供出口信贷和进口信贷等政策性金融，承担一般金融机构不愿意或无力承担的风险，促进本国机电产品、成套设备和高新技术产品进出口，增强本国外贸部门的出口竞争能力。

1994年以前，我国无专门的政策性金融机构，政策性金融业务由五家国有专业银行承担。为适应经济发展的需要，以“把政策性金融和商业性金融相分离”为原则，我国相继组建了三家政策性银行，即国家开发银行、中国进出口银行和中国农业发展银行。

国家开发银行于 1997 年 3 月 17 日正式成立，其总部设在北京，其资金来源于财政部拨款形成的资本金、中央银行的短期贷款、发行金融债券、向国外筹资等。其中，向金融机构发行政策性债券是其主要资金来源。其资金运用的领域主要包括制约经济发展的“瓶颈”项目、直接增强综合国力的自主产业的重大项目、高新技术在经济领域应用的重大项目、跨地区的重大政策性项目等。

中国进出口银行于1994年7月1日设立，注册资本金为33.8亿元，由国家财政全额拨付，总行设在北京。中国进出口银行主要通过提供优惠出口贷款，增强我国商品的出口竞争能力，促进我国对外贸易的发展。其主要资金来源是发行政策性金融债券和从国际金融市场筹措资金。其业务范围主要是为机电产品和成套设备等资本性货物出口提供出口信贷，办理与机电产品出口有关的各种贷款、混合贷款和转贷款，以及出口信用保险和担保业务。

中国农业发展银行于1994年11月18日正式成立，总行设在北京，国内设有两千多家分支机构。中国农业发展银行的注册资本金为200亿元人民币，由国家财政全额拨付。主要资金来源是财政拨款、向中国人民银行的再贴现以及发行少量的政策性金融债券。其业务范围主要是办理粮食、棉花、油料等主要农副产品的国家专项储备和收购贷款，办理扶贫贷款和农业综合开发贷款，以及国家确定的小型农、林、牧、水基本建设和技术改造贷款。

4. 金融资产管理公司

我国经济体制改革以来，受计划经济与市场经济双轨经济体制长期并存、金融法制不健全、金融监管薄弱、内部管理混乱、社会信用观念淡薄等历史和现实原因的影响，积累了大量不良贷款。1995年《中华人民共和国商业银行法》颁布实施后，四大国有商业银行在建立现代银行制度中，自身难以化解历年积累的不良资产。在此背景下，借鉴国际经验，国务院于1999年批准组建了中国信达资产管理公司、中国华融资产管理公司、中国长城资产管理公司和中国东方资产管理公司，分别收购和处置从中国建设银行、中国工商银行、中国农业银行和中国银行剥离出来的不良资产。

这些公司将负责收购，管理和处置国有商业银行存在的不良资产，并将部分企业的贷款转化成为对企业的股权、债权转股权，金融资产管理公司将成为企业阶段性的持股人，参与企业的决策，但不干预企业的日常生产经营。金融资产管理公司与企业的关系将从原来的借贷关系变成持股与被持股、控股与被控股的关系。待企业生产效益好转后，金融资产管理公司将采取上市转让、兼并、分立、企业回购等方式退出。信达、华融、长城、东方资产管理公司注册资本都为100亿元，均为财政拨款。

5. 中国投资公司

中国投资公司是依据《公司法》设立的国有独资公司，2007年9月29日正式挂牌成立。作为专门从事外汇资金投资业务的国有投资公司，中国投资公司的成立被视为中国外汇管理体制改革的标志性事件。中国投资公司注册资本金为2 000亿美元，由财政部发行1.55万亿元特别国债予以购买。中央汇金投资有限责任公司作为全资子公司整体并入中投公司。中国投资公司对外以境外金融组合产品为主开展多元投资，实现外汇资产保值增值，对内则继续代表国家履行国有金融机构出资人的职能，进行国有金融机构改革，实现国有金融资产的保值增值。

（四）证券机构

我国证券机构主要包括证券公司、证券交易所、证券登记结算公司等。

1. 证券公司

证券公司又称证券商，是经由证券主管部门批准设立的在证券市场上经营证券业务的非银行金融机构。证券公司的主要职能是：推销政府债券、企业债券和股票，代理买卖和自营买卖已上市流通的各类有价证券，参与企业收购、兼并，充当企业财务顾问等。

我国的证券公司的前期发展大多是集承销、经纪、自营三种业务于一身的综合性经营机构。1999 年 7 月以后，根据《中华人民共和国证券法》规定，对证券公司实行分类管理，分为综合类证券公司和经纪类证券公司，综合类证券公司可从事证券承销、经纪、自营三种业务，而经纪类证券公司只能从事证券经纪类业务，即它只能充当证券交易的中介，不得从事证券的承销和自营买卖业务。

2. 证券交易所

根据我国《证券交易所管理办法》的规定，证券交易所是指依法设立的，不以营利为目的，为证券的集中和有组织的交易提供场所、设施，并履行相关职责，实行自律性管理的会员制事业法人。

目前，我国经国务院批准设立的证券交易所有两家，即上海证券交易所和深圳证券交易所。证券交易所的职能是：提供证券交易的场所和设施；制定证券交易所的业务规则；接受上市申请、安排证券上市；组织、监督证券交易；对会员和上市公司进行监督；设立证券登记结算公司；管理和公布市场信息及中国证监会许可的其他职能。

3. 证券登记结算公司

证券交易必然带来证券所有权的转移和资金流动，为确保过户准确和资金及时、足额到账，证券交易所一般都附设证券登记结算公司。证券登记结算公司在每个交易日结束后负责清算。证券登记结算公司的具体职能是：对证券和资金进行清算、交收和过户，使买入者得到证券，卖出者得到资金。

我国上海和深圳证券交易所已实现了无纸化和电子化交易，建立了相应的高效、快捷、安全的结算系统，每日的结算和交收于次日上午开市前即可完成，即目前两市均实行“T+1”的交割方式完成清算交易。

第二节　金融风险

一、金融风险的内涵

（一）风险的内涵与要素

风险是客观存在的在特定情况下、特定时间内某一事件导致最终损失的不确定性。这一定义强调风险具有客观性、损失性和不确定性三个特性。这里的不确定性包括以下三层含义：第一是指发生与否不确定；第二是指发生的时间不确定；第三是指发生的空间不确定。

风险是由风险因素、风险事故和损失的可能性三个要素有机构成的。风险因素增加可能会导致风险事故，风险事故导致损失，三者的串联构成了风险形成机制。风险因素是促使和加大损失发生的频率或严重程度的条件。风险事故是造成损失的直接或外在原因，它是使风险造成损失的可能性转化成现实的媒介。

（二）金融风险

金融风险是指经济主体在金融活动中遭受损失的不确定性或可能性。金融风险包含以下三个要素：第一，金融风险的风险因素是有关主体从事了金融活动，金融活动的每一个参与者都是金融风险的承担者。第二，金融风险的风险事故是某些因素发生意外的变动。第三，金融风险中损失的可能性是经济损失的可能性。

金融风险有广义和狭义之分。广义的金融风险一般是指金融市场活动主体在投融资过程中，由于不确定因素而引起其收益的不确定性和资产损失的可能性。狭义的金融风险是指金融机构在经营过程中由于决策失误、客观情况变化或其他原因而使资金、财产、信誉遭受损失的可能性。

二、金融风险的特征

金融风险的特征是金融风险本质及其发生规律的外在表现。金融风险具有如下特征。

（一）客观性

风险是不依赖于人们的主观愿望而客观存在的。在市场经济中经济主体面临的市场瞬息万变。由于人的有限理性和信息的不完全性，任何人都不可能完全掌握市场的运动。只要有金融业务活动存在，金融风险总是不以人们的意志为转移而必然地存在。

（二）可测性

运用现代数理统计方法，能够根据历史或者相关资料的分析，计算主要风险指标，对风险程度做出综合判断。例如，可以通过计算预期收益和方差来判断风险的大小。

（三）可控性

尽管金融风险是客观的，但是金融风险是可控的。所谓金融风险可控性，是指金融主体依一定的方法、制度对风险的事前识别和预测、事中防范以及事后化解。

（四）扩散性

金融风险不同于经济中其他风险的一个最显著的特性是金融机构的风险损失或失败不仅影响自身的生存和发展，更突出的是导致众多的储蓄者和投资者的损失或失败。这就是金融风险的扩散性。

（五）隐蔽性

金融风险起初可能不大容易被觉察，但当风险变得清晰可辨时，危机就无法避免了。此时，人们的一些不良心理就会得以引发和强化，投机行为、欺诈行为就会滋生。如果再缺少相关的法律进行约束，投机和欺诈就会泛滥，经济就会趋向崩溃。尽管隐蔽性可以在短暂期限内为金融机构提供一些缓冲和弥补的机会，但是它终究不是金融风险控制和防范的有效机制。

三、金融风险的类型

由于角度不同，金融风险类型也有差别，为国际社会普遍接受的分类是将金融风险划分为信用风险、市场风险、流动性风险、操作风险、法律风险与合规风险、国家风险、声誉风险和系统性风险。

（一）信用风险

信用风险产生于交易对方不守信用。不守信用可以从广义和狭义两个方面来认识，因此也就可以从广义和狭义两个角度来界定信用风险。广义的信用风险是指在所有交易中交易对方背信弃义、违反约定的风险。例如，不仅在金融机构经营的信贷业务中，而且在金融机构经营的担保、承兑、信用证、信用卡、证券投资、信托、租赁、外汇交易和金融衍生品交易中，都广泛地存在着交易对方到期不履行自己承诺义务的情况。这对金融机构而言，承担的就是广义的信用风险。狭义的信用风险是指交易对方在货币资金借贷中还款违约的风险。这可具体定义为，有关主体在享有债权时，由于债务人不能如期、足额还本付息，而蒙受经济损失的可能性。

（二）市场风险

市场风险是指有关主体在金融市场上从事金融产品、金融衍生品交易时，因金融市场价格发生意外变动，而蒙受经济损失的可能性。市场风险包括汇率风险、利率风险和投资风险等三种类型。

汇率风险是指有关主体在不同币种货币的相互兑换或折算中，因汇率在一定时间内发生意外变动，而蒙受经济损失的可能性。利率风险是指有关主体在货币资金借贷中，因利率在借贷有效期中发生意外变动，而蒙受经济损失的可能性。投资风险是指有关主体在股票市场、金融衍生品市场进行投资中，因股票价格、金融衍生品价格发生意外变动，而蒙受经济损失的可能性。

（三）流动性风险

流动性风险是指金融机构，特别是商业银行，所掌握的现金资产、以合理价格变现资产所获得的资金或以合理成本筹集的资金不足以满足即时支付的需要，从而蒙受经济损失的可能性。流动性风险表现为流动性短缺，主要有金融机构所持有的现金资产不足、其他资产不能在不蒙受损失的情况下迅速变现、不能以合理成本迅速借入资金等。

（四）操作风险

在不同国家和巴塞尔银行监管委员会的层面上，对操作风险存在不同的认识和界定，主要有以下的角度和分类。

狭义的操作风险是指金融机构的运营部门在运营的过程中，因内部控制的缺失或疏忽、系统的错误等而蒙受经济损失的可能性。广义的操作风险是指金融机构信用风险和市场风险以外的所有风险。巴塞尔银行监管委员会在《巴塞尔新资本协议》中将操作风险定义为“由不完善或有问题的内部程序、人员及系统或外部事件所造成直接或间接损失的风险，包括法律风险，但不包括策略风险和声誉风险。”该定义是介于狭义操作风险和广义操作风险之间的定义。

（五）法律风险与合规风险

法律风险是指金融机构与雇员或客户签署的合同等文件违反有关法律或法规，或有关条款在法律上不具备可实施性，或其未能适当地对客户履行法律或法规上的职责，因而蒙受经济损失的可能性。2005 年 4 月 29 日巴塞尔银行监管委员会发布了《合规与银行内部合规部门》的高级文件。该文件给出了合规风险的定义：“本文件所称‘合规风险’是指银行因未能遵循法律、监管规定、规则、自律性组织制定的有关准则，以及适用于银行自身业务活动的行为准则，而可能遭受法律制裁或监管处罚、重大财务损失或声誉损失的风险。”

（六）国家风险

国家风险是与国际经济金融交易相伴而生的。

从狭义上来看，国家风险是指一国居民在与他国居民进行经济金融交易中，因他国经济、政治或社会等政策性或环境性因素发生意外变动，而使自己不能如期、足额收回有关资金，从而蒙受经济损失的可能性。如在出口中的延期付款、工程承包、银行信贷、国外存款、债券股票等证券投资和直接投资等交易中，由于交易对方的内部因素或外部因素发生变动，债权人或投资者不能如期收回现金形态的款项、本金和利息、利润或变现的投资等。

从广义方面来看，国家风险是指一国居民在与他国居民进行经济金融交易中，因他国各种政策性或环境性因素发生意外变动，而使自己蒙受各种损失的可能性。如除上述情况外的国际投标、国际并购过程中的国家介入或政策改变、政府腐败、政客别有用心的误导、主流媒体的负面报道、排外或恐怖活动、制裁性的冻结资产、自然灾害、核事故、国际制裁或冲突，导致商业机会的丧失、声誉损失或其他损失等。

（七）声誉风险

声誉风险是指金融机构因受公众的负面批评而出现客户流失、股东流失、业务机遇丧失、业务成本提高等情况，从而蒙受相应经济损失的可能性。

（八）系统性风险

系统性风险是指金融机构从事金融活动或交易所在的整个系统因外部性因素的冲击或内部性因素的牵连而发生剧烈波动、危机或瘫痪，使单个金融机构不能幸免，从而蒙受经济损失的可能性。系统性风险主要表现为本国政府政策、法律或法规发生变化，本国出现经济危机或金融危机，本国个别银行或其他金融机构违约或破产产生多米诺骨牌效应和连锁反应，外国的经济危机或金融危机向本国传递等。

四、金融危机的含义以及特点

（一）金融危机的含义

在经济学中，危机主要指社会经济和金融发展中出现的一种极度不正常的紧急状况。金融危机是金融系统中爆发的危机。在《新帕尔格雷夫经济学大辞典》中金融危机被定义为“全部或大部分金融指标——短期利率、资产价格、商业破产数和金融机构倒闭数——的急剧、短暂和超周期的恶化。”该定义集中表现为金融系统运行过程中发生的金融资产价格等金融指标在短期内急剧变化的现象。这些金融指标包括货币汇率、短期利率、证券资产价格、房地产的价格、金融机构倒闭数目等。

（二）金融危机的特点

现代金融危机一般具有以下基本特征。

1. 马太效应

金融危机一旦爆发，将随着信用基础的丧失而加速扩散。以银行危机为例，当银行出现流动性问题时，存款人失去信心，发生挤兑而导致银行陷入更严重的流动性危机。流动性问题越严重，存款人就越倾向于参与挤兑，从而形成恶性循环的马太效应。

2. 连锁性

互联网的高速发展使得金融交易趋于无形化，并且资本能够更为迅速地在各国之间流动。这也使得各国的金融系统更易于受到国际金融环境变化的冲击，并且一国的危机很容易发生扩散，产生连锁反应。

3. 破坏性

金融系统一旦出现动荡，将严重影响资源的配置效率，并且对整个经济体系产生冲击，甚至引发社会动荡和政治危机。

金融小学堂

金融危机

金融危机研究者金德尔伯格说过：金融危机就像美丽的女人一样，你很难定义，但是遇到时可以认出来。

到底什么是金融危机，有哪些客观标准可以用来判断是不是发生了金融危机呢？

首先来看第一个问题，到底什么是金融危机？这不仅仅是一个特别宏大的事件，由其在现代，个人也好，家庭也好，都可能发生金融危机。

为什么这么说呢？我们来设想一个极端的场景。如果你生活在农耕时代，是不是就没有金融危机了？假设是风调雨顺的时候，你过着自给自足的生活，情况还好。但是，难保某年运气不好，碰到了一场自然灾难，庄稼颗粒无收，日子过不下去了。所以，这时候你只好去找别人借债。借债后，收成还是不好，你又去找另外的人借新债还旧债，然后就越来越入不敷出，债务负担越来越重。最后只能变卖房子、土地，到别人家去做长工。

这种事情用现代金融语言来说，就是你发生了"金融危机"，也就是债务危机。发生危机的原因是什么呢？如果这个时候，你还能够借到债，其实就能够以时间换空间，也就是说还有翻盘的机会。换句话说，个体的金融危机，就是指在目前这个时点上，已经丧失了借债的能力，也就是你的信用，崩塌了。

而信用崩塌，正是金融危机的本质。

不管是上述例子里的个人债务危机，还是人们熟知的很多危机，比如说 2008 年的全球金融危机，1997 年亚洲金融危机，还有 1929 年的大萧条，根本就是在这个时点上丧失了借债的能力。金融机构也罢，企业也罢，甚至是国家，信用崩塌，然后传染开来，导致情绪恐慌，然后演变成更大面积的信用崩塌。

比如说在 2008 年的时候，金融危机中有一个标志性事件，雷曼兄弟的破产。那么雷曼兄弟是怎么破产的呢？它在当时持有了太多高杠杆的次贷产品，结果遭遇次贷产品价格下降，它的资产就大幅地贬值。所以，雷曼兄弟在市场上的信用等级也猛然下降。而信用等级下降，就意味着融资成本上升。

这就是，越是有钱的人和企业越容易借到钱，借贷成本低，因为信用好，而信用差的穷人、小企业难借到钱，就算借到了，成本也很高。所以，雷曼兄弟的信用等级下降以后，它的融资成本就快速上升。这一上升，就引起了市场对雷曼兄弟的恐慌情绪。这个时候，各方人马纷纷"落井下石"，客户开始转移资金，进行挤兑，对手停止和雷曼的交易，市场空头开始大规模地做空，等等。

这个时候，如果雷曼兄弟还能借到钱，不管是从其他的机构手里，还是从美国政府手里，或从国际机构手里，那就证明它的信用还在，还能支撑。但当时美国财政部救助雷曼兄弟的提案被否决了。也就是说雷曼的信用不再值钱了，信用崩塌了。

这就进一步加剧了市场的恐慌，资金开始加速流出，其业务也停滞了，信用进一步地收缩，最后崩溃，流动性丧失，只能破产。这就是作为个体机构，雷曼的信用崩溃。

如果在一个封闭的经济体中，发展到雷曼的信用崩溃就应画上句号了。然而，雷曼处在一个开放的经济体里面，它是巨大的金融网络中的一个节点。那么，一个节点的信用崩塌就造成两个结果：

第一个是，与之相连的其他节点都会受到影响，发生类似的信用下降、借债能力下降的问题。那同时和这些节点相连的点，也会受到影响，由此传播开去，这个影响就会扩散开来。

第二，相连节点的信用崩塌给市场一个强烈的负面信号，引起恐慌情绪，导致更多的节点受到影响，然后更大面积的信用崩溃就发生了。从而个体的金融危机演变成了社会的金融危机。

所谓金融危机，其实就是个人和机构的信用崩溃，在国家层面就是大面积的恐慌和信用崩塌。

五、金融危机的分类

根据 IMF 的分类，金融危机可以分为以下三类。

（一）货币危机

货币危机通常是指一国货币大幅度贬值或利率大幅上升的状况。典型的货币危机是在投机的攻击下，一国货币当局耗费大量国际储备后放弃固定汇率，汇率在短期内急剧变化的情况。这种形式的货币危机又称货币崩溃。根据弗兰克尔和诺思的定义，货币崩溃是指一年内货币贬值（汇率变化）达到 25%以上并超过前一年货币贬值幅度的 10%以上。

以这个贬值标准来定义货币崩溃完全是主观的，主要是为了突出贬值的幅度之大，并非货币当局的愿望。因此，这个标准并非绝对的，如对于 20 世纪 80 年代以前的货币危机，只要国际金融市场上的汇率变化达到官方平价的 0%或货币当局被迫调整汇率 10%左右，即视为货币危机。因为在布雷顿森林体系下货币当局只能调整平价，而不会完全放弃平价汇率。

（二）银行危机

银行危机是指实际或潜在的银行运行障碍或违约导致银行不能如期偿付债务，终止其负债的内部转换，或迫使政府提供大规模援助进行干预以阻止这种局势发生的情况。无论是表现为货币危机还是表现为银行危机，金融危机通常有共同的起因，经济失衡的积累或资产价格（包括汇率）长期偏离均衡，其背景常常是在实体经济和金融部门中存在着扭曲和结构刚性。

当经济当事人突然丧失对货币或银行体系的信心时，货币汇兑价格或资产价格就会突然发生纠正性的变化，进而引发外部融资和贷款的突然变化，原先隐藏起来的经济和金融弱点便暴露出来。然而，并非所有导致资产价格下降或特定经济部门财富发生损失的金融动荡，都是“危机”，真正的金融危机是那些对整个经济中的支付机制和经济活动产生了破坏性结果的金融动荡。

（三）债务危机

债务危机是指一国不能按期偿还对外债务，包括政府、公共部门和私人债务的利息和本金，被迫宣布暂缓偿债，并要求国际经济组织和国际私人银行给予再融资的现象。就债务危机而言，常常有若干宏观经济变量发生了变化。首先是实际汇率，在危机爆发前 24 个月左右，实际汇率一般会比平时低。

六、金融危机的管理

（一）宏观审慎监管体系的构建

现行的金融监管体系属于微观审慎监管体系，即以单一金融机构稳健成长为目标的金融监管，并没有解决由金融危机爆发而体现出的金融体系的系统性风险和对全局性金融稳定的威胁问题。在新自由主义的政府不干预或少干预的条件下，微观主体的理性逐利行为在“羊群效应”与“顺周期效应”的共同作用下会不可避免地演化为集体不理性。无节制的业务扩张，衍生品创新严重脱离实体经济的金融服务需求，银行和“类银行”机构的高杠杆交易，信用评级机构出于私利的中介误导行为等，这些在美国金融危机中暴露出来的问题会层出不穷，并交互作用。当局面发展到有系统重要性的微观主体出现流动性困境时，“多米诺骨牌”效应就会使金融危机从可能立即变为现实。这就提出了构建宏观审慎监管体系的现实必要性和迫切性。

“宏观审慎监管”一词早在20世纪80年代就正式出现在国际清算银行的公开文件中，但当时并没有引起人们的广泛关注。亚洲金融危机爆发后，尽管国际货币基金组织和世界银行等逐步认识到“宏观审慎监管”的重要性，并提出了金融稳定评估计划，但对于宏观审慎监管的研究仍然进展缓慢。直到此次源自美国的金融危机爆发后，国际社会深刻检讨金融危机的成因，“宏观审慎监管”的重要性才得到了前所未有的瞩目。宏观审慎监管的特殊之处在于，更关注整个金融系统的系统性风险，将众多金融机构看作一个整体，避免金融机构之间的连锁反应对金融系统的冲击。

（二）金融安全网的构建

金融机构是金融市场的中介主体，也是联结不同金融市场的机构纽带和资金纽带。银行危机是金融危机的一个重要类型。因此，建立对金融机构的监管和救援机制，构建金融安全网，是金融危机管理的重要制度性措施。

金融安全网包括对金融机构的市场准入、业务经营和市场退出的管制、存款保险制度和最后贷款人制度。构建金融安全网就要从这些方面入手。

对金融机构的市场准入管制是对预建立金融机构的资格进行审查，对资本实力，高管和从业人员的道德品质、知识素质和从业经验设置门槛和要求，以保证金融机构具有基本的经营管理和抵御冲击的能力，控制所有者和经营者的道德风险，保护存款人的利益。

对金融机构的业务经营管制是对金融机构的经验范围、资本充足率、流动性比率、风险头寸等提出明确要求，以保证金融机构稳健经营，有效控制风险，防止破产倒闭。对金融机构的市场退出管制是对经营失败金融机构的市场退出方式进行协调、决策和管理，防止一个或几个金融机构的失败向其他金融机构传染，以避免多米诺骨牌效应的出现和系统性危机。

存款保险制度是设立专门的存款保险机构，规定本国金融机构按照吸收存款的一定比率向存款保险机构缴纳保险金，当金融机构出现支付危机时，存款保险机构便向金融机构提供财务救援，或直接向存款人支付存款，以保证存款人利益，维护正常的金融秩序。

最后贷款人制度是在金融机构出现流动性短缺、支付危机而面临倒闭时，由中央银行给予贷款救助，以避免金融机构因挤兑而破产倒闭，并引发连锁反应，导致系统性危机。

（三）金融危机管理的国际协调与合作

金融危机管理不仅需要一个国家或地区的自身努力，也需要国际之间的协调与合作，在爆发区域性和全球性金融危机的情况下，国际协调与合作显得尤为重要。

金融危机管理的国际协调与合作发生在两个层面上：一是一个国家与国际货币基金的协调与合作；二是不同国家或地区政府、中央银行或金融监管当局之间的协调与合作。

如果一个国家是国际货币基金的会员国，当该国发生货币危机或外债危机这类金融危机以后，可以求得国际货币基金的救助，国际货币基金通过提供短期融资和开出医治金融危机的药方，帮助缓解危机国家的外汇短缺，帮助调整危机国家内部经济和外部经济的失衡。不同国家或地区政府、中央银行或金融监管当局之间的协调与合作，寻求资金救助，采取直接借款和货币互换的方式，有的甚至建立区域性多边相互救助机制或机构，同时，开展多边对话协商，寻求建立更为公正合理的国际货币体系。

课后练习题

一、单选题

1. 下列不是金融机构职能的是（ ）。

A. 制定金融政策　　B. 促进资金融通

C. 便利支付结算　　D. 降低交易成本

2. 金融机构具有规模化经营的特点，可以通过专业化、规模化、集中化的优势，为借贷双方牵线搭桥，从而有效地降低交易成本，这表现出金融机构的职能是（ ）。

A. 制定金融政策　　B. 促进资金融通

C. 便利支付结算　　D. 降低交易成本

3. 在金融交易中时常会发生道德风险，其原因是（ ）。

A. 金融交易之前的信息不对称

B. 金融交易之后的信息不对称

C. 金融交易之前的交易成本

D. 金融交易之后的交易成本

4. 下列金融机构中，属于间接金融机构的是（ ）。

A. 投资银行　　B. 信托公司

C. 商业银行　　D. 证券公司

5. （ ）是在直接金融领域内为投资活动提供中介服务或直接参与投资活动的金融机构。

A. 投资性金融机构　　B. 存款性金融机构

C. 政策性金融机构　　D. 契约性金融机构

6. 下列金融机构不以营利为目的的是（ ）。

A. 中国工商银行　　B. 招商银行

C. 银河证券　　D. 中国农业发展银行

7. 下列金融机构中，不属于银行业金融机构的是（ ）。

A. 农村商业银行　　B. 农村信用社

C. 村镇银行　　D. 小额贷款公司

8. 下列金融机构中，由中国银行保险监督管理委员会负责监督管理的有（ ）。

A. 证券投资基金管理公司　　B. 证券经营机构

C. 期货经营机构　　D. 信用合作社

9. 人们在自愿的基础上，以一定的方式组织基金，并在金融市场上进行投资，以获取高收益的金融机构是（　　）。

A. 保险公司　　B. 基金

C. 信托公司　　D. 证券公司

10. 下列银行中，（　　）与其他几家的性质不同。

A. 中国银行　　B. 中国工商银行

C. 中国农业银行　　D. 中国农业发展银行

11. 在股票投资中，由于股票价格可能下跌而给投资者带来的风险是（　　）。

A. 信用风险　　B. 操作风险

C. 国家风险　　D. 市场风险

12. 据京华时报 2018 年 3 月报道，中国××投资管理股份有限公司某分公司通过网络公开竞价，成功处置 2500 万不良资产，这种行为属于（　　）管理。

A. 信用风险　　B. 市场风险

C. 操作风险　　D. 法律风险

13. 根据《中国××银行关键岗位人员岗位轮换和强制休假管理办法（试行）》，该银行对高管人员的正职在同一单位、同一岗位任职满 6 年的应当进行岗位轮换，这种举措旨在控制（　　）。

A. 信用风险　　B. 市场风险

C. 流动性风险　　D. 操作风险

14. 根据 2018 年中国××国际金融研究所的测算，如果利息市场化能完全实现，中农工建四大行整体的利息净收入会比 2017 年下降近 10%，利息净收入下降属于这四大行的（　　）。

A. 投资风险　　B. 利率风险

C. 汇率风险　　D. 法律风险

15. 2015 年 6 月，我国某银行在伦敦、迪拜、新加坡 3 个城市和我国台湾、香港地区共发行等值 40 亿美元的债券。该债券采用固定的利率和浮动的利率两种计息方式，覆盖 7 个期限，包括 50 亿人民币、23 亿美元、5 亿新加坡元、5 亿欧元 4 个币种。筹集的资金主要用于满足沿线分行资金需求，支持码头、电力、交通、机场建设等“一带一路”沿线项目融资。作为该债券的发行者，下列不属于我国某银行的金融风险有（　　）。

A. 信用风险　　B. 利率风险

C. 汇率风险　　D. 投资风险

二、简答题

1. 金融机构存在的必然性是什么？

2. 为什么你愿意以 3%的利率把资金存入银行，让银行向你的邻居发放利率为 10%的贷款，而不愿意自己贷款给你的邻居？

3. 什么是金融危机，它具有哪些特点？

第六章练习题答案

第七章　商业银行

【本章要点】

1. 商业银行的职能。
2. 商业银行的组织制度。
3. 我国对商业银行的监管资本要求与管理。
4. 商业银行的资产业务与负债业务。
5. 商业银行的中间业务。
6. 商业银行的管理。

第一节　商业银行概述

一、商业银行的发展历程

现代商业银行是从古老的货币兑换和银钱业逐步发展起来的。银钱业的历史久远，在古巴比伦和中世纪的一些文明古国，早期的银钱业就已经存在。据记载，公元前 400 年在希腊雅典已有银钱业者的活动。金属铸币的产生及发展带动了金属铸币的鉴定和兑换行为的出现，而能够完成这种鉴定和兑换工作的不能是任意的个人，必须是有一定货币贮藏同时具有较高信誉的机构。同时，货币的持有者由于种种的原因常常需要把货币存于一个安全处。这种情况下，他们往往愿意支付一定的保管费用以求资金的安全可靠，这种业务也往往是通过银钱业主来进行，往来于各地的商人，为了避免长途携带货币的风险，委托钱庄进行汇兑，即在此地把货币交给他们，然后持有他们的汇兑文书到所指定的处所提取货币。随着兑换、保管和汇兑的发展，这些古老的银钱业主手中聚集了大量的货币。在这样的基础上，存款由全额准备变成部分准备时，自然而然地发展了贷款业务。当银钱业主不仅仅依靠上述古老的业务所聚集的货币资金贷款，还要靠向货币持有者以提供服务和支付利息为条件吸收存款来扩展贷款业务时，意味着古老的银钱业向现代银行业的转变。

二、商业银行的职能

商业银行是以货币和信用为经营对象的金融中介机构，是金融体系中最为重要的金融机构，具有四大职能。

（一）信用中介

商业银行通过负债业务，将社会上的闲散资金集中到银行，再通过商业银行的资产业务，投向社会经济各部门，由此充当社会上资金余缺双方的中间人。商业银行通过信用中介职能实现资金余缺的调剂，在没有增加社会上资金总量的基础之上对资本进行了再分配，使社会上闲置的资金集中起来转化为现实的资本，使资本得到有效的运用，满足了借贷需求，实现了资本融通。商业银行也从吸收资金和发放贷款的过程中，获取利益收入，形成银行利润。因此，商业银行经常被比喻成“买卖货币”的商人。

（二）支付中介

商业银行执行支付中介职能是以活期存款账户为基础的，商业银行通过存款在账户上的转移代理客户支付，在存款的基础上为客户兑付现款等，成为工商企业、政府部门和个人的货币保管者、出纳者、支付代理人。这样，以商业银行为中心，为商品交易的货币结算提供的付款机制，形成经济过程中的债权债务关系和支付关系。

商业银行支付中介职能的发挥大大减少了现金的使用，节省了社会交易费用，加速了结算过程和资金的周转速度，促进了经济的发展。

（三）信用创造职能

商业银行信用创造的职能是基于其信用中介与支付中介的职能产生的。商业银行在利用所吸收的存款基础上，发放贷款，在支票流通和转账结算的基础上，贷款又转化为存款，由此创造出数倍于原始存款的派生存款，形成经济中货币供给量的扩张。商业银行创造存款货币的实质是流通工具的创造，它的意义在于满足了社会再生产对流通手段和支付手段的需要。

（四）金融服务职能

在现代经济生活中，商业银行有其独特的信息优势、技术优势和专业化人员优势，商业银行可以根据客户需求提供多样化的金融服务。其业务范围也随着金融竞争的加剧以及金融创新的发展而不断拓展，各类中间业务应运而生，商业银行综合性多功能的业务体系完善，商业银行金融服务的功能大大加强，对经济生活的影响力也不断强化。

三、商业银行制度

从商业银行的产生和发展历史过程看，商业银行是以追逐利润为目标，能够吸收存款，以经营金融资产和金融负债为对象，从事经营活动的金融企业。商业银行是各国金融体系的主体。

（一）商业银行的组织制度

从各国情况看，商业银行的组织制度主要有四种类型。

1. 单一银行制度

单一银行制度又称为单元银行制或独家银行制，就是银行业务完全由各自独立的商业银行经营，不设或者不允许设分支机构。采取单一银行制度的商业银行，银行业务只由一家独立的银行机构经营，没有分支机构存在，风险独自承担，利润独自分享。

单一银行制度作为商业银行的一种组织形式，既有优点，也有缺点。主要表现在：一是防止银行的集中和垄断，但限制了竞争。商业银行的独家经营，不设立分支机构，防止了由于银行网络过于庞大造成银行业的过分集中和垄断。但这样也限制了银行业的竞争，不利于银行的发展。二是降低营业成本，但限制了业务创新与发展。单一银行没有庞大的分支机构的费用开支，能够降低经营成本。但由于此类银行采用最新技术的单位成本比较高，限制了银行对最新管理手段与工具的采用，以及银行业务的扩大和创新。三是强化地方服务，但限制了规模效益。独家商业银行经营的地域性特征较强，有利于银行与地方政府的协调，更能适合本地区的需要，集中全力为本地区服务。但是由于地域和业务规模的限制，不利于银行规模效益的提高。四是独立性、自主性强，但抵御风险的能力差。由于管理层次少，银行具有较强的独立性和自主性，业务经营的灵活性大。但是由于服务地域的相对狭小和资金实力较弱，难以有效抵御风险。

由于美国是各州独立性较强的联邦制国家，单一银行制在美国曾经比较典型。20 世纪 90 年代以来，随着经济发展的需要，美国关于银行开设分支机构的限制逐渐放宽。

2. 分支行制

分支行制也称为总分行制，是指在银行除总行外，还在国内外各地设立分支机构。总行一般设在各大中心城市，所有分支机构统一由总行领导指挥。目前世界上大多数国家都采取这种银行组织制度，尤其以英国、日本、德国最具代表性，我国也主要采取分支行制度。

分支行制的优点在于以下几点：

（1）规模效益高。分支机构多、营业网点分布广、业务分散，因而易于吸收存款以及合理调剂资金，能够更为有效地利用资本。

（2）竞争力强。由于放款分散，风险也就分散，采取现代化的设备，提供多种便利的金融服务，降低风险，节约交易成本，取得规模经济效益。

其缺点是容易造成大银行对小银行的吞并，使银行业过分集中，形成垄断，妨碍竞争。同时银行规模过大，内部层次多，机构复杂，管理较为困难。

3. 持股公司制度

持股公司制度又称为集团银行制度，是由某一集团成立持股公司，由该持股公司控制或收购两家以上的若干银行的组织制度。这些被收购的或被控制的银行在法律上仍然是独立的，但他们的经营策略和业务受持股公司的控制。

持股公司制度是规避法律限制开设分支行的一种策略，它可以弥补单一银行制度的不足，通过对地域与行业限制的突破，扩大了经营规模和业务领域，能够有效扩大银行资本总量，增强经营实力，提高竞争和抵御风险的能力。比如，在美国，最早的银行持股公司制是商业银行为了规避银行法规中不能在州内或者跨州开设分支机构的地域限制而出现的，随着银行控股公司的发展，这种组织制度不仅突破了地域限制，也逐渐被用来突破业务的限制，成为银行介入其他金融行业如证券业和保险业等的桥梁。但其缺点是易于形成垄断和集中，不利于银行间的适度竞争；在一定程度上限制银行经营的自主性和灵活性，不利于增强银行业务的活力和创新能力。

4. 连锁银行制度

连锁银行制度又称为联合银行制度，指两家或更多的银行由某一个人或某一集团通过购买多数股票的形式，形成联合经营的组织制度。这些被控制的银行在法律上没有独立性，但其经营政策与业务要受到控股方的控制。

连锁银行制度没有持股公司的存在，而是由某一控股方直接控制若干银行，确定银行的发展策略和业务模式。这种制度在美国西部实行较多，它与持股公司制一样，都是为了弥补单一银行制度的不足，回避对设立分支行的限制而形成的。

（二）我国商业银行的发展趋势

我国金融业经历了从综合经营到分业经营、再到综合经营试点的三个发展演变阶段，目前仍然总体保持为分业经营格局。

1. 1978—1993 年：初级综合经营

这一时期我国金融业运行呈现两大特征：一是银行广泛从事非银行金融业务。银行大量设立信托投资公司，办理信托业务。同时，还有部分银行设立证券部门或证券公司，经营证券投行业务。二是非银行金融机构和非金融机构变相开展商业银行业务。由于法律法规不健全，各类信托投资公司、证券公司和社会机构等变相开展信贷业务，有的甚至吸收公众存款，出现了乱集资、乱设金融机构和乱办金融的“三乱”问题，严重扰乱了金融秩序，引发了金融风险。

2. 1993—2005 年：严格分业经营

为抑制经济过热现象，防范资产泡沫风险，整治金融“三乱”问题，党中央、国务院对金融业进行了清理整顿，并通过立法在我国确立了银行业、证券业、保险业和信托业的分业经营格局。1995 年颁布的《商业银行法》规定商业银行在我国境内不得从事信托投资和证券经营业务，不得向非自用不动产投资或者向非银行金融机构和企业投资；1998 年颁布的《证券法》规定证券业和银行业、信托业、保险业实行分业经营、分业管理，证券公司与银行、信托、保险业务机构分别设立。

3. 2005 年至今：适当放宽分业经营限制，开展综合经营试点

金融机构通过股权投资、业务合作、交叉经营等方式，陆续开展了不同形式的综合经营尝试。2003 年修订的《商业银行法》明确商业银行经国务院批准后，可以投资入股基金、信托、保险和金融租赁等非银行金融机构，以下设子公司的形式开展综合经营试点。2005 年 2 月，国务院批准商业银行投资设立基金管理公司。同时，证券公司、保险公司也逐步尝试开展对银行、信托、证券公司的跨业投资活动。

总体上看，我国的综合经营仍处于试点阶段，金融业总体仍保持分业经营格局。实行适度分业经营制度，有利于实现风险隔离，防止局部风险交叉传染而放大为系统性风险，对于我国在过去多年中保持金融体系相对稳定发挥了重要作用，也为我国经济体制转轨提供了相对稳定的金融环境。

四、商业银行的经营原则

商业银行作为金融企业，在经营管理过程中，遵循企业利润最大化的一般准则。但作为具有特殊性的金融企业，利润最大化并不是其唯一的经营目标，在漫长的发展过程中，人们不断实践、总结，通常把安全性、流动性、盈利性归纳为商业银行经营与管理的三大原则，简称三性原则。三性原则是商业银行经营与管理必须遵循的行为准则，在商业银行的各项业务活动中都要体现出来。

（一）安全性原则

安全性是指商业银行应努力避免各种不确定因素影响，避免经营风险、保证资金安全的原则。

商业银行在经营中可能遇到的风险有很多，比如信用风险、利率风险、汇率风险、管理风险、政治风险等。从银行经营管理来看，坚持安全性原则能降低金融风险，增加预期收益的可靠性；从而吸引更多的客户和资金，增加社会对金融企业的信心；这样，也更有利于经济和金融的稳定。

在法律上，也规定了许多措施来保证银行经营过程中的安全性，比如存款准备金、备用金、资本充足率、流动资金比率、分业经营、限制银行进入证券业、直接投资股市等的法律规定，都是确保银行经营的安全，保护存款人的利益，保证金融市场的稳定的有力工具。

资金经营安全是商业银行生存发展的基础，也是实现资金流动和盈利、保持银行良好信誉的前提，故而，安全性是商业银行的首要原则，没有安全为保障，一切经营活动都是徒劳的。

（二）流动性原则

流动性是指商业银行在业务运营过程中必须保持一定量的现金或变现能力较强的资产，以备客户提取，防止出现兑付不了的情况。因为商业银行的资金主要来源于客户的存款，商业银行要有能够随时应付客户的提取存款和必要贷款需求的支付能力。

商业银行的流动性主要体现在资产和负债两个方面。

1. 资产的流动性

也就是商业银行的资产在不受损失的情况下能够快速变现的能力。

2. 负债的流动性

也就是商业银行在需要时候能够及时以较低的成本获得所需的资金的能力，商业银行要力求以最小的成本来获得所需要的资金。

流动性过大会导致银行盈利的下降，甚至出现亏损；流动性过小又会使银行面临信用危机。只有适度的流动性，才能既可以保证银行取得一定利润，又能避免发生信用危机，确保经营安全。为此，银行一方面要保持资产的流动性，另一方面要力求优化负债的结构，并保持拥有较多的融资渠道和较强的融资能力。

（三）盈利性原则

盈利性是指商业银行获得利润的能力。盈利性越高，获利润能力越强。这个原则，从微观上讲，有利于充实银行资本、扩大银行的经营规模；提高银行提高竞争能力。从宏观上看，它能督促工商企业提升管理水平，提高经济效益；这对于整个国民经济的发展都是有利的。

商业银行作为企业，盈利是商业银行经营活动的最终目标，为此，商业银行应该不断改进服务，扩大业务经营能力。商业银行的盈利来源，主要是各种生息资产的收益，提供金融服务的手续费收益与各种存款和负债的利息支出及银行管理费用总和之间的差额。商业银行总是力求在增加收益的同时减少成本来使利润最大化。商业银行只有在保持盈利的基础上，才能不断充实资本金，巩固信誉，在竞争中发展壮大。因此，盈利性原则在三性原则中占据核心地位。

商业银行经营管理的三性原则既有联系又有矛盾。通常，流动性与安全性成正比，流动性越强，风险越小，安全就越有保障。然而，流动性、安全性与盈利性成反比，流动性越高，安全性越好，而商业银行盈利水平则会越低；反之亦然。

但是，总的来讲，商业银行要在保证安全性和流动性前提下，追求最大限度的利润。其中：安全性是经营的前提，只有保证资金安全无损，才能获得正常的盈利；流动性是实现安全的必要手段，有了较高的流动性，商业银行的信用中介地位才能得以维护，各项业务才能得以顺利进行，盈利才能得到保证；盈利性是商业银行经营的目标，保证安全性和流动性的目的就是盈利。因此，商业银行在经营管理实践过程中对安全性、流动性和盈利性要不断地进行均衡协调。

包商银行被央行因严重信用风险托管

5 月 24 日，中国人民银行、中国银行保险监督管理委员会联合发布公告称，鉴于包商银行股份有限公司出现严重信用风险，中国银行保险监督管理委员会决定自 2019 年 5 月 24 日起对包商银行实行接管，接管期限一年。

后续央行和银监会发布的答记者问表明，接管后，包商银行正常经营，客户业务照常办理，个人存款本息将获全额保障。

讽刺的是，包商银行网站至今仍挂着该银行获得“最佳金融科技安全奖”的报道。网站“包商概况”栏目里仍注明自己为：有关监管部门评定的首批风险最小（即二级）的七家城商行之一。

雷霆托管

根据相关公告，此次由中国人民银行、中国银行保险监督管理委员会同有关方面组建接管组，对包商银行实施接管。

自接管开始之日起，接管组全面行使包商银行的经营管理权，并委托中国建设银行股份有限公司托管包商银行业务。建设银行组建托管工作组，在接管组指导下，按照托管协议开展工作。

接管后，包商银行正常经营，客户业务照常办理，依法保障银行存款人和其他客户合法权益。

违规发放贷款事件频发

对于此次被接管，公开的措辞是存在“严重信用风险”。业内分析认为，或和其的“坏账”状况有关。公开信息显示，近年来，包商银行违规发放贷款事件频发。

2016 年 4 月 21 日，中国银监会赤峰银监分局发布公告，包商银行股份有限公司赤峰分行在贷款发放和管理中存在严重违反审慎经营规则行为，被中国银监会赤峰银监分局处以人民币 30 万元罚款。

2019 年 3 月 11 日，包商银行“两员工受贿 50 余万，违法发放 2 亿贷款，多年未能收回（本金 2 亿元至 2018 年 11 月 9 日一审判决之日仍未还）”的信息“刷屏”。

2019 年 4 月 10 日，乌兰察布银监分局公布处罚信息，包商银行乌兰察布分行因违规发放贷款被罚款 20 万元。该处罚决定的日期为 2015 年 6 月 19 日，时隔将近 3 年之后，该处罚信息才予以公开。

此外，2017 年 3 月，包商银行北京分行还曾被卷入了齐星集团的债务问题，出现了信贷敞口 5 亿元。

事实上，不仅是包商银行本身，其参股的村镇银行也曾在贷款方面出现问题。

2017 年 3 月，成都的新都桂城村镇银行就因为向 16 家农业专业合作社发放流动资金贷款问题，而被银监会处罚和问责。乍一看这家银行好像没听过，但这家银行就是由包商银行成立发起的。

根据包商银行 2016 年年报（17 年后该公司未披露年报），该公司的前三大股东为包头市太平商贸集团有限公司、包头市大安投资有限责任公司和包头市精工科技有限公司。上述公司均被各类投资公司层层控股，最后持有人都落实到个人身上。

曾经的城商行新星

包商银行成立于 1998 年 12 月，是内蒙古自治区最早成立的股份制商业银行，前身为包头市商业银行，2007 年 9 月经中国银监会批准更名为包商银行。

据其官网，包商银行在内蒙古自治区内的包头、赤峰等 14 个区域，以及自治区外的宁波、深圳、成都、北京设立了 18 家分行、291 个营业网点（含社区、小微支行）。

此外，包商银行发起设立了包银消费金融公司，设立了小企业金融服务中心，发起设立了北京昌平、天津津南、江苏南通、大连金州、四川广元、贵州毕节、吉林九台、河南郾城、山西清徐等 29 家村镇银行。机构遍布全国 16 个省、市、自治区。

从 2016 年前过往的成绩来看，包商银行可以说是城商行里的“新星”。

财报显示，2017 年之前，包商银行发展迅猛。截至 2016 年末，该行总资产达 4316 亿元，全国排名 39 位。而 2010 年公司总资产破千亿元，平均每年增长 46%；净利润也从 2010 年的 17.5 亿元增长到 2016 年的 42 亿元，平均每年增长 23%。

2017 年业绩陡然“变脸”

不过，在 2017 年，包商银行的业绩陡然“变脸”。

财报数据显示，从 2017 年开始，包商银行的净利润出现了下滑。2017 年 3 月末、6

月末及 9 月末，包商银行净利润同比分别下降 10.5%、10.7%和 14%，财富创造能力呈现出加速下降趋势。

同时，该行的资本充足率也迅速下滑。数据显示，2016 年末，该行的资本充足率、核心一级资本充足率、一级资本充足率分别为 11.69%，9.07%，9.07%。但至 2017 年三季度末，相应数据已分别降至 9.52%、7.38%、7.38%。

此外，财报显示，自 2011 年以来，包商银行的不良贷款率分别为 0.45%、0.87%、1.00%、1.37%、1.41%和 1.68%，连续 5 年上涨。

而 2017 年以来，包商银行的季报虽然并未披露不良贷款相关数据，但大公国际资信评估有限公司（以下简称“大公国际”）的一份跟踪评级报告中显示，截至 2017 年 3 月末，包商银行不良贷款余额已上升至 29.78 亿元，不良贷款率上升至 1.70%。包商银行逾期贷款余额为 101.46 亿元，其中逾期 90 天以上贷款余额为 57.23 亿元，逾期 90 天以上贷款（57.23 亿元）与不良贷款余额（29.78 亿元）的比率为 192.21%。

对于业绩的突变，一般银行会在年报中有所解释。然而，该行从 2017 年末至今，再未披露过财报信息。对此，去年 6 月，包商银行解释称，因其拟引进战略投资者，主要股东股权可能发生变动，故暂不披露 2017 年年报。但此说法遭到不少市场人士质疑。他们认为，彼时引进战略投资者并不影响披露去年股权结构和经营业绩。

信用评级被降

祸不单行。业绩变脸后，包商银行遭遇评级机构的“降级”打击。

2017 年 10 月末，大公国际将包商银行主体信用评级展望由“稳定”下调至“负面”，原因是该行偿债环境承压，财富创造能力下降，偿债来源脆弱性增加，偿债能力短期内有下行风险。

大公国际称，作为包商银行主要经营地的内蒙古自治区稳增长压力依然较大，部分企业经营困难，同时监管政策的调整对同业、理财、特殊目的载体投资等业务形成约束，包商银行各项业务的市场需求受到负面影响。另一方面，包商银行资本充足水平下降明显且已低于监管标准，不良贷款余额和不良贷款偏离度较高，资本补充和信用风险管理压力较大，对业务拓展和财富创造能力形成抑制和削弱。

此外，大公国际认为，包商银行股权结构分散，主要股东均为民营企业，可提供的外部支持不足。多重因素交织，包商银行偿债来源脆弱性增加。

互联网金融业务也不如人意

此外，一直让包商银行引以为傲的互联网金融业务也不如人意。

公开信息显示，包商银行于 2014 年确立了数字银行的发展战略，其战略布局从互联网个人理财平台调整为互联网银行，同时为互联网 B 端和 C 端用户提供多元化的服务。

然而，其 2014 年推出的线上个人理财平台“小马 Bank”因长期无新标，最终业务停摆并关闭。

此后公司推出有氧金融 APP，对外宣传直销银行 2.0 版本，继续发展直销银行。包商银行也在多渠道宣传自己的互联网金融战略，在众多评选中频频获奖，但遗憾的是，包商银行并未公布其最新的有氧金融的客户注册数和交易金额。

资料来源：华尔街见闻

第二节 商业银行的业务

本节将从商业银行的资产、负债、所有者权益、中间业务和表外业务五个方面进行分析研究。

一、商业银行的资产负债表简述

资产负债表是商业银行最重要的财务报表，它综合反映了商业银行在某一时点上资金来源与运用的情况。对商业银行的资产负债表的考察能反映商业银行资产与负债业务的规模及结构。

资产负债表是商业银行的主要会计报表之一，包括资产、负债和所有者权益。它们满足下列关系：

$$资产 = 负债+所有者权益$$

资产负债表的右边和左边分别是钱的来源和钱的去向，商业银行的资产负债表也不例外。但商业银行和实体企业最大的不同是，商业银行做的是钱的生意。具体说来，商业银行做的是钱的跨时间和空间的配置，比如储蓄养老、信用卡提前消费就是把钱跨时间配置，而钱多多的储蓄是张多多的贷款，就是跨空间配置。

以建设银行为例。2019 年末，建设银行资产总额 25.44 万亿元，较上年增加 22 135.68 亿元，增幅为 9.53%，如表 7-1 所示。建设银行积极支持实体经济重点领域和薄弱环节，同时根据资金来源运用需要，动态调整资产规模和结构。其中，发放贷款和垫款较上年增加 11 752.37 亿元，增幅 8.79%；金融投资较上年增加 4983.32 亿元，增幅 8.72%；受央行降准影响，现金及存放中央银行款项较上年减少 118.53 亿元，降幅为 0.45%；存放同业款项及拆出资金较上年增加 1141.31 亿元，增幅为 13.64%；买入返售金融资产较上年增加 3559.64 亿元，增幅 176.36%。相应地，在资产总额中，发放贷款和垫款净额占比下降 0.38 个百分点，为 57.17%；金融投资占比下降 0.18 个百分点，为 24.43%；现金及存放中央银行款项占比下降 1.04 个百分点，为 10.30%；存放同业款项及拆出资金占比上升 0.14 个百分点，为 3.74%；买入返售金融资产占比上升 1.32 个百分点，为 2.19%。

表 7-1 建设银行 2019 年末资产总额构成情况

	2019 年 12 月 31 日		2018 年 12 月 31 日		2017 年 12 月 31 日	
	金额/百万元	占比/%	金额/百万元	占比/%	金额/百万元	占比/%
发放贷款和垫款	14 540 667	57.17	13 365 430	57.55	12 574 473	56.84
以摊余成本计量的发放贷款和垫款	14 479 931	53.93	13 405 030	57.72	12 903 441	58.33
贷款损失准备	−482 158	−1.90	−417 623	−1.80	−328 968	−1.49

续表

	2019 年 12 月 31 日		2018 年 12 月 31 日		2017 年 12 月 31 日	
	金额/百万元	占比/%	金额/百万元	占比/%	金额/百万元	占比/%
以公允价值计量且其变动计入其他综合收益的发放贷款和垫款账面价值	492 693	1.94	308 368	1.33	—	—
以公允价值计量且其变动计入当期损益的发放贷款和垫款账面价值	15 282	0.06	32 857	0.14	—	—
应计利息	34 919	0.14	36 798	0.16	—	—
金融投资	6 213 241	24 43	5 714 909	24.61	5 181 648	23.42
以摊余成本计量的金融资产	3 740 296	14.70	3 272 514	14.09	—	—
以公允价值计量且其变动计入其他综合收益的金融资产	1 797 584	7.07	1 711 178	7.37	—	—
以公允价值计量且其变动计入当期损益的金融资产	675 361	2.66	731 217	3.15	578 436	2.61
持有至到期投资	—	—	—	—	2 586 722	11.69
可供出售金融资产	—	—	—	—	1 550 680	7.01
应收款项类投资	—	—	—	—	465 810	2.11
现金及存放中央银行款项	2 621 010	10.30	2 632 863	11.34	2 988 256	13.51
存放同业绩项及拆出资金	950 807	3.74	836 676	3.60	500 238	2.26
买入返售金融资产	557 809	2.19	201 845	0.87	208 360	0.94
应收利息	—	—	—	—	116 993	0.53
其他 [1]	552 727	2.17	470 970	2.03	554 415	2.50
资产总额	25 436 261	100.00	23 222 693	100.00	22 124 383	100.00

注：1. 包括贵金属、衍生金融资产、长期股权投资、固定资产、土地使用权、无形资产、商誉、递延所得税资产及其他资产。

2019 年末建设银行负债总额的构成情况如表 7-2 所示，建设银行负债总额 23.20 万亿元，较上年增加 19 700.35 亿元，增幅为 9.28%，显示其持续拓宽融资渠道，丰富资金来源。其中，吸收存款余额 18.37 万亿元，较上年增加 12 576.15 亿元，增幅 7.35%；同业及其他金融机构存放款项和拆入资金 21 942.51 亿元，较上年增加 3 465.54 亿元，增幅 18.76%；已发行债务证券 10 765.75 亿元，较上年增加 3007.90 亿元，增幅 38.77%，主要是已发行存款证和合格二级资本债券等增加；向中央银行借款余额 5 494.33 亿元，降幅 0.89%。相应地在负债总额中，吸收存款占比为 79.16%，较上年下降 1.42 个百分点；同业及其他金融机构存放款项和拆入资金占比为 9.46%，较上年上升 0.76 个百分点；已发行债务证券占比为 4.64%，较上年上升 0.98 个百分点；向中央银行借款占比为 2.37%，较上年下降 0.24 个百分点。

表 7-2 建设银行 2019 年末负债总额的构成情况

	2019 年 12 月 31 日		2018 年 12 月 31 日		2017 年 12 月 31 日	
	金额/百万元	占比/%	金额/百万元	占比/%	金额/百万元	占比/%
吸收存款	18 366 293	79.16	17 108 678	80.58	16 363 754	80.50
同业及其他金融机构存放款项和拆入资金	2 194 251	9.46	1 847 679	8.70	1 720 634	8.46
已发行债务证券	1 076 575	4.64	774 785	3.66	596 526	2.93
向中央银行借款	549 433	2.37	554 392	2.61	547 287	2.69
卖出回购金融资产款	114 658	0.49	30 765	0.15	74 279	0.37
其他[1]	899 924	3.88	913 782	4.30	1 026 076	5.05
总负债	23 201 134	100.00	21 231 099	100.00	20 328 556	100.00

注：1. 包括以公允价值计量且其变动计入当期损益的金融负债、衍生金融负债、应付职工薪酬、应交税费、应付利息、预计负债、递延所得税负债及其他负债。

2019 年末，建设银行股东权益 22 351.27 亿元，较上年增加 2 435.33 亿元，增幅 12.23%，主要是由于未分配利润增加 1 256.57 亿元。由于股东权益增速高于资产增速，总权益对资产总额的比率上升 0.21 个百分点，达到 8.79%，如表 7-3 所示。

表 7-3 建设银行 2019 年末股东权益总额及构成情况　　单位：人民币百万元

	2019 年 12 月 31 日	2018 年 12 月 31 日
股本	250 011	250 011
其他权益工具	119 627	79 636
优先股	79 636	79 636
永续股	39 991	—
资本公积	134 537	134 537
其他综合收益	31 986	18 451
盈余公积	249 178	223 231
一般风险准备	314 389	279 725
未分配利润	1 116 529	990 872
归属于本行股东权益	2 216 257	1 976 463
少数股东权益	18 870	15 131
股东权益总额	2 235 127	1 991 594

二、商业银行的所有者权益

（一）商业银行资本金的含义与类型

商业银行作为金融企业也与一般企业一样，在设立之初必须有一定数额的原始资金来源，即银行资本金。银行资本金又称为自有资本，是商业银行股东为了赚取利润而投入银行的货币或保留在银行的收益，代表着股东的所有者权益，表 7-1 中也列出中国建设银行的所有者权益。

自有资本金显示了银行实力，有利于增强客户对银行的信心。同时，资本金也是银行自身吸收外来资金的基础，是银行抵御损失风险的最后屏障。它是银行得以成立和发展的前提与基础，商业银行作为具有较强外部性的特殊企业，各国都采取高额注册资本金要求的方式来提高该行业的准入门槛。

从保护存款人的利益和提供银行体系安全性的角度来看，商业银行的资本金的核心功能就是吸收损失。现代商业银行的经营管理中的资本有如下三种意义：

1. 会计资本

会计资本是根据会计准则反映在资产负债表上的资本，它是全部的资产减去全部的负债之后的余额，代表着商业银行所有者享有的剩余权利，故而被称为所有者权益或股东权益。

我国 2002 年 1 月 1 日起实施的《金融企业会计制度》规定，我国商业银行的所有者权益包括实收资本（或股本）、资本公积、盈余公积、未分配利润，此外，从事存贷款业务的金融企业计提的一般准备也属于所有者权益。

2. 监管资本

监管资本是指银行监管当局为了满足监管的要求，促进银行审慎经营，维持金融体系稳定而规定的商业银行必须持有的资本。监管者最关心的是银行是否有足够的资本以保证存款者和其他债权人不受损失，从而确保金融体制的安全性、稳健性和公平性。在这种情况下，监管者负责制定计算资本充足程度的标准方法，根据风险状况判断银行的资本充足性，采取相应的监管措施使银行持有充足的资本。

我国自 2004 年 3 月 1 日起实施的《商业银行资本充足率管理办法》规定，商业银行资本包括核心资本和附属资本。核心资本包括实收资本（或股本）、资本公积、盈余公积、未分配利润和少数股权。附属资本包括重估储备、一般准备、优先股、可转换债券和长期次级债务。2013 年 1 月 1 日实施的《商业银行资本管理办法》将商业银行总资本分为核心一级资本、其他一级资本和二级资本。

3. 经济资本

经济资本是指商业银行在一定的置信水平下，为了应对未来一定期限内的非预期损失而应该持有的资本金。经济资本是一种“虚拟” 资本，它并不存在于资产负债表的某一个或几个科目中。

（二）“巴塞尔协议”与资本管理

1.“巴塞尔协议”及其资本管理

1988 年，巴塞尔委员会通过了《关于统一国际银行资本衡量和资本标准的协议》（简称“巴塞尔协议”）。在该协议中，银行资本分为核心资本和附属资本。核心资本主要包括实收资本和留存收益；附属资本包括一定比例的普通准备、可转债、长期次级债务和资产重估准备，其规模不得超过核心资本的 100%。该协议规定，银行的核心资本充足率不能低于 4%，总资本充足率不能低于 8%。“巴塞尔协议”有利于消除各国银行间的不平等竞争，成为全球银行业监管的统一准则。

2.“巴塞尔新资本协议”及其资本管理

为更准确反映银行实际承受的风险水平，实现保障银行稳健、安全运营的目标，2004 年巴赛尔委员会推出了“巴塞尔新资本协议”，又称为“巴塞尔协议Ⅱ”。该协议在统一银行业的资本及其计量标准方面做出了改进，全面覆盖对信用风险、市场风险、和操作风险的资本要求，并提出了有效资本监管的“三大支柱”：最低资本充足率、监管当局的监督检查和市场约束。

3.“巴塞尔协议Ⅲ”及其资本管理

2008 年美国发生了次贷危机，由此引发全球的金融危机。此后，全面改革先行资本监管制度成为国际社会关注的热点。2010 年巴赛尔委员会正式公布了“巴塞尔协议Ⅲ”，进一步强化了商业银行资本充足率监管要求，提高了资本质量、一致性和透明度，加大了风险管理覆盖范围，引入杠杆率要求，建立了流动性标准，并成为国际金融监管领域的新基准。

“巴塞尔协议Ⅲ”规定，商业银行的一级资本充足率不得低于 6%，核心一级资本充足率不得低于 4.5%。对系统重要性银行的附加资本为 1%，要求商业银行设立“资本防护缓冲资金”，总额不得低于银行风险资产的 2.5%，还提出 3%的最低杠杆比例和 100%的流动杠杆比例与净稳定资金来源比例要求。

（三）我国的监管资本要求与管理

2011 年 4 月，中国银监会发布了《中国银行业实施新监管标准指导意见》，确立了我国银行业实施新监管标准的政策框架。根据“巴塞尔协议Ⅲ”的监管精神，《中国银行业实施新监管标准指导意见》按照宏观审慎监管与微观审慎监管有机结合、监管标准统一性和分类指导统筹兼顾的总体要求，明确了资本充足率、杠杆率、流动性、贷款损失准备监管标准，并根据不同机构情况设置差异化的过渡期安排。

实施新监管标准是一项长期系统工程，事关我国银行业长期稳健发展大局。根据《中国银行业实施新监管标准指导意见》要求，中国银监会在综合考虑外部环境以及银行业发展实际情况的基础上，从 2011 年起陆续发布了《商业银行贷款损失准备管理办法》《商业银行杠杆率管理办法》《商业银行流动性风险管理办法（征求意见稿）》以及《商业银行资本管理办法（试行）》，初步构建了以资本充足水平、拨备、杠杆率、流动性指标为一体的新四大监管工具，奠定了宏观审慎监管框架的基础。其中，2012 年 6 月发布的《商业银行资本管理办法（试行）》，建立了与“巴塞尔协议Ⅲ”接轨且符合我国银行业实际的资本监管制度，于 2013

年起开始实施，并要求商业银行在 2018 年年底前达到规定的资本充足率要求。

我国监管资本与资本充足率要求主要有如下两个方面：

1. 监管资本的构成

根据《商业银行资本管理办法》，我国商业银行的监管资本由核心一级资本、其他一级资本和二级资本组成。核心一级资本是指在银行持续经营条件下无条件用来吸收损失的资本工具，具有永久性、清偿顺序排在所有其他融资工具之后的特征，包括实收资本或普通股、资本公积、盈余公积、一般风险准备、未分配利润、少数股东资本可计入部分。其他一级资本是指非累积性的、永久性的、不带有利率跳升及其他赎回条款，本金和收益都应在银行持续经营条件下参与吸收损失的资本工具，包括其他一级资本工具及其溢价（如优先股及其溢价、永续债券）、少数股东资本可计入部分。二级资本是指在破产清算条件下可以用于吸收损失的资本工具，二级资本的受偿顺序列在普通股之前、在一般债权人之后，不带赎回机制，不允许设定利率跳升条款，收益不具有信用敏感性特征，必须含有减计或转股条款。二级资本包括二级资本工具及其溢价、超额贷款损失准备可计入部分、少数股东资本可计入部分。

此外，商业银行在计算资本充足率时，监管资本中需要扣除一些项目，这些项目被称为扣除项。

2. 资本充足率的计算及监管要求

资本充足率是指商业银行持有的符合监管规定的资本与风险加权资产之间的比率。根据《商业银行资本管理办法》，我国商业银行资本充足率的计算公式如下所示：

$$资本充足率=\frac{总资本-对应资本扣减项}{风险加权资产}\times 100\%$$

$$一级资本充足率=\frac{一级资本-对应资本扣减项}{风险加权资产}\times 100\%$$

$$核心一级资本充足率=\frac{核心一级资本-对应资本扣减项}{风险加权资产}\times 100\%$$

其中，商业银行总资产包括核心一级资本、其他一级资本和二级资本，商业银行风险加权资产包括信用风险加权资产、市场风险加权资产和操作风险加权资产。

根据《商业银行资本管理办法》，商业银行资本充足率监管要求分为四个层次：第一层次为最低资本要求，即核心一级资本充足率、一级资本充足率和资本充足率分别不得低于 5%、6%和 8%；第二层次为计提储备资本（也叫缓冲资本），要求为 2.5%；第三层次是系统重要性银行附加资本，要求为 1%；第四层次为根据单家银行风险状况提出的第二支柱资本要求。也就是说对于系统重要性银行，比如国有四大行，核心一级资本充足率、一级资本充足率和资本充足率分别不得低于 8.5%、9.5%和 11.5%，非系统重要银行减 1%。另外，特殊情况下，监管机构还可以要求商业银行额外计提 0 ~ 2.5%的逆周期资本。

2019 年 12 月 31 日，建设银行按照《商业银行资本管理办法（试行）》计量的资本充足率 17.52%，一级资本充足率 14.68%，核心一级资本充足率 13.88%，均满足监管要求。与 2018 年 12 月 31 日相比，其集团资本充足率、一级资本充足率和核心一级资本充足率分别上升 0.33、0.26 和 0.05 个百分点，如表 7-4 所示。

表 7-4 建设银行的资本充足率

	2019 年 12 月 31 日		2018 年 12 月 31 日	
	本集团	本行	本集团	本行
核心一级资本净额/百万元	2 089 976	1 938 236	1 889 390	1 766 840
一级资本净额/百万元	2 209 692	2 046 546	1 969 110	1 838 956
资本净额/百万元	2 637 588	2 468 041	2 348 646	2 215 308
核心一级资本充足率/%	13.88	13.88	13.83	13.74
一级资本充足率/%	14.68	14.65	14.42	14.30
本充足率/%	17.52	17.67	17.19	17.22

三、商业银行的负债业务

商业银行的负债业务是指形成其资金来源的业务，是其经营资产业务和其他业务的基础，同时也是维持其流动性的重要手段。

商业银行是经营货币的特殊企业，它的负债也就与其他企业的负债有所不同：它必须是现实的、优先存在的经济义务，过去发生的、已经了结的经济义务或将来可能发生的经济义务都不包括在内；它的数量必须能够用货币来确定，一切不能用货币计量的经济义务都不能称之为负债。

商业银行负债对商业银行的具有重要的意义，主要体现在：

第一，负债业务为商业银行提供了重要的资金来源。

第二，一定规模的负债是商业银行生存的基础。

第三，负债业务的规模和结构制约着商业银行资产业务的规模和结构，从而限制了商业银行的盈利水平并影响其风险结构。

第四，负债业务为商业银行的流动性管理提供了资产业务以外的基本操作手段。

第五，负债业务的开展有利于银行与客户建立稳定的业务联系，为银行提供更多的信息来源。

商业银行的负债主要有存款负债和借款负债两大类。

（一）存款负债

吸收存款是商业银行与生俱来的基本特征，是其他业务展开的基础。没有存款的吸收也就谈不上贷款与投资的展开，甚至不可能有以此为基础的其他各类服务性业务。存款负债是商业银行传统的负债形式，直到今天仍然是银行最基本的资金来源。任何商业银行总是千方百计地吸收存款，以此为基础扩大其他的业务形式来实现利润。但银行存款的吸收要受到客户意愿的限制，属于商业银行的被动性负债。

我国商业银行的存款负债主要有一般存款、协议存款和通知存款三类。

1. 一般存款

（1）活期存款

活期存款是指不约定期限，可随时转账、支取并按期给付利息的个人存款。

活期存款的特点有：储户存款、取款灵活方便；储户在通存通兑区域内银行的任一联机网点都可以办理存取款、查询及口头挂失等业务；具有代收代付、代发工资等功能；适合于个人生活待用款的存储。

表 7-5 所示是建设银行 2019 年年报公布的吸收存款情况，公司活期存款从 2017 年年末的 34.98%下降到 2019 年末的 32.28%，个人活期存款从 2017 年年末的 19.37%增长到 22.32%。

表 7-5　建设银行吸收存款情况

	2019 年 12 月 31 日		2018 年 12 月 31 日		2017 年 12 月 31 日	
	金额/百万元	占比/%	金额/百万元	占比/%	金额/百万元	占比/%
公司存款	8 941 848	48.69	8 667 322	50.66	8 700 872	53.17
活期存款	5 927 636	32.28	5 854 542	34.22	5 723 939	34.98
定期存款	3 014 212	1641	2 812 780	16.44	2 976 933	18.19
个人存款	8 706 031	47.40	7 771 165	45.42	7 105 813	43.43
活期存款	4 100 088	22.32	3 271 246	19.12	3 169 395	19.37
定期存款	4 605 943	25.08	4 499 919	26.30	3 936 418	24.06
海外和子公司	510 907	2.78	492 942	2.88	557 069	3.40
应计利息	207 507	1.13	177 249	1.04	—	—
吸收存款总额	18 366 293	100.00	17 108 678	100.00	16 363 754	100.00

（2）定期存款

定期存款是约定存期、利率，到期支取本息的个人存款。定期存款利率视期限长短而定，期限越长，利率越高。若在存款到期前要求提前支取，有时会受到限制，而且还有利息损失。

个人定期存款主要包括整存整取、零存整取、整存零取、存本取息、定活两便五类。

① 整存整取。它是指开户时约定存期，整笔存入，到期一次整笔支取本息的一种个人存款。50 元起存，利息按存入时约定的利率计算，存期分为 3 个月、6 个月、1 年、2 年、3 年、5 年。

② 零存整取。它是指开户时约定存期，分次每月存入固定金额（由储户自定），到期一次支取本息的一种个人存款。一般 5 元起存，每月存入一次，中途如有漏存，要在次月补齐。利息按实存金额和实际存期计算，存期分为 1 年、3 年、5 年。利息按存款开户日挂牌零存整取利率计算，到期未支取部分或提前支取按支取日挂牌的活期利率计算利息。

③ 整存零取。这是指开户时约定存期，本金一次存入，固定期限分次支取本金的一种个人存款。1 000 元起存，支取期分为 1 个月、3 个月及 6 个月。利息按存款开户日挂牌整存零取利率计算，到期未支取部分或提前支取按支取日挂牌的活期利率计算利息，存期分为 1 年、3 年、5 年。

④ 存本取息。它是指开户时约定存期，整笔一次存入，按固定期限分次支取利息，到期一次支取本金的一种个人存款。一般 5 000 元起存，可 1 个月或几个月取息一次，可以在开户时约定的支取限额内多次支取任意金额。利息按存款开户日挂牌存本取息利率计算，到期未支取部分或提前支取按支取日挂牌的活期利率计算利息，存期分为 1 年、3 年、5 年。

⑤定活两便。它是指开户时不必约定存期，银行根据客户的实际存期按规定计息，可随时支取的一种个人存款种类。50 元起存，存期不足 3 个月的，利息按支取日挂牌活期利率计算；存期 3 个月以上（含 3 个月）不满半年的，利息按支取日挂牌定期整存整取 3 个月的存款利率打 6 折计算；存期 6 个月以上（含 6 个月）不满 1 年的，整个存期按支取日定期整存整取 6 个月期存款利率打 6 折计息；存期 1 年以上（含 1 年）的，无论存期多长，整个存期一律按支取日定期整存整取 1 年期存款利率打 6 折计息。

2. 协议存款

协议存款是商业银行针对部分特殊性质的中资资金如保险资金、社保资金、养老保险基金等开办的存款期限较长，起存金额较大，利率、期限、结息付息方式、违约处罚标准等由双方商定的人民币存款品种。该存款分为甲、乙两个户头。甲户头由客户与银行共同商定一个起存金额，甲户头的存款利息执行基准利率。当甲户头的存款余额超过起存金额时，超出部分自动转入乙户头。乙户头的存款利息实行浮动，上浮的幅度由客户与银行协议商定。该存款可作为存款类金融机构的长期资金来源，不属于同业存款，应计入存贷比指标。协议存款不可以提前支取，其协议存款凭证可用作融资质押物。

3. 通知存款

通知存款是指存入款项时不约定存期，支取时事先通知银行约定支取日期和金额的一种个人存款方式。最低起存金额为人民币 5 万元（含），外币等值 5 000 美元（含）。通知存款的利率高于活期而低于定期，适合有资金近期闲置但可能随时使用的储户。

（二）借款负债

1. 向中央银行借款

当银行资金来源不足时，也可向中央银行借款。中央银行作为“银行的银行”和“最后贷款人”，在商业银行出现资金困难的时候，应给予其资金支持和帮助。商业银行主要通过两种方式向中央银行借入资金：

（1）再贷款，指商业银行用自己所持有的合格票据、银行承兑汇票、政府公债等有价证券作为抵押品向中央银行取得抵押贷款。

（2）再贴现，指商业银行将通过贴现业务从客户手中取得的未到期的票据向中央银行申请再次贴现，以获得资金。

2. 同业借款

同业借款是指商业银行通过向其他商业银行或金融机构临时性借入资金的业务，主要包括同业拆借、转贴现和转抵押。

（1）同业拆借

同业拆借主要是指金融机构之间的临时性借款，用于相互之间短期资金余缺的调剂和头寸不足的弥补。

同业拆借的参与者是商业银行和其他金融机构。参与拆借的机构基本上在中央银行开立存款账户，在拆借市场交易的主要是金融机构存放在该账户上的多余资金。同业拆借基本上是信用拆借，拆借活动在金融机构之间进行，市场准入条件较严格，金融机构主要以其信誉参与拆借活动。2019 年 8 月我国同业拆借情况如表 7-6 所示。

表 7-6　2019 年 8 月同业拆借统计情况

机构类型	成交笔数/笔	成交金额/亿元	加权平均利率/%
大型商业银行	2 474	30 463.08	2.6141
股份制商业银行	6 527	104 891.07	2.5930
城市商业银行	4 376	31 417.16	2.6581
农村商业银行和合作银行	3 998	14 121.67	2.6679
证券公司	3 425	16 678.45	2.7778
其他	9 586	33 136.37	2.8134
合计	30 386	230 707.79	2.6543

资料来源：中国外汇交易中心。

（2）转贴现

转贴现是指商业银行通过贴现业务从客户手中取得的未到期的票据转售给其他商业银行或贴现机构以获取资金的行为。

一般情况下，贴进承兑汇票的银行如果资金并不短缺，一般都会将贴现的汇票持有到期，只有在汇票到期之前需要资金时才会办理转贴现。在西方发达国家的票据市场上，银行承兑汇票允许被多次转贴现，以保证资金运作的灵活性和良好的收益性。

转贴现的利率可以由双方协定，也可以参考再贴现率或者使用贴现率来确定。

（3）转抵押

转抵押是指商业银行在资金短缺，准备金头寸不足时，将自己所持有的金融资产和发放抵押贷款而获得的借款客户提供的抵押品，再次向其他银行申请抵押贷款以取得资金的行为。

3. 回购协议

回购协议是指商业银行将其持有的有价证券，如国库券、政府债券等，暂时出售出去，并在将来约定的日期以约定的价格重新购回的一种协议。

回购协议从形式上来看是证券的买卖行为，从实质来看，它是以证券为质押的短期资金的借贷活动。

回购协议方式具有以下特点：

（1）将资金的收益与流动性融为一体，增大了投资者的兴趣。投资者完全可以根据自己的资金安排，与借款者签订“隔日”或“连续合同”的回购协议，在保证资金可以随时收回移作他用的前提下，增加资金的收益。

（2）增强了长期债券的变现性，避免了证券持有者因出售长期资产以变现而可能带来的损失。

（3）具有较强的安全性。回购协议一般期限较短，并且又有债券作抵押，所以投资者可以根据资金市场行情变化，及时抽回资金，避免长期投资的风险。

（4）较长期的回购协议可以用来套利。如银行以较低的利率用回购协议的方式取得资金，再以较高利率贷出，可以获得利差。

在美国，回购协议市场的利率一般以联邦储备资金拆借市场的利率为基准，但经常会略低一些。回购协议作为重要的短期资金融通方式，已越来越受到重视。2019 年 8 月我国质押式回购情况如表 7-7 所示。

表 7-7 2019 年 8 月质押式回购统计情况

机构类型	成交笔数/笔	成交金额/亿元	加权平均利率/%
大型商业银行	19 969	151 728.26	2.6029
股份制商业银行	30 193	266 466.07	2.5893
城市商业银行	72 066	291 632.54	2.6108
农村商业银行和合作银行	63 252	138 951.69	2.6210
证券公司	48 720	90 741.67	2.7411
其他	219 774	470 484.33	2.7094
合计	453 974	1 410 004.56	2.6482

资料来源：中国外汇交易中心。

4. 发行金融债券

发行金融债券是商业银行作为发行人，通过承担债券利息的方式，直接向货币所有者举借债务的融资方式，是商业银行中长期借入资金的行为。为了满足长期资金的不足，金融机构可以发行金融债券来获得长期稳定资金。

金融债券的期限较长，通常为 10 ~ 30 年，持有者在到期前只能在流通市场上转让而不能提前要求兑付。其利率和安全性都介于企业债券和政府债券之间，相对来说风险较小，收益较高。此外，发行金融债券的优势还在于其利率不受政府关于存款最高利率的限制，也不需要缴纳准备金和存款保险金。

四、商业银行的资产业务

资产业务是商业银行将负债业务筹集来的资金加以运用以获取收益的业务。因此，银行资产业务的经营在很大程度上取决于其负债能力。

一般来说，商业银行的资产业务主要有现金资产业务、贷款业务和投资业务。对商业银行而言，银行的资产是商业银行获得收入的主要来源；资产的规模是衡量一家商业银行实力和地位的重要标志，商业银行的信用高低直接与其资产的规模大小有关。

（一）现金资产

现金资产是商业银行资产中最具有流动性的部分，属于一级储备资产，基本上不给银行带来收益。银行管理从本质上说就是解决利润最大化与资产流动性之间的矛盾，现金资产是直接满足流动性需求的资产，虽然不给银行直接带来收益，但是对商业银行的正常运转至关重要。正是因为现金资产并不给银行带来利润，因此，商业银行总是在流动性能够得到保证的情况下，尽量压低现金资产在总资产中的比例。商业银行的现金资产主要包括库存现金、在中央银行的存款和存放同业款项。

1. 库存现金

库存现金是银行存放在金库中的纸币和硬币，主要为了方便客户随时取现和银行自身的日常零星开支。

2. 在中央银行的存款

各国中央银行均规定商业银行需要在中央银行开设存款账户，在中央银行的存款准备金是商业银行的重要资产，包括法定存款准备金和超额存款准备金。

法定存款准备金是商业银行以存款余额为基数，按照法定比率向中央银行缴存的存款。其目的是确保商业银行备有足够的资金来应对客户取款的要求，避免发生严重挤兑现象，保证银行正常的经营。法定存款准备金具有强制性，商业银行必须依照法律规定缴存，并且不得轻易动用。法定存款准备金率的调整是中央银行进行宏观调控的重要货币政策手段之一。

超额存款准备金是商业银行在中央银行存款准备金账户中超出了法定存款准备金的那部分自愿存款。超额存款准备金可以用来进行日常的支付和放贷业务。当银行库存现金不足时。可以从该账户中提取资金。超额存款准备金是商业银行的可用资金，如果准备金的总量不发生变化，它与法定存款准备金存在着此消彼长的关系，也直接影响社会的货币投放总量。

3. 存放同业款项

存放同业款项即商业银行存放在代理行或相关商业银行的存款，目的是便于银行在同业之间开展代理业务和结算收付。该项资产可以随时支取，具有活期存款的性质，因此被视为现金资产。

4. 托收中的款项

如果基于 A 商业银行账户所签发的支票被存入 B 商业银行，但该支票所对应的资金还没有从 A 商业银行收到，则这张支票就被归入 B 商业银行托收中的款项项目，因为它代表对 A 商业银行的资金索取权，即 B 商业银行的资产，资金的实际收取是在一段时间之后。支票清算过程如图 7-1 所示。

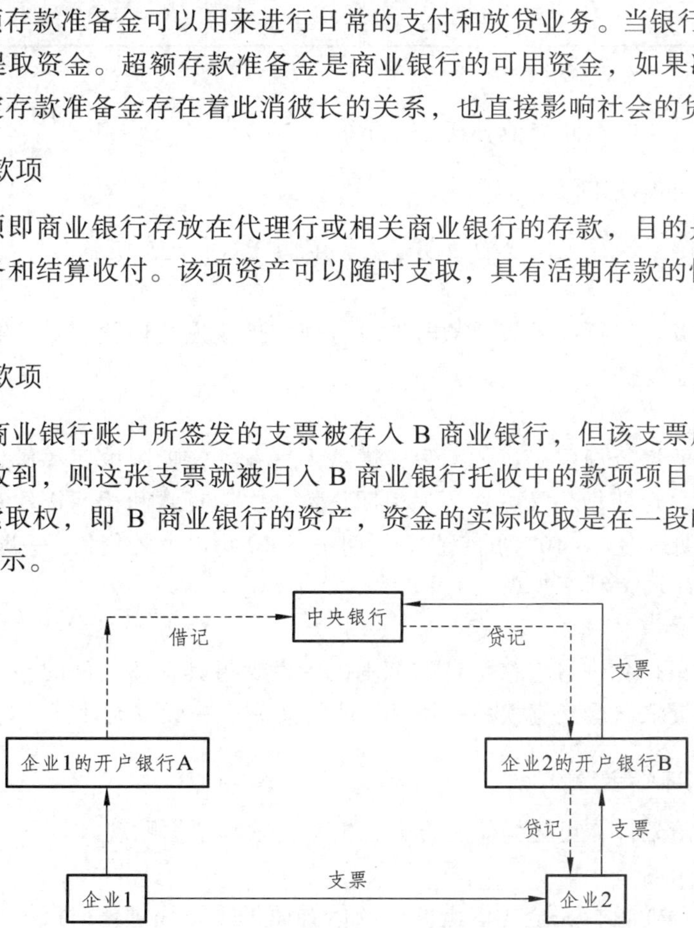

图 7-1　托收中的款项

(二) 贷 款

贷款是银行将其所吸收的资金按照一定的利率贷给客户并约定归还期限的业务。贷款是商业银行资产业务中最重要的构成部分，是获取收益的主要来源之一，其经营结果直接影响商业银行的安全性、流动性和盈利性目标的实现。同时，贷款也是企业获得资金的重要途径之一，表 7-8 就是 2018 年人民币贷款结构，从表中可以看出非金融企业及机关团体贷款比年初增加 8.3 万亿元，同比多增 1.6 万亿元。从人民币贷款期限看，中长期贷款增量比重回落。2018 年末，中长期贷款比年初增加 10.5 万亿元，同比少增 1.2 万亿元，增量占比为 65.0%，比上年同期低 21.2 个百分点。

表 7-8 2018 年人民币贷款结构

	2018 年末余额/亿元	同比增速/%	当年新增额/亿元	同比多增额/亿元
人民币各项贷款	1 362 967	13.5	161 705	26 427
住户贷款	478 843	18.2	73 641	2 299
非金融企业及机关团体贷款	868 289	10.5	83 082	16 010
非银行业金融机构贷款	10 760	69.2	4 401	7 584
境外贷款	5 075	14.8	581	534

数据来源：中国人民银行。

下面本书将从贷款的不同类型对其进行介绍。

1. 按照贷款的期限不同分

按照贷款的期限不同，可以分为活期存款、定期贷款和透支贷款。

（1）活期贷款

活期贷款是指商业银行在发放贷款时并没有规定借款人的还款期限，银行可随时收回，借款人也可随时偿还的贷款。

（2）定期贷款

定期贷款即商业银行规定了还款期限，借款人需在约定期限内还本付息的贷款。按照偿还期限长短的不同，定期贷款又可划分为短期贷款、中期贷款和长期贷款三种。短期是指 1 年以内的贷款，中期是指 1 ~ 10 年的贷款，长期是指 10 年以上的贷款。一般来说，时间越长，风险越高，流动性越弱，利率越高。

（3）透支贷款

透支贷款是指银行允许客户在约定的范围内签发超过其存款余额的支票并给予兑付的一种临时融通资金的贷款。透支贷款具有随时偿还的义务，一般按天计算利息。

2. 按照贷款的保障条件分

按照贷款的保障条件，可分为信用贷款、担保贷款和票据贴现。

（1）信用贷款

信用贷款是指商业银行完全凭借借款人的信誉而不需要提供任何抵押物或第三者保证而发放的贷款。由于没有担保品和保证人，该种贷款的风险相对比较大，因此，商业银行一般将这类贷款发放给大型国企或者信用较好的上市公司，从中收取利息。

如表 7-9 所示，建设银行 2018 年和 2019 年年末信用贷款占比分别为 31.21%和 33.02%，仅次于抵押贷款。

表 7-9　建设银行贷款情况

	2019 年 12 月 31 日		2018 年 12 月 31 日	
	金额/百万元	占比/%	金额/百万元	占比/%
信用贷款	4 959 932	33.02	4 301 972	31.21
保证贷款	1 920 411	12.78	2 024 072	14.69
抵押贷款	6 875 286	45.77	6 218 435	45.12
质押贷款	1 232 277	8.20	1 201 776	8.72
应计利息	34 919	0.23	36 798	0.26
发放贷款和垫款总额	15 022 825	100.00	13 783 053	100.00

（2）贷款担保

贷款担保是指银行在发放贷款时，要求借款人提供担保，以保障贷款债权实现的法律行为，它是具有一定的财产或信用作为还款保证的贷款。担保贷款的风险较低，保障性较强。

依据担保的方式不同，可分为抵押贷款、质押贷款和保证贷款。

① 抵押贷款。当无法获得银行信用贷款，或者银行所提供的信用贷款难以满足需要时，企业可以向银行提供抵押物以获得贷款，一般以动产如飞机、汽车、轮船等和不动产如房屋、土地作为抵押物。抵押是指债务人或第三人不转移财产的占有，将该财产作为债权的担保。债务人不履行债务时，债权人有权以该财产折价或者以拍卖、变卖该财产的价款优先受偿。当企业向银行提供了抵押物后，银行向其贷款的风险大大降低，因此银行往往愿意向该企业提供贷款。

② 质押贷款是企业获得银行贷款的重要形式，是企业在不具备信用贷款优势条件下的重要补充。质押是指债务人或者第三人将其动产（或财产权利）作为质押物而获得的贷款，通常可以作为质押物的有提单、合格的商业票据、商标权、专利权、可以转让的股份以及有价证券等。债务人不履行债务时，债权人有权以该动产（或财产权利）折价或者以拍卖、变卖该动产（或财产权利）的价款优先受偿。

③ 保证贷款是以第三人承诺在借款人不能偿还贷款时，按约定承担连带责任而发放的贷款。具有代为清偿债务能力的法人、其他组织或者公民，可以做保证贷款的保证人。为顺利取得银行贷款，企业应该选择那些实力雄厚、信誉好的法人或公民作为贷款保证人。若银行等金融机构能作为企业的保证人，则效果更为理想，借款企业取得银行贷款更为容易。

（3）票据贴现

票据贴现是指商业银行通过购买借款人持有的未到期的商业票据而发放的贷款，是企业筹措资金的一种方式。

企业在应收票据到期之前，将票据背书后交商业银行贴现，商业银行将票面金额，扣除按照贴现利率计算的从贴现日至到期日的利息（贴现折价）后的余款付与企业，称为应收票据贴现。应收票据贴现利息与贴现实得金额的计算公式为：

$$贴现利息=票面金额\times贴现率\times\frac{未到期天数}{360}$$

$$\begin{aligned}贴现额（实得金额）&=票面金额-贴现利息\\&=票面金额-票面金额\times贴现率\times\frac{未到期天数}{360}\end{aligned}$$

【例 1】某公司 2019 年 8 月 10 日将一张未到期的面值 900 万元票据向建设银行贴现，该票据到期日为 2019 年 9 月 10 日，贴现率为 12%，则该公司能获得多少的贴现额？

$$贴现额（实得金额）=900-900\times12\%\times\frac{30}{360}=891万元$$

3. 按照贷款的质量或风险程度分

按照贷款的质量或风险程度，可分为正常贷款、关注贷款、次级贷款、可疑贷款和损失贷款。

贷款五级分类制度是根据内在风险程度将商业贷款划分为正常、关注、次级、可疑、损失五类。这种分类方法是银行主要依据借款人的还款能力，即最终偿还贷款本金和利息的实际能力，确定贷款遭受损失的风险程度，其中后三类称为不良贷款。

（1）正常贷款

这是指借款人能够按照约定在规定的期限内还本付息，不存在可能导致贷款无法正常偿还的因素，银行也不存在会遭受损失的可能性的贷款。

（2）关注贷款

这是指借款人目前有能力偿还贷款的本金和利息，但可能存在一些因素会对未来的还款能力产生不利影响的贷款。

（3）次级贷款

这是指借款人的还款能力出现了明显问题，依靠其正常的经营收入已无法保证足额还款，即使执行担保，也可能会造成一定损失的贷款。

（4）可疑贷款

这是指借款人到期无法履行足额还款义务，即使执行担保，也肯定会给银行造成损失的贷款。

（5）损失贷款

这是指银行在采取所有可能的措施或一切必要的法律程序之后，本息仍然不能收回，或只能收回极少部分的贷款

表 7-10 列出于所示日期建设银行贷款按五级分类的分布情况。在贷款五级分类制度下，其正常贷款和关注贷款所占比例是最大的，2019 年年末占比为 98.58%，不良贷款包括划分为次级、可疑及损失的贷款，2019 年年末的不良贷款率为 1.42%。

表 7-10　建设银行贷款按五级分类情况

	2019 年 12 月 31 日		2018 年 12 月 31 日	
	金额/百万元	占比/%	金额/百万元	占比/%
正常	14 336 247	95.65	13 157 944	95.72
关注	439 186	2.93	387 460	2.82
次级	105 633	0.71	81 432	0.59
可疑	82 569	0.55	93 270	0.68
损失	24 241	0.16	26 179	0.19
不含息贷款和垫款总额	14 987 906	100.00	13 746 255	100.00
不良贷款额	212 473		200 881	
不良贷款率		1.42		1.46

（三）金融投资业务

商业银行的金融投资业务是指商业银行为增加收益而在金融市场上买卖有价证券、投资权益性工具以及基金等的行为。其目的主要是增加收益、保持流动性和分散风险。通过表 7-11 可以看出 2019 年末，建设银行金融投资总额为 62 132.41 亿元，较上年增加 4983.32 亿元，增幅 8.72%。其中，债券投资较上年增加 5860.72 亿元，增幅 11.14%，在金融投资总额中的占比为 94.09%，较上年上升 2.05 个百分点；权益工具和基金较上年增加 804.69 亿元，占比为 2.97%，较上年上升 1.15 个百分点；配合理财业务转型，建设银行发行表内保本理财产品投资的存放同业款项、债券及信贷类资产等其他债务工具较上年减少 1682.09 亿元，占比下降至 2.94%。金融投资中占比最大的是债券投资，这两年年末占比都高于 90%，其他投资占比 5%左右。

表 7-11　按金融资产性质划分的建设银行金融投资构成情况

	2019 年 12 月 31 日		2019 年 12 月 31 日	
	金额/百万元	占比/%	金额/百万元	占比/%
债券投资	5 846 133	94.09	5260 061	92.04
权益工具和基金	184 739	2.97	104 270	1.82
其他债务工具	182 369	2.94	350 578	6.14
金融投资总额	6 213 241	100.00	5 714 909	100.00

五、商业银行的中间业务

对于商业银行而言，其利润的主要来源是存贷款的利息差，但随着近年来金融监管方式的转变和利率市场化程度的提高，商业银行的利差收益在不断缩减。为了提高客户的覆盖率和银行利润率，商业银行逐渐向中间业务领域发展以增加银行的非利息收入。

中间业务是指商业银行不运用或较少运用自己的资金，而是利用自身的技术、信息、机构网络、资金和信誉等方面的优势，以中间人的身份为客户提供各类金融服务并从中收取手续费的业务。商业银行经营中间业务无须占用自己的资金，该类业务是在商业银行的资产负债信用业务的基础上产生的，不在商业银行的资产负债表中反映。

在中间业务中，商业银行既不作为债权人也不作为债务人，仅仅是接受客户的委托办理业务，从而获得手续费和佣金，故而，中间业务的风险小，收益高。

2018 年国内 20 家上市商业银行手续费及佣金的收入情况如图 7-2 所示。

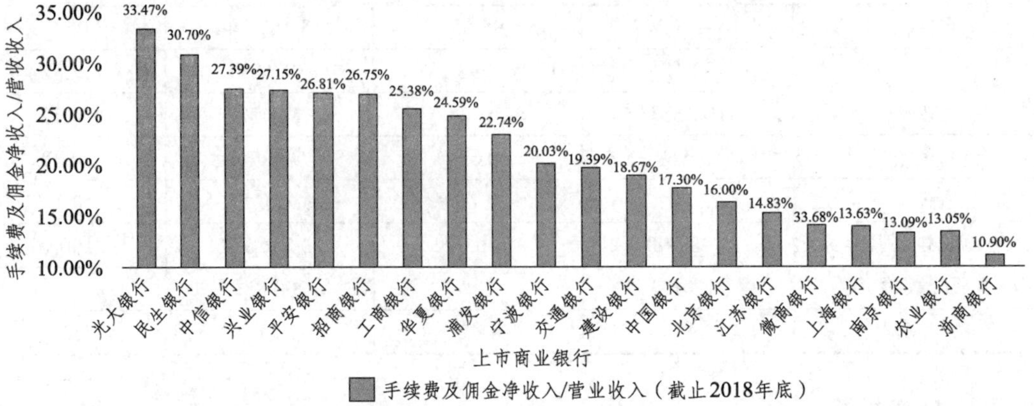

图 7-2 2018 年 20 家上市商业银行手续费及佣金净收入/营业收入情况

从中间业务收入来源看，对于拥有客户优势的全国性商业银行而言，虽然银行业务占主要位置，但托管及其他受托业务、结算型业务、投行业务、代理业务均有一定地位。这些银行的客户优势在 2018 年进一步得到体现，并推动其传统中间业务收入大幅增长，银行卡及信用卡业务在全国性银行中的地位不仅没有下降，反而还起到非常重要的推动作用。如表 7-12 所示。

表 7-12 四大商业银行中间业务收入构成情况 单位：%

中间业务收入构成（各分项收入/手续费及佣金净收入）								2018 年增长动力来源（按增速，其余多为负增长）
	理财	银行卡	结算、清算及现金管理（含电子银行业务收入）	投资银行业务（债务承销+顾问和咨询费）	担保及承诺	托管及其他受托业务	代理收付及委托	
工商银行	29.03	30.09	21.88	16.52	6.10	4.85	1.35	信用卡分期手续费和消费回佣、第三方支付业务
建设银行	9.03	37.54	24.94	8.49	4.05	10.36	13.04	信用卡发卡量、分期业务和消费回佣、电子银行业务、银团贷款和资产托管
农业银行		32.74	38.80	11.36	2.28	4.60	26.78	银行卡和电子银行业务收入
中国银行		34.34	15.68	4.05	15.11	4.12	23.18	银行卡、结算及清算等收入

我国商业银行的中间业务主要有银行卡业务、结算业务、信托业务、租赁业务和代理业务等。

（一）银行卡业务

银行卡是商业银行向社会发行的具有消费信用、转账结算、存取现金等全部或部分功能的信用支付工具，是电子货币的一种，为日常现金的存取、支付结算和透支提供了便利。

银行卡的种类也很多，例如按载体材料不同可划分为磁性卡和智能卡（IC 卡），按使用对象不同可划分为单位卡和个人卡，按信誉等级不同可划分为金卡和普通卡，按清偿方式不同可划分为贷记卡和借记卡，按结算的币种不同可划分为人民币卡和外币卡，等等。

建设银行 2019 年年报显示，该行不断加大移动支付领域创新："龙支付"业务不断优化升级，客户数达 1.22 亿户，全年累计交易量达 3.49 亿笔，品牌形象和业务规模在同业领先。大力建设央行移动支付便民示范工程，推进支付结算生态圈升级拓维。加快开放银行布局，通过与第三方机构合作实现外场景批量获客和金融服务输出。2019 年末，借记卡在用卡量达 11.29 亿张，其中金融 IC 卡在用卡量达 6.22 亿张。全年借记卡消费交易额达 23.19 万亿元，较上年增长 10.42%。2019 年末，信用卡累计发卡量达到 1.33 亿张，较上年净增 1275.93 万张；实现消费交易额 3.15 万亿元；贷款余额达 7411.97 亿元，不良率为 1.03%，资产质量保持同业领先。

（二）结算业务

一般而言，结算业务可划分为两种不同的结算形式，即现金结算和转账结算。

现金结算是通过使用现金的方式来完成货币收付的一种结算方式。但是，在我国这种结算方式使用的范围较小，受到很多的限制，只有在规定的范围内才可使用。

转账结算是以票据和结算凭证为依据，通过银行转账方式，将款项从付款人账户转到收款人账户的一种结算形式。由于转账结算较为方便而且可节约大量的现金，因此，该种结算方式所占的比重较大。

（三）信托业务

信托是指拥有财产所有权的人将自己的财产委托他人代为管理和运用，为指定人谋取利益的经济行为。因此，在信托关系中牵扯到三个关系人，即委托人、受托人和受益人。

信托业务的种类很多，如在西方国家的信托业务主要有证券投资信托、公益信托、遗产管理、共同信托基金、不动产信托、养老金信托、贵重物品的保管等；我国的信托业务种类主要有信托存款、信托贷款、信托投资、委托存款、委托贷款、委托投资、公益基金信托、劳保基金信托和个人特约信托等。

比如建信信托有限责任公司是建设银行 2009 年投资控股的信托子公司，注册资本为 24.67

亿元，建设银行和合肥兴泰金融控股（集团）有限公司持股比例分别为 67%和 33%，主要经营信托业务、投资银行业务和固有业务。建信信托主动加强规范经营，积极实践创新发展，取得了较好的经营业绩。2019 年末，建信信托受托管理资产规模达 13 912.32 亿元，资产总额达 315.86 亿元，净资产达 208.01 亿元；2019 年净利润为 22.18 亿元。

（四）租赁业务

租赁是指在约定的期间内，出租人将资产使用权让与承租人以获取租金的行为。

按照业务模式租赁业务可划分为融资租赁和经营租赁。融资租赁业务是根据承租人对货物供应商、租赁物的选择，出租人购买对应的租赁财产，提供给承租人使用，并向承租人收取租金的业务。融资租赁业务最显著的特点是租赁资产的使用权和最终所有权归属承租人，实现融资与融物的结合。而经营租赁业务中承租人通过支付租金仅获得在约定时间内租赁资产的使用权。承租人不需要承担折旧和维修费用，租赁资产也不纳入其资产负债表。

商业银行可以获得中间业务收入主要包括租赁业务手续费、财务咨询业务管理费用、贸易佣金等。

比如，建设银行下设的建信金融租赁有限公司成立于 2007 年，注册资本 80 亿元，为建设银行全资子公司。经营范围包括融资租赁业务、转让和受让融资租赁资产、固定收益类证券投资等。

建信租赁扎根实体经济，聚焦交通基础设施、绿色能源、先进制造业、民生服务等领域，加大飞机租赁、航运租赁的业务拓展力度，积极稳妥发展海外业务，夯实风险管控基础，不良率保持行业较低水平，发展质效稳步提升。2019 年末，建信租赁资产总额达 1 310.76 亿元，净资产达 160.13 亿元；2019 年净利润为 15.21 亿元。

（五）代理业务

代理业务是指商业银行接受客户的委托，代为办理客户指定的经济事务的业务。商业银行的代理业务主要包括代理收付（如代发工资、代理收付罚款、税款、劳务费、水电等生活费用等）、代理证券（如代理发行股票和债券、代理有价证券的买卖、代发股息红利等）、代理融通（商业银行为客户代为收取应收账款，并为客户提供资金融通）、代理保险（商业银行为保险公司代办财产和人身保险等业务）、代理保管（商业银行代客户保管各种贵重物品、有价证券和出租保管箱）等。

商业银行的中间业务不仅只有上面四大类，还有理财、结算、顾问与咨询等。表 7-13 是建设银行 2019 年年报公布的手续费及佣金净收入。2019 年，建设银行紧抓市场机遇，围绕客户需求，持续优化产品、加大创新，提升服务能力，手续费及佣金净收入达 1372.84 亿元，较上年增长 11.58%。手续费及佣金净收入对营业收入比率为 19.46%，较上年上升 0.79 个百分点。

表 7-13 建设银行手续费及佣金净收入

	2019 年/百万元	2018 年/百万元	变动/%
手续费及佣金收入	155 262	138 017	12.49
银行卡手续费	52 620	46 192	13.92
电子银行业务收入	25 666	18 585	38.10
代理业务手续费	16 894	16 044	5.30
托管及其他受托业务佣金	14 194	12 748	11.34
理财产品业务收入	12 899	11 113	16.07
结算与清算手续费	12 267	12 101	1.37
顾问和咨询费	10 331	10 441	−1.05
担保手续费	3 633	3 414	6.41
信用承诺手续费	1 449	1 573	−7.88
其他	5 309	5 806	−8.56
手续费及佣金支出	−17 978	−14 982	20.00
手续费及佣金净收入	137 284	123 035	11.58

其中，银行卡手续费收入达 526.20 亿元，增幅 13.92%，主要是因为信用卡业务紧抓加快产品创新，丰富各类客户产品线，稳步推进发卡量拓展和消费交易额提升；电子银行业务收入达 256.66 亿元，增幅 38.10%，主要是因为集团加强金融科技创新和应用，发挥线上经营优势，网络支付交易额较快提升；代理业务手续费收入达 168.94 亿元，增幅 5.30%，主要是因为代理保险和债券承销业务增长带动；托管及其他受托业务佣金收入达 141.94 亿元，增幅 11.34%，主要是因为银团贷款通过加大牵头筹组及分销力度，使资产托管业务、委托性住房金融业务保持稳健增长；理财产品业务收入达 128.99 亿元，增幅 16.07%，主要是因为加大新产品研发和营销力度，使产品规模保持稳定，产品发行成本下降，资产运营和管理能力提升；结算与清算手续费收入达 122.67 亿元，增幅 1.37%；顾问和咨询费收入达 103.31 亿元，降幅 1.05%。

六、商业银行的表外业务

表外业务是指商业银行所从事的在业务发生时不影响商业银行的资产负债总额和结构，但在一定条件下可能转化为商业银行的资产或负债，能够为商业银行带来可观的业务收入或减少风险的那些业务。

主要有备用信用证、贷款承诺和贷款出售。

（一）备用信用证

备用信用证是在美国发展起来的一种以融通资金、保证债务为目的的金融工具。备用信用证一般是商业银行为借款人的融资提供担保。当某个信用等级较低的企业在筹集资金的时候想要利用发行商业票据的方式完成，在信用程度不好的情况下常会面临不利的发行条件，此时这个企业可以向一家银行申请备用信用证作为担保，假如该企业无法偿还本息，就由发证行来进行债务的偿还。实际上，发行人从银行手中取得备用信用证，就相当于在借款期中借入了银行的信用，使自身的信用等级从较低水平提高到一个较高的等级。

商业银行可以从备用信用证中收取开立的佣金，一般为担保金额的1%左右，并在备用信用证开立的时候一次性收取。备用信用证不仅提升了借款人的信用等级，便于企业融资，也增加了商业银行的盈利性，同时也增加了受益人资金的安全性。

（二）贷款承诺

贷款承诺是商业银行与借款人之间达成的一种具有法律约束力的正式契约，商业银行将在有效承诺期内，按照双方约定的金额、利率，随时准备应客户的要求向其提供贷款服务，并收取一定的承诺佣金。

（三）贷款出售

贷款出售是指商业银行通过将已发放的贷款出售给其他金融机构或投资者以收取手续费的一种业务。贷款销售之后，商业银行需向购买者提供售后服务，例如代理收取利息、对贷款资金的用途进行监督等。

第三节　商业银行管理

一、商业银行的资产负债管理

（一）资产负债管理的基本原理

资产负债管理原理是指从总体上管理银行资产和负债时，应当注意或遵循的一些带有普遍意义的原则和关系，主要有以下原则：

1. 规模对称原理

规模对称原理是指商业银行资产运用的规模必须与负债来源的规模相对称、相平衡。这种对称并非是简单的对等，而是一种建立在合理经济增长基础上的动态平衡。

2. 结构对称原理

结构对称原理与规模对称原理一样，是一种动态资产结构与负债结构的相互对称和统一平衡。商业银行可以根据经济条件和经营环境的变化来调整资产结构，从而保证安全性、流动性和营利性的最佳平衡。

3. 速度对称原理

速度对称原理亦即偿还期对称原理，是指银行资产分配应根据资金来源的流转速度来决定，银行资产与负债偿还期应保持一定程度的对称关系。作为对称原理的具体运用，这种原理提供了一个计算方法：用资产的平均到期日和负债的平均到期日相比，得出平均流动率，如果平均流动率大于 1，表示资产运用过度；反之则表示资产运用不足。

4. 目标互补原理

目标互补原理是指银行经营目标中的安全性、流动性和盈利性三方面的均衡不是绝对的平衡，而是可以互相补充的。流动性和安全性的降低，可以通过盈利性的提高来补偿，但这种补偿是有条件的，即要在一定的经济条件和经营环境中，才不至于影响总目标的实现，这要视不同历史条件下银行经营的不同的要求来决定。具体条件不同，银行面临的流动性需求和盈利性可能就不同。

（二）资产负债管理的内容

1. 资产管理

商业银行资产管理主要由以下三部分组成：

（1）贷款管理。贷款是商业银行最主要的资产和最主要的资金运用，贷款管理是商业银行资产管理的重点，其主要内容有：贷款风险管理，贷款利率管理，贷款期限结构管理，信用贷款和抵押贷款比例管理，对内部人员的贷款予以限制等。

目前，我国银行信贷管理一般实行集中授权管理（总行统一制定信贷政策）、统一授信管理（控制融资总量及不同行业、不同企业的融资额度）、审贷分离、分级审批、贷款管理责任制相结合，以切实防范、控制和化解贷款业务风险。

（2）债券投资管理。随着债券市场的迅速发展，债券投资已成为我国商业银行的一种重要资产形式。与贷款相比，债券的流动性要强得多；与现金资产相比，债券的盈利性要高得多。因此，债券投资是商业银行平衡银行流动性和营利性的重要工具。

我国商业银行债券投资的对象主要包括国债、地方政府债券、金融债券、中央银行票据、资产支持证券、企业债券和公司债券等。

（3）现金资产管理。现金资产是指商业银行持有的库存现金，以及与现金等同的可随时用于支付的银行资产。

我国商业银行的现金资产主要包括三项：一是库存现金，是指商业银行保存在金库中的现钞和硬币，用来应付客户提现和银行本身的日常零星开支；二是存放中央银行款项，是指商业银行存放在中央银行的资金，即存款准备金（包括法定存款准备金和超额准备金）；三是存放同业及其他金融机构款项，是指商业银行存放在其他银行和非银行金融机构的存款，用于在同业之间开展代理业务和结算收付。

2. 负债管理

商业银行负债管理主要包括存款管理和借入款管理两方面的内容。

（1）存款管理。存款是银行对存款人的负债，是银行最主要的资金来源。存款管理是商业银行负债管理的重点，主要内容有三个方面：① 对吸收存款方式的管理。其目的是扩大存款来源，优化存款结构，使存款与相应的资产相匹配。② 存款利率管理。其目的是在吸引存款客户与降低吸收存款成本之间寻求一个最佳均衡点。③ 存款保险管理。西方国家一般建立了存款保险制度，商业银行参加存款保险，在破产时，及时清偿债务，从而保护存款人的利益和维护金融秩序的稳定。

（2）借入款管理。商业银行的借入款包括短期借款和长期借款两种：前者是指期限在 1 年或 1 年以下的借款，主要包括同业拆借、证券回购和向中央银行借款等；后者是指期限在 1 年以上的借款，一般采用发行金融债券的形式，主要包括发行普通金融债券、次级金融债券、混合资本债券和可转换债券等。

总的管理内容是：严格控制特定目的的借入款；分散借入款的偿还期和偿还金额，以减轻流动性过于集中的压力；借入款应控制适当的规模和比例，并以增加短期债券为主，增强借入款的流动性；在保证信誉的前提下，努力扩大借入款的渠道或后备渠道，以保证必要时能扩大资金来源。

3. 资产负债综合管理

资产负债综合管理是于 20 世纪 70 年代和 80 年代初伴随着金融自由化浪潮而产生的。资产负债综合管理的基本思想是在资金的配置、运用以及在资产负债管理的整个过程中，根据金融市场的利率、汇率及银根松紧等变动情况，对资产和负债两个方面进行协调和配置，通过调整资产和负债双方在某种特征上的差异，达到合理搭配的目的。在现代商业银行资产负债管理技术中，主要的管理方法是缺口管理法。

缺口管理法是根据期限或利率等指标将资产和负债分成不同类型，然后对同一类型的资产和负债之间的差额即缺口（GAP）进行分析和管理。缺口用于衡量银行净利息收入对市场利率的敏感程度。以利率指标为例，商业银行的资产和负债都可以分为固定利率和浮动利率两种类型。根据这两种类型的资产和负债的不同组合，可以有三种不同的缺口管理战略：零缺口战略、正缺口战略、负缺口战略。缺口的计算方法如下：

$$资金缺口（GAP）= 利率敏感资产 - 利率敏感负债$$

商业银行管理者应根据自己对利率波动方向的判断选择三种不同的战略。当利率变动时，利率敏感缺口的状况会直接影响净利息收入的变动，变动关系如表 7-14 所示。

表 7-14 利率敏感缺口、利率变动与银行净利息收入的变动情况

利率敏感缺口	利率变动	净利息收入的变动
正	上升	上升
正	下降	下降
负	上升	下降
负	下降	上升
零	上升	不变
零	下降	不变

二、商业银行的风险管理

商业银行风险是指银行在经营过程中，由于各种不确定因素的影响，使其实际收益和预期收益产生背离，从而导致银行蒙受经济损失或少获取额外收益的可能性。

商业银行风险的产生有其客观存在的必然性，也有在经营管理上失误的主观原因。商业银行风险产生的主观原因在于，商业银行的每项业务都有一个为确定未来行为目标选择最优方案进行决策、实施管理的过程，在这个过程中任何一个环节出现问题就会形成银行风险。商业银行风险产生的客观原因在于，现代银行是经济活动的核心和枢纽，受外部客观环境制约程度高，任何客观形势的变化都会对商业银行经营产生影响，造成银行经营困难，形成银行风险，如：政治体制变革、经济政策调整、宏观金融政策变动、利率与汇率的变化、金融监管当局的监管、国际经济环境变化、自然灾害等。

（一）主要的风险类型

商业银行面临各种风险，而风险的分类中最常用的是巴塞尔委员会按商业银行的业务特征及诱发风险的原因，将商业银行面临的风险划分为信用风险、市场风险、操作风险、流动性风险、国家风险、声誉风险、法律风险以及战略风险八大类的分类。

1. 信用风险

这种风险是指借款人发生到期无法还本付息的行为，从而使银行不能按期收回本息所带来损失的可能性。

2. 市场风险

这种风险是指由于市场价格（利率、汇率、股票价格和商品价格）的不利变动使商业银行遭受损失的可能性。通常包括利率风险、汇率风险、股票价格风险和商品价格风险四种。

3. 操作风险

这是指由于金融机构的交易系统不完善、管理失误或其他人为错误而导致金融参与者潜在损失的可能性。

4. 流动性风险

这是指商业银行无法满足客户随时提存的需求和合理贷款需求而可能给银行带来损失，甚至挤兑破产的风险。

5. 国家风险

这是指因某国经济、政治和社会环境发生变化而可能对外国人的债务和证券投资产生潜在影响的风险。

6. 声誉风险

这是指由商业银行经营、管理及其他行为或外部事件导致利益相关方对商业银行负面评价的风险。

声誉事件会引发商业银行声誉风险，重大声誉事件会造成商业银行重大损失、引发市场大幅波动，甚至引发系统性风险或影响社会经济秩序稳定。

7. 法律风险

法律风险是一种特殊类型的操作风险，是指由于合约在法律范围内无效而无法履行，或者合约订立不当等原因引起的风险。法律风险主要发生在场外交易中，多由金融创新引发法律滞后而致。甚至个别金融衍生工具最开始就是为规避法律的管制而创造出来的。

8. 战略风险

战略风险就可理解为银行整体损失的不确定性。战略风险是影响整个银行的发展方向、企业文化、信息和生存能力或企业效益的因素。战略风险因素也就是对银行发展战略目标、资源、竞争力或核心竞争力、银行效益产生重要影响的因素。

（二）风险管理的主要对策

1. 风险预防

风险预防是指商业银行针对面临的风险，事先设置多层预防措施，防患于未然。风险预防措施包括：一是充足的自有资本金，商业银行抵御风险的最后防线是保持充足的自有资本金，因此，银行的资本必须具备相当的规模并满足监管要求。二是适当的准备金，商业银行的自有资本很少，单靠自有资本来防范风险往往不现实，因此，商业银行需要在资产中保持一定的准备金以抵御风险，其中法定准备金和超额准备金是基本的准备金。

2. 风险分散

风险分散是指商业银行通过实现资产结构多样化，尽可能选择多样的、彼此不相关或负相关的资产进行搭配，以降低整个资产组合的风险程度。根据这一策略，商业银行的信贷业务应是全面的、分散的，对单一客户的授信额度要控制在一定范围之内，将单项资产在总资产中的份额限制在极小的比例之内。

3. 风险转移

风险转移是指当风险分散之后仍有较大的风险存在时，商业银行可以利用某些合法的交易方式或业务手段将风险转移出去。风险转移分为保险转移和非保险转移两类。出口信贷保险是典型的金融风险保险转移策略；银行办理信贷业务时要求用信人提供保证担保，就属于典型的非保险转移策略。

4. 风险对冲

风险对冲是指商业银行通过投资或购买与标的资产收益波动负相关的某种资产或衍生产品，来冲销标的资产潜在损失的一种风险管理策略。风险对冲对管理市场风险非常有效。近年来，随着信用衍生产品的不断创新和发展，风险对冲策略也被广泛应用于信用风险管理领域。

5. 风险抑制

风险抑制是指商业银行在经营过程中，主动性地选择拒绝或退出高风险的经营活动。在现代商业银行经营管理中，风险抑制主要通过经济资本配置来实现，即对于某些高风险、低收益的业务，商业银行对其配置很低的经济资本，并设立较低的风险容忍度，促使相关的业务降低风险暴露，甚至完全退出该业务领域。

6. 风险补偿

风险补偿是指商业银行采取各种措施对风险可能造成的损失加以弥补。银行常用的风险补偿方法有：合同补偿，即在订立合同时将风险因素考虑在内，如将风险可能造成的损失计入价格之中；保险补偿，即通过存款保险制度来减少银行风险；法律补偿，即利用法律手段对造成银行风险损失的法律责任者提起财产清理诉讼，尽可能地挽回损失。

中国的存款保险制度

我国《存款保险条例》(下称《条例》) 于 2015 年 5 月 1 日正式施行，各家银行向保险机构统一缴纳保险费，一旦银行出现危机，保险机构将对存款人提供最高 50 万元的赔付额。存款保险制度在保障存款人权益、增强公众信心、强化风险约束、促进银行审慎经营和健康发展等方面的作用逐步显现。

当前我国存款保险制度的作用和特点主要体现在以下几个方面：

第一，对存款人全额保障水平持续保持高位，有效维护了银行体系稳定。截至 2017 年末，50 万元存款保险保护限额能够为全部投保机构 99.6%的存款人提供全额保护，这与《条例》出台时的保障水平相比保持稳定。其中：城市商业银行的全额保护覆盖率为 99.4%，农村商业银行为 99.7%，农村合作银行为 99.7%，农村信用社为 99.8%，村镇银行为 99.2%，民营银行为 99.9%。总体上看，我国存款保险的保障水平较高，可以对存款人给予充分保护。

第二，我国存款保险在防范和应对银行挤兑、增强银行体系稳健性方面已经开始发挥重要作用。当前，我国部分金融生态脆弱地区处于风险易发高发期，一有“风吹草动”很容易引发存款人恐慌和挤兑。存款保险制度建立后，存款人权益有了制度化的法律保障，大大增强了公众信心，提升银行体系稳健性。

第三，存款格局总体保持稳定，中小银行存款市场份额稳中有升。从各国经验看，存款保险是中小银行发展的重要有利条件，客观上可以增强中小银行的信用，有利于为之创造一个与大银行公平竞争的金融市场环境，促进包括大、中、小银行在内的各类银行业金融机构均衡健康发展。从监测情况看，《条例》施行以来，大、中、小银行存款格局保持稳定，中小银行的市场份额稳中有升。截至 2017 年末，中小银行存款余额比《条例》出台时增长 37.3%，存款市场份额比《条例》出台时上升 2.1 个百分点。

第四，存款保险为发展民营银行、利率市场化等金融领域其他改革提供了重要条件。从全球经验看，对于我国这样的大国经济，要给实体经济尤其是小微企业、社区和三农提供更好的金融服务，还需要多一些扎根基层和社区的民营中小金融机构。从实践情况看，存款保险的制度保障，有利于民营银行和其他银行的公平竞争，同时，通过风险差别费率和早期纠正等机制，及时校正和有序释放风险，可以为适当放宽市场准入、增加基层金融服务有效供给、深化利率市场化解除后顾之忧。

课后练习题

一、单选题

1. 目前，各国商业银行普遍采用的组织形式是（　　）。

A. 单一银行制度　　B. 分支银行制度

C. 控股公司制度　　D. 连续银行制度

2. 2005 年中国银监会发布了《商业银行风险监管核心指标》，其中属于信用风险指标的是（　　）。

A. 核心负债比率　　B. 流动性比率

C. 不良资产率　　D. 利率风险敏感度

3. 下列经营活动中，属于商业银行中间业务特点的是（　　）。

A. 运用银行自有资金　　B. 以收取服务费的方式获得收益

C. 赚取利差收入　　D. 留存管理现金

4. 巴塞尔协议Ⅲ要求商业银行设立“资本防护缓冲资金”，其总额不得低于银行风险资产的（　　）。

A. 1.5%　　B. 2.0%　　C. 2.5%　　D. 3.0%

5. 在美国的次贷危机中，很多依靠从银行借入次级贷款来购买住房的人，到期不能还本付息。这种情形对于发放次级贷款的银行而言，属于该银行承受的（　　）。

A. 流动性风险　　B. 操作风险

C. 法律风险　　D. 信用风险

6. 假定某商业银行吸收到 1 000 万元的原始存款，然后贷放给客户，法定存款准备金率为 12%，超额准备金率为 3%，现金漏损率为 5%，则存款乘数是（　　）。

A. 5.0　　B. 6.7　　C. 10　　D. 20

7. 2003 年修改通过的《中华人民共和国商业银行法》规定，商业银行的经营原则包括安全性、流动性和（　　）。

A. 政策性　　B. 公益性　　C. 盈利性　　D. 审慎性

8. 由某一个人或某一集团通过购买两家或更多的银行多数股票的形式，形成联合经营的银行组织制度称为（　　）制度。

A. 持股公司　　B. 连锁银行

C. 分支银行　　D. 单一银行

9. 作为金融中介机构，商业银行的经营对象是（　　）。

A. 内控和风险　　B. 信贷和风险

C. 货币和信用　　D. 资产和负债

10. 根据我国商业银行的贷款五级分类，下列贷款中，不属于不良贷款的是（ ）。

A. 关注类贷款　　B. 次级类贷款

C. 损失类贷款　　D. 可疑类贷款

11. 某商业银行资产的平均到期日为 360 天，负债的平均到期日为 300 天。从速度对称的原理看，该商业银行的资产运用（ ）。

A. 过度　　B. 不足　　C. 合适　　D. 违法

12. 商业银行的现金资产不包括（ ）。

A. 库存现金　　B. 存款准备金

C. 存放同业款项　　D. 对外贷款

13. 根据规定，国内系统重要性银行附加资本要求为风险加权资产的（ ）。

A. 1%　　B. 2.5%　　C. 4%　　D. 8%

14. 商业银行在计算资本充足率时，核心一级资本中需要全额扣除的是（ ）。

A. 贷款损失准备　　B. 超额贷款损失准备

C. 一般风险准备　　D. 实收资本

15. 按照“巴塞尔协议”的规定，商业银行总资本与加权风险总资产的比率不得低于（ ）。

A. 4%　　B. 8%　　C. 10%　　D. 50%

二、案例题

表 7-15 是我国某商业银行 2018 年年末的资产负债简况。

表 7-15　某银行 2018 年年末资产负债简况　　单位：亿元

序号	项目	年末收益
1	各项存款	25 000
2	各项贷款	15 000
3	债权投资	6 250
4	现金及存放中央银行款项	5 500
5	存放同业款项	1 125
6	发行普通金融债券	1 500
7	向中央银行借贷	250

1. 2018 年年末，该商业银行的资产余额为（ ）亿元。

A. 28 375　　B. 27 250　　C. 21 675　　D. 27 875

2. 2018 年末，该商业银行的现金资产余额为（ ）亿元。

A. 6 625　　B. 6 875　　C. 5 500　　D. 7 125

3. 2018 年年末，该商业银行的短期借贷余额为（ ）亿元。

A. 150　　B. 250　　C. 400　　D. 1 375

三、多选题

1. 根据表 7-15，关于该商业银行资产负债管理的说法，正确的有（　　）。

A. 债券投资是主要的资金运用

B. 现金资产的流动性高于贷款，但盈利性低于债券

C. 借入款的偿还期限和金额需要集中，以便集中偿付

D. 借入款规模应适当控制，并以增加短期债券为主，以提高流动性

2. 下列业务活动中，属于商业银行中间业务的有（　　）。

A. 代理收费　　B. 咨询顾问

C. 自营债券投资　　D. 基金和债券的代理买卖

E. 托管及支付结算业务

3. 关于商业银行总分行说法正确的有（　　）。

A. 所有都实行的制度　　B. 加速垄断与集中

C. 易于实现规模效应　　D. 抵御风险能力差

E. 内部层级多，管理难度大

4. 下列金融活动中，属于商业银行资产管理范畴的有（　　）。

A. 发行债券　　B. 交纳法定存款准备金

C. 证券回购　　D. 债券投资

E. 优化贷款期限结构

5. 现代商业银行经营管理中，有三种意义上的资本，即（　　）。

A. 会计资本　　B. 监管资本

C. 经济资本　　D. 实际资本

E. 虚拟资本

四、简答题

1. 简述商业银行的职能。

2. 简述商业银行的经营原则。

3. 简述商业银行的资产业务和负债业务的主要内容。

4. 收集两家商业银行的相关资料（可通过同花顺软件），比如中国建设银行与兴业银行，对两家商业银行的各项业务进行分析，并进行相应的估值分析。

第七章练习题答案

第八章　中央银行

【本章要点】

1. 中央银行的职能。
2. 中央银行制度的类型
3. 中央银行的资产业务和负债业务。

第一节　中央银行概述

一、中央银行的产生

中央银行的产生有两个基本前提：一是商品经济的发展比较成熟，二是金融业的发展对此有客观需求。从中央银行的起源和大多数国家设立中央银行的情况看，中央银行制度的建立，大致出于以下四个方面的需要。

（一）集中货币发行权的需要

在中央银行制度确立之前，众多银行都有权发行自己的银行券，市场上流通着五花八门的银行券。随着货币信用业务的迅速扩展，银行数量不断增多，这种分散的银行券发行也越来越暴露出它的严重缺陷。

如果各家银行的银行券都能随时兑换，它们之间的比价就只需简单地根据各自所代表的金属货币价值加以确定，但事实上为数众多的中小银行信用能力薄弱，其发行的银行券常常不能兑现，导致这些银行券以低于面值的价值流通，使得各银行券之间的比价难以确定，扰乱货币流通的秩序。更严重的是，由兑现引起的信用危机很容易引发银行业的挤兑风潮，给社会和经济的发展带来混乱。

另外，大量的不同种类的银行券同时在市场流通，迫使交易双方不得不花费大量的精力去辨别它们的真伪，社会流通成本大大提高，也为不法之徒的欺诈行为提供了机会。

这些问题表明，多家银行分散发行银行券的做法已经对迅速发展的商品经济构成障碍，由一家大银行来统一发行银行券势在必行。这一过程在最开始时是自发的，某些大银行依托自身的优势，在银行券的发行中不断排挤其他的中小银行，并最终在政府的扶持下，成为独占银行券发行权的中央银行。早期的中央银行大都有这一经历，英国的中央银行——英格兰银行便是一个典型的例子。

（二）最后贷款人的需要

商业银行在经营过程中，经常会出现某些临时性的资金不足，这时，它也许可以通过发行银行券、同业拆借或回购协议方式筹资，但有时这些方式并不能满足需要。这时，客观上就需要一个经济实力雄厚的部门向商业银行提供资金支持，充当商业银行的最后贷款人，以帮助银行渡过暂时的难关，这对于维护银行体系的稳定是非常重要的。中央银行由于其特殊的地位及资金来源承担最后贷款人职能。

（三）票据清算的需要

银行制度的建立和发展带来了支票等银行票据的流通，依托于银行的转账结算也成为货币流通的主要渠道。资金是经济运作的血液，票据交换及清算若不能得到及时、合理的处置，就会严重阻碍经济的顺畅运行。因此，需要有一个更权威的、全国性的、统一的清算中心。中央银行建立起来后，这一职责非常自然地就由有政府背景的中央银行承担起来。

（四）金融宏观调控与监管的需要

现代经济是货币信用经济，货币信用的运行状况对国民经济的稳定与发展具有至关重要的影响，因而对货币信用的调控也成为政府宏观调控的主要内容。通过制定和实施货币政策．对经济运行进行干预和调节，是中央银行的主要职责。同时，银行业经营竞争激烈，银行的破产倒闭会给经济造成极大的震动和破坏，为了建立公平、效率和稳定的银行经营秩序，尽可能避免和减少银行的破产和倒闭，政府需要对金融业进行监督管理。中央银行是最早承担起金融监管职责的机构，也是目前许多国家进行金融监管的主要机构。

中央银行的产生和发展经过了一个漫长的过程，最早设立的中央银行是瑞典银行，它原是 1656 年由私人创办的欧洲第一家发行银行债券的银行，于 1668 年由政府出面改组为国家银行，对国会负责。但直到 1897 年才独占发行权，开始履行中央银行职责．成为真正的中央银行。其次是 1694 年成立的英格兰银行，它虽然成立晚于瑞典银行，但是被公认为是近代中央银行的鼻祖。英格兰银行的演变过程是典型的中央银行的演变过程。

中央银行制度在世界各国日渐普及的同时，中央银行的各项职能也不断明确和完善。20 世纪 30 年代大危机以后，各国开始强调政府对经济的干预作用，而货币政策与财政政策是政府干预经济的主要工具，中央银行作为货币制度的制定者和实施者，其地位也不断巩固和提高。与此同时政府对中央银行的控制也在加强，一些原来是私有股份制的中央银行被收归国有，中央银行的政府机构色彩浓厚起来．而不再是一般意义的银行了。

各国中央银行的产生和发展大体上是经由如下三个途径：

（1）由商业银行转化为中央银行：英国的英格兰银行、法国的法兰西银行、德国的普鲁士银行。

英格兰银行是最早的私人股份银行，其成立标志着现代银行制度的产生。由于特殊的股权结构，该行在成立之初就在接受政府存款，向政府提供贷款，并在发行银行券方面享有一定的特权。1833 年，国会规定英格兰银行发行的银行券具有无限清偿资格。1844 年，英国明确规定英格兰银行发行银行券必须有十足的黄金储备，以政府证券充作发行准备的发行额不得超过 1 400 万镑，之后又规定新设的银行和改组的银行不具有银行券的发行权，英格兰银行可以增发这些银行券减少的2/3部分，诸多举措进一步确立了英格兰银行的特殊地位。随着英格兰银行地位的提高，许多商业银行便把自己的一部分准备金存入英格兰银行，并用该部分准备金来结清与其他银行之间的各种债权债务关系。这样，英格兰银行便逐渐取得了清算银行的地位，并在1854年成为英国银行业的票据交换中心。同时在金融危机中，英格兰银行以大银行的实力支撑了存款的支付和债务的清偿，并在金融危机中全力支持资金周转困难的银行和其他金融机构，以免银行挤兑风潮的蔓延而最终导致整个银行业的崩溃，这就是最后贷款人。最后贷款人奠定了现代中央银行的又一基石，英格兰银行向中央银行的演变也因此基本完成。

（2）专门设置的中央银行：美国联邦储备体系，第二次世界大战前后发展中国家和新独立国家的中央银行。

美联储

20世纪以前美国政治的一个主要特征，是对中央集权的恐惧。这不仅仅体现在宪法的制约与平衡上，也体现在对各州权利的保护上。对中央集权的恐惧，是造成美国人对建立中央银行抱有敌意态度的原因之一。除此以外，传统的美国人对于金融业一向持怀疑态度，而中央银行又正好是金融业的最突出代表，美国公众对中央银行的公开敌视，使早先旨在建立一个中央银行以管辖银行体系的尝试，先后两次归于失败：1811年，美国第一银行被解散；1832年美国第二银行延长经营许可证期限的要求遭到否决，随后因其许可证期满在1836年停业。

1836年美国第二银行停业后，由于不存在能够向银行体系提供准备金并使之避免银行业恐慌的最后贷款人，美国金融市场陷入了麻烦，19世纪和20世纪早期，全国性的银行恐慌已成为有规律的事情。1837年、1857年、1873年、1884年、1893年和1907年，都曾爆发过银行恐慌，1907年银行恐慌造成的广泛的银行倒闭和存款人的大量损失，终于使美国公众相信需要有一个中央银行来防止再度发生恐慌了。

不过，美国公众基于对银行和中央银行的敌视态度，对建立类似英格兰银行的单一制中央银行，还是大力反对的。他们一方面担心华尔街的金融业（包括最大的公司和银行）可能操纵这样一个机构从而对整个经济加以控制；另一方面，也担心联邦政府利用中央银行过多干预私人银行的事务。所以，在中央银行应该是一家私人银行还是一个政府机构的问题上，存在着严重的分歧。依据美国传统，国会便把一整套精心设计的带有制约和平衡特点的制度，写入了1913年的联邦储备法，从而创立了拥有12家地区联邦储备银行的联邦储备体系。

当初建立联邦储备系统，首先是为了防止银行恐慌并促进商业繁荣；其次才是充当政府的银行。但是第一次世界大战结束后，美国取代英国，成为金融世界的中心，联邦储备系统已成为一个能够影响世界货币结构的独立的巨大力量。20世纪20年代是联邦储备系统取得重大成功的时代。当经济出现摇摆的迹象时，它就提高货币的增长率，当经济开始以较快的速度扩张时，它就降低货币的增长率。它并没有使经济免于波动，但它的确缓和了波动。不仅如此，它是不偏不倚的，因而避免了通货膨胀。货币增长率和经济形势的稳定，使经济获得了迅速发展。

（3）由综合型银行改革为单一职能的中央银行：苏联、东欧各国及中国的中央银行。

二、中央银行制度的类型

中央银行制度根据各国具体国情的不同而存在较大差异，根据中央银行组织形式和组织结构的不同，可以将中央银行制度大致分为四种类型。

（一）单一式中央银行制度

单一式中央银行制度是最主要的也是最典型的中央银行制度形式。它是指国家设立专门的中央银行，使之与一般的商业银行业务相分离，纯粹地行使各项中央银行职能。单一式中央银行制又有两种类型，即一元制和二元制。

（1）一元制是指一国由独家中央银行及其众多的分支机构来执行中央银行职能。这种由总分行构成的中央银行的特点是权力集中、职能齐全、分支机构众多。世界上大多数国家，如英国、日本以及我国的中国人民银行实行这种中央银行制度。

（2）二元制是指在一国内部建立中央和地方两级中央银行机构，中央级机构是最高权力或管理机构，地方级机构受中央级机构的监督管理，但它们在各自的辖区内有较大的独立性。实行联邦制的国家多采用这种中央银行制度，如美国的联邦储备体系将全国划分为 12 个联邦储备区，每个区设立一家联邦储备银行作为该地区的中央银行，每家联邦储备银行在其辖区内的一些重要城市设立分行，各联邦储备银行是由该储备区内作为联邦储备体系成员的私人商业银行所拥有的私营公用事业的股份机构，不受州政府和地方政府的管辖，它们各有自己的理事会，有权发行联邦储备券，并根据本地区的实际情况执行中央银行的特殊信用业务。在各联邦储备银行之上设联邦储备委员会，其主要职责是制定、实施全国的货币信用政策，并对联邦储备银行进行领导和管理，包括任命联邦储备银行的部分理事、提名联邦储备银行行长的人选、审查和决定再贴现率。

（二）复合式中央银行制度

复合式中央银行制度是指在一国之内不设立专门的中央银行，而是由一家大银行来扮演中央银行和商业银行两个角色。复合中央银行制度主要存在于苏联和过去的东欧国家，我国在 1983 年以前也实行这种中央银行制度。

（三）跨国式中央银行制度

跨国中央银行制度是指两个或两个以上的国家设立共同的中央银行，通常是由参加某一货币联盟的国家共同设立。第二次世界大战后，许多地域相邻经济上与某一发达国家联系密切的欠发达国家，为促进共同的经济发展，组建了货币联盟，并在联盟内成立参加国共同拥有的统一的中央银行。这种跨国的中央银行发行共同的货币，执行一致的金融政策，如西非货币联盟、中非货币联盟等设立的跨国中央银行。欧盟成员国于 1998 年 6 月 1 日设立欧洲中央银行，总行设立在德国的法兰克福。

（四）准中央银行制度

准中央银行制度是指某些国家或地区没有建立通常意义的中央银行，而只设立类似中央银行的机构，或由政府授权某个或某几个商业银行行使部分中央银行职能的制度。实行这种制度的，通常都是国家和地区较小，同时又有一家或几家银行在本国处于垄断地位，如新加坡、马尔代夫、利比里亚等国家以及中国香港地区、中国澳门地区。

三、中央银行的性质

中央银行的性质是指中央银行自身所具有的特有属性，这是由其在国民经济中的地位所决定的，并随着中央银行制度的发展而不断变化。它已由过去集中发行银行券、解决国家财政困难的政府银行，逐步发展成为代表国家调节宏观经济、管理金融的特殊机构，处于一国金融业务的核心和领导地位，总体说来，中央银行的性质可从以下几个方面分析。

（一）中央银行是特殊的金融机构

中央银行的业务活动与普通金融机构有所不同，主要表现在：

（1）其业务对象仅限于政府和金融机构，不是一般的工商客户和居民个人。

（2）中央银行享有政府赋予的一系列特有的业务权利，如发行货币、代理国库、保管存款准备金、制定金融政策等。

（3）与政府有特殊关系。中央银行既要与政府保持协调，又要有一定的独立性，可独立地制定和执行货币政策，实现稳定货币的政策目标。

（二）中央银行是保障金融稳健运行，调节宏观经济的工具

（1）中央银行通过改变基础货币的供应量，保障社会总需求和总供给在一定程度上的平衡。它承担着监督管理普通金融机构和金融市场的重要使命，保障金融体系稳健运行。

（2）中央银行是最后贷款人。它通过变动存款准备率和贴现率对商业银行和其他信用机构进行贷款规模和结构的调节，间接地调节社会经济活动。

（三）中央银行是管理国家金融事务的国家机关

中央银行国家机关的性质与一般国家行政机关有很大不同，中央银行履行其职责主要是通过特定金融业务进行的，对金融和经济管理调控基本上是采用经济手段，这与主要靠行政手段进行管理的国家机关有明显不同。中央银行对宏观经济的调控是分层次实现的，中央银行通过操作货币政策工具，然后再通过金融机构和金融市场影响各经济部门，市场回旋空间较大，作用也较平缓，而国家机关一般是用行政手段直接作用于各微观主体。

四、中央银行的职能

中央银行的职能，一般被概括为发行的银行、银行的银行、政府的银行和管理金融的银行四个职能。

（一）发行的银行

中央银行是发行的银行，指中央银行垄断货币发行，具有货币发行的特权、独占权，是一国唯一的货币发行机构。中央银行是发行的银行，具有两方面的含义。首先，在纸币本位制下，它垄断纸币的发行权，是全国唯一的现钞发行机构。其次中央银行作为货币政策的最高决策机构，在决定一国的货币供应量方面具有至关重要的作用，维护本国货币的正常流通和币值稳定。

发行纸币是中央银行最重要的资金来源。由中央银行发行出来的纸币，小部分形成银行等金融机构的库存现金，大部分则形成流通中的现金，它们与存款机构在中央银行的准备金存款一起，共同构成了基础货币，这是中央银行货币控制的主要方面之一。中央银行拥有货币发行权。当货币流通转化为不兑现的纸币流通后，货币的流通首先靠政府的强制力支撑，但如果货币的购买力不稳定，它仍然难以发挥货币的职能，因此，控制货币供给量，确保货币购买力的实现是央行的重要职责，这也正是央行货币政策的目的所在。

（二）银行的银行

中央银行是银行的银行，是指中央银行通过办理存、放、汇等项业务，作为商业银行与其他金融机构的最后贷款人，履行以下几项职责：

（1）集中保管存款准备金。中央银行根据法律所赋予的特权，要求商业银行及有关金融机构须依法向中央银行缴存存款准备金。这样做的意义在于：集中准备金便于商业银行及有关金融机构相互调剂准备金，增强清偿能力，保障存款人的资金安全和商业银行及有关金融机构自身稳定；有助于中央银行调节信用规模、控制全社会货币供给量；为商业银行及有关金融机构非现金结算创造了条件；强化了中央银行的资金实力。

（2）充当最后贷款人。所谓最后贷款人，是指中央银行为稳定经济金融运行，向那些面临资金周转困难的商业银行及其他金融机构及时提供贷款，帮助它们渡过难关。中央银行作为最后贷款人提供贷款，通常采取两种形式：一是票据再贴现，即商业银行及其他金融机构把自己持有的票据卖给中央银行并由此获得一定现金的业务；二是票据再质押，即商业银行及其他金融机构为应付急迫的资金需求，把自己持有的票据质押给中央银行并由此获得一定的现金的业务。票据再贴现与再质押业务的办理，最终使中央银行真正成为一国商业银行及其他金融机构的信贷中心。

在实践中，特别是存款保险及各类投资者保护制度建立之前，人民银行通过行使“最后贷款人”职能在防范化解金融风险中发挥了重要作用，主要体现在三个方面：一是对发生支付危机的金融机构，在其穷尽自救措施、当地政府及有关部门已采取切实有效救助措施、股东制订的救助方案已获人民银行批准，并严肃追究有关当事人责任的前提下，可提供紧急贷款。二是在处置过程中，经国务院批准发放再贷款，收购个人债权，同时获得债权人对被处置机构的相应求偿权。三是经国务院批准，依法提供专项用于地方风险处置的中央专项借款。

（3）主持全国银行间的清算业务。商业银行按规定向中央银行缴存存款准备金并由此在中央银行开立存款账户，这样，商业银行间因其客户的债权债务关系而产生的债权债务关系，即可通过中央银行采用非现金结算办法予以清算，中央银行于是成为一国银行业的清算中心。

（4）主持外汇头寸抛补业务。中央银行根据外汇供求状况而适时买进卖出外汇，即在商业银行外汇头寸过多时买进外汇，在商业银行外汇头寸不足时卖出外汇。中央银行此举既向商业银行提供了外汇头寸管理便利，又可由此调节外汇市场的外汇供求状况，稳定市场汇率。

（三）政府的银行

中央银行是政府的银行，是指中央银行为政府提供服务，是政府管理一国金融的专门机构。中央银行作为政府的银行具有以下基本职责：

（1）代理国库。这包括：办理政府预算收入的缴纳、划拨和留用，办理预算支出的拨付，向财政反映预算收支情况；协助财政、税收部门收缴库款等。

根据中国人民银行 2018 年年报显示，全国国库系统准确及时办理收入业务达 34.37 万亿元，同比增长 7.4%，其中中央收入为 12.88 万亿元，增长 2.1%，地方收入为 21.49 万亿元，增长 10.8%；办理支出业务达 35.38 万亿元，同比增长 8.7%，其中中央支出为 5.71 万亿元，减少 0.9%，地方支出为 29.66 万亿元，增长 10.7%。各级国库不断强化资金风险管理，加强业务系统日常监测和运行维护，坚守“国库系统安全、国库资金安全”两条底线，实现国库资金“低风险、零案件”的目标。

（2）为政府融通资金。作为政府的银行，中央银行具有为政府融通资金，解决政府临时资金需要的义务。当政府出现财政长期赤字时，中央银行向财政直接提供贷款以平衡财政收支；中央银行进入一级市场直接购买政府债券，从而形成政府的财政收入，流入国库。

（3）代理政府金融事务。如代理国债发行及到期国债的还本付息等。

（4）代表政府参加国际金融活动，进行金融事务的协调、磋商等。

（5）充当政府金融政策顾问，为一国经济政策的制定提供种资料、数据和方案。

（6）保管外汇和黄金储备。

（四）管理金融的银行

中央银行是管理金融的银行，是指中央银行作为一国金融体系的核心，致力于货币政策的制定实施，对整个银行业的运行进行调控监管。中央银行作为管理金融的银行，其职责主要表现在：

（1）根据国情合理制定实施货币政策，在稳定货币的前提下谋求经济增长。

（2）制定颁行各种金融法规、金融业务规章，监督管理各金融机构的业务活动。

（3）管理境内金融市场。中央银行作为金融市场的参与者与管理者，地位特殊且重要。在管理境内金融市场方面，中央银行主要致力于审查、监督上市券的合法性，确保证券交易、资金往来的合法化；借助货币政策工具，影响市场利率，左右融资成本，调节资金供求关系。

第二节 中央银行的业务

一、中央银行的资产负债表的一般构成

现代各国中央银行的任务和职责基本相同，业务活动大同小异，资产负债表的内容也基本相近，下面将中央银行最主要的资产负债项目简化成表 8-1。

表 8-1 中央银行资产负债表

资产	负债
国外资产	流通中的通货
再贴现和再贷款	商业银行等金融机构存款
政府债券和财政借款	国库及公共机构存款
外汇、黄金储备	对外负债
其他资产	其他负债
合计	合计

中央银行的资产负债表与其职能相互对应，作为发行的银行反映在其负债方的流通中通货科目上；作为银行的银行，反映在负债方的商业银行等金融机构存款和资产方的再贴现和再贷款等科目上；作为政府的银行，反映在负债方的国库及公共机构存款和资产方的政府债券和财政借款，外汇、黄金储备等科目上。

中央银行资产负债表所记载的资产、负债的任何变动，均能反映国民经济的变动情况。就货币供给量的调控而言，中央银行可以通过适时适度变动资产负债规模、结构，而使货币供给量作相应的变动，以实现其所定的调控目标。所以，分析了解中央银行资产负债表，对于理解中央银行货币政策变化及其可能产生的结果，作用十分重要。

二、中央银行的资产业务

中央银行的资产是指中央银行在一定时点上所拥有的各种债权，是对其资金运用的业务，即对政府、商业银行等金融机构提供特殊金融服务，实现宏观调控的业务，根据 2019 年中国人民银行发布的中国金融稳定报告可知 2018 年我国央行的总资产为 37.25 万亿元（如表 8-2 所示），主要包括再贴现及再贷款、证券买卖、保管黄金外汇储备等。中央银行的资产业务对其制定实施货币政策、调控金融运行具有重要作用。

表 8-2 2018 年 12 月 31 日中国金融业资产简表 单位：万亿元

项目	资产
金融业	329.14
中央银行	37.25
银行业金融机构	268.24

续表

项目	资产
证券业金融机构	5.32
保险业金融机构	18.33

注：证券业金融机构资产指不包含客户资产的证券公司总资产。

数据来源：中国人民银行金融稳定分析小组估算。

（一）国外资产业务

国外资产是中央银行的资产业务，主要包括外汇、货币黄金和其他国外资产三项。

1. 外　汇

外汇是央行资产负债表中最重要，也是目前占比最高的资产。外汇的快速增长，是近几年货币发行量M2快速增长的主要原因。如表8-3所示，2019年12月，外汇为21.23万亿元，占总资产（37.11万亿元）的比例为57.06%。2018年12月，外汇为21.26万亿元，占总资产（37.25万亿元）的比例为57.21%。在1993年，外汇占总资产的比例仅为10.5%。从那时候开始，一直到2013年底，该比例持续上升，2013年12月，达到了峰值83.29%。

表8-3　中国人民银行资产情况　　单位：亿元

中国人民银行资产负债表—资产部分	时　间	
项目　Item	2018.12	2019.12
国外资产　Foreign Assets	217 648.06	218 638.72
外汇　Foreign Exchange	212 556.68	212 317.26
货币黄金　Monetary Gold	2569.79	2855.63
其他国外资产　Other Foreign Assets	2521.59	3465.84
对政府债权　Claims on Government	15 250.24	15 250.24
其中：中央政府　Of which: Central Government	15 250.24	15 250.24
对其他存款性公司债权　Claims on Other Depository Corporations	111 517.46	117 748.86
对其他金融性公司债权　Claims on Other Financial Corporations	4642.60	4623.39
对非金融性部门债权　Claims on Non-financial Sector	27.84	
其他资产　Other Assets	23 405.85	14 869.26
总资产　Total Assets	372 492.06	371 130.48

2. 货币黄金

货币黄金是中央银行作为储备持有的黄金，具有平衡国际收支、维持或影响汇率水平以及稳定国民经济、抑制通货膨胀、提高国际资信的作用。从表8-3中可以看出，2018年12月和2019年12月中国人民银行的货币黄金分别为2569.79亿和2855.63亿，分别占总资产的0.69%和0.77%。

（二）再贴现业务

对其他存款性公司债权是中国人民银行对商业银行、政策性银行等其他存款性公司的再贴现、再贷款、逆回购操作和结构性货币政策工具余额等所形成的债权。如表 8-3 所示，2018 年 12 月，对其他存款性公司债权的金额为 11.15 万亿元，占总资产的比例为 29.92%，2019 年 12 月，对其他存款性公司债权的金额为 11.77 万亿元，占总资产的比例为 31.73%，在资产端所有项目中，金额排行第二。

对其他金融性公司债权主要是中国人民银行向其他金融性公司，如证券、基金、保险等，发放的再贷款。它的作用主要是发挥稳定金融和最后贷款人的职能，以防范系统性金融风险的发生。

在商业票据流通盛行，贴现市场发达的国家，再贴现业务是中央银行向商业银行融通资金的重要方式。

再贴现是指商业银行通过贴现业务将所持有的未到期的商业票据向中央银行申请转让，中央银行据此向商业银行提供资金的业务。在这里，中央银行买进商业银行的票据形成了自己的资产，并作为最后贷款人向商业银行融通了资金，商业银行获得了资金。中央银行通过对再贴现率的调节，来影响商业银行借入资金的成本，刺激或抑制资金需求，实现对货币供应量的控制。

（三）再贷款业务

中央银行的贷款主要有以下几类：第一，对商业银行的贷款，被称为再贷款。这种贷款一般是短期的，而且多是以政府债券或商业票据作为担保的抵押贷款，这是中央银行贷款中最主要的部分。第二，对政府的贷款，主要包括对政府的正常借款和透支。第三，其他放款，其中包括中央银行对外国银行和国际性金融机构的贷款。中央银行在贷款时不以营利为目的，只为了实现货币政策为目的。

中国人民银行决定自 2020 年 7 月 1 日起下调再贷款、再贴现利率，具体包括：下调支农、支小再贷款利率 0.25 个百分点。调整后，3 个月、6 个月和 1 年期支农再贷款、支小再贷款利率分别为 1.95%、2.15%和 2.25%。再贴现利率下调 0.25 个百分点至 2%。同时，央行还下调金融稳定再贷款利率 0.5 个百分点，调整后，金融稳定再贷款利率为 1.75%，其中，延期期间利率为 3.77%，如表 8-4 所示。

表 8-4 中国人民银行再贷款和再贴现利率表

	利 率
一、再贷款	
1. 支农、支小再贷款	
其中：3 个月	1.95%
6 个月	2.15%
1 年	2.25%
2. 金融稳定再贷款	1.75%
二、再贴现	2.00%

此次是中国人民银行今年以来第二次下调再贷款利率，在此之前，2020 年 2 月 25 日国务院常务会议确定了按市场化、法治化原则加大对中小微企业复工复产的金融支持措施，其中一条就是下调支农、支小再贷款利率 0.25 个百分点至 2.5%。而中国人民银行上一次调整再贴现利率还是在 2010 年 12 月 26 日，也就是说此次再贴现利率是时隔近 10 年再次迎来的调整。

（四）证券买卖业务

中央银行证券买卖业务是指中央银行以市场交易主体的身份，在公开市场上买卖证券来调节超额准备金或基础货币，从而调节货币供给量的行为。证券买卖业务是中央银行最重要的资产业务，买卖证券的种类主要有政府公债、国库券以及其他安全性、流动性很高的有价证券。

一般来说，中央银行在公开市场上买卖证券时，中央银行买卖证券只能在二级市场上进行，不直接在一级市场购买政府债券，这是保持中央银行相对独立性的需要，防止其成为弥补财政赤字的工具。另外，中央银行只能购买信用好、流动性强的证券，以保证其资产的高度流动性。

2018 年末我国央行对中央政府债权的规模为 15 250.24 亿元，对其他存款性公司债权（指的是商业银行与政策性银行），反映的是商业银行与政策性银行之间相互借钱的金额，一般通过金融债、同业往来的方式借钱，规模为 111 517.46 亿元。

（五）保管黄金外汇储备

中央银行作为政府的银行，政府赋予其保管黄金外汇储备，是中央银行主要的资产业务。中央银行在保管黄金外汇储备时，必须从安全性、收益性、流动性三个方面考虑其构成比例问题。中央银行保管黄金外汇储备，可以起到稳定币值和汇率，调节国际收支的作用。

2018 年末我国央行的外汇储备为 212 556.68 亿元，货币黄金储备为 2 569.79 亿元，其他国外资产为 2 521.59 亿元。

三、中央银行的负债业务

中央银行的负债指金融机构、政府、个人和其他部门持有的对中央银行的债权。中央银行的负债业务主要有货币发行业务、存款业务、国库与其他负债业务。

表 8-5 所示，就是我国央行 2018 年和 2019 年 12 月的负债情况。

表 8-5　中国人民银行负债情况　　单位：亿元

中国人民银行资产负债表—负债部分	时　间	
项目　Item	2018.12	2019.12
储备货币　Reserve Money	330 956.52	324 174.95
货币发行　Currency Issue	79 145.50	82 859.05
金融性公司存款　Deposits of　Financial Corporations	235 511.22	226 023.86
非金融机构存款　Deposits of　Non-financial Institutions	16 299.80	15 292.04
不计入储备货币的金融性公司存款　Deposits of Financial Corporations Excluded from Reserve M	4016.33	4574.4

续表

中国人民银行资产负债表—负债部分	时间	
项目 Item	2018.12	2019.12
发行债券 Bond Issue	200	1020
国外负债 Foreign Liabilities	1164.51	841.77
政府存款 Deposits of Government	28 224.74	32 415.13
自有资金 Own Capital	219.75	219.75
其他负债 Other Liabilities	7710.2	7884.49
总负债 Total Liabilities	372 492.06	371 130.48
储备货币 Reserve Money	330 956.52	324 174.95
货币发行 Currency Issue	79 145.50	82 859.05
金融性公司存款 Deposits of Financial Corporations	235 511.22	226 023.86

（一）货币发行业务

中央银行具有垄断货币发行的权利，货币发行有两重含义：一是指货币从中央银行的发行库通过各家商业银行的业务库；二是指货币从中央银行流出的数量大于从流通中回笼的数量。通过这项业务，中央银行既为商品流通和交换提供流通手段和交换手段，也为社会筹集资金，满足中央银行实现各项职能的需要。2018 年末我国央行的货币发行总额为 79 145.5 亿元，占总负债的 21.25%，2019 年年末我国央行的货币发行总额为 8 285 9.05 亿元，占总负债的 22.33%。

在现代信用货币制度下，国家财政发生赤字，不再是以直接发行货币来弥补，而是通过向银行借款或发行公债，迫使银行额外增加货币发行。中央银行的货币发行通过再贴现、贷款、购买证券、购买金银和外汇等中央银行的业务活动，将货币注入流通，并通过同样的渠道回笼货币，从而满足国民经济发展以及商品生产与流通的扩张和收缩对流通手段和支付手段的需求。

（二）中央银行的存款业务

中央银行的存款一般可分为商业银行等金融机构的准备金存款、政府存款、非银行金融机构存款、外国存款、特定机构和私人部门存款等。

1. 准备金存款业务

其他存款性公司存款是商业银行等存款机构的准备金存款。准备金存款是中央银行存款业务中最主要的一项，存款准备金分为法定准备金和超额准备金两部分。根据法律规定，商业银行按某一比例转存中央银行的部分叫法定准备金，而在中央银行存款中超过法定准备金的部分称为超额准备金。中央银行集中商业银行与其他金融机构的存款准备金，旨在满足流动性与清偿能力要求。调控信贷规模和货币供给量、便利资金清算以维护金融体系安全与稳定，而这一最大的存款资金自然成为中央银行充当最后贷款人、实施货币政策的基础。2018 年末，我国金融性公司存款总额为 235 511.22 亿元，非金融性公司存款为 16 299.8 亿元。

2. 政府存款

政府存款的构成各国有些差异，有些国家政府存款就是指中央政府的存款，而有的国家则将各级地方政府的存款、政府部门的存款也列入其中。政府存款中最主要的仍是中央政府存款。2018 年末，我国央行的政府存款总额为 28 224.74 亿元。

3. 非银行金融机构存款

非银行金融机构在中央银行存款的主要目的在于清算。目前我国各种非银行金融机构在中国人民银行都有存款，主要也是用于清算。

4. 外国存款

这项存款或是属于外国银行或者属于外国政府，其持有的这些债权构成本国的外汇，随时可以用于贸易结算和清算债务。2018 年末，我国央行总有 1 154.51 亿元外国存款。

（三）经营国库业务

中央银行代理国库业务就是接受政府的委托，代表国家管理财政收入和支付。我国国库管理一贯实行委托制，即国家财政机关不专设机构，一切库款收支由国家银行代理。1950 年 3 月政务院颁布的《中央金库条例》和 1985 年 7 月国务院发布的《中华人民共和国国家金库条例》，明确规定中国人民银行具体经理国库，据此组织管理国库工作，是人民银行的一项重要职责。

（四）中央银行的其他负债业务

1. 发行中央银行票据

发行中央银行票据是中央银行的一种主动负债业务。中央银行发行票据的目的是针对商业银行和其他金融机构超额储备过多的情况，发行票据以减少它们的超额储备，以便有效地控制货币供应量。另外，也可以作为公开市场操作的工具之一，通过中央银行票据的市场买卖行为，灵活地调节货币供应量。

2. 国外负债

中央银行的国外负债业务主要包括从国外银行借款、对外国中央银行负债、向国际金融机构贷款、在国外发行中央债券等。各国中央银行对外负债的目的一般是平衡国际收支，无论因何种原因出现国际收支逆差，都需要采取措施弥补。通过表 8-5 可知，中国人民银行 2018 年末和 2019 年末的国外负债分别为 1164.51 亿元和 841.77 亿元。

3. 自有资金

中央银行的自有资金实际上就是筹集、维持和补充自有资本的业务。中央银行自有资本的形成主要有三个途径：政府出资、地方政府或国有机构出资、私人银行和部门出资。由于中央银行拥有特殊的地位和法律权力，其资本金的作用实际上比一般金融机构要小得多，有的国家中央银行甚至没有资本金，比如韩国中央银行。2018 年末和 2019 年末，我国央行的自有资金为 219.75 亿元。

四、中央银行的中间业务

资产清算业务是中央银行的主要中间业务，这类业务可以划分为以下三类。

1. 集中办理票据交换

票据交换工作一般在票据交换所进行，参与票据交换所交换票据的银行均是“清算银行”或“交换银行”，它们都必须依据票据交换所有关章程的规定承担一定的义务（缴纳一定交换保证金、在中央银行开立往来存款账户用以结清交换差额、分摊交换所有关费用）才能拥有入场交换票据的权利。

2. 结清交换差额

中央银行开立有往来存款账户（独立于法定存款准备金账户）的各清算银行，其票据交换所的最后差额即由该账户上资金的增减来结清。

3. 办理异地资金转移

中央银行的资金清算工作既通过其分支机构组织同城票据交换与资金清算，也办理全国范围内的异地资金转移。

中国人民银行历史沿革

人民银行的历史渊源，可以追溯到第二次国内革命战争时期。1931 年 11 月，在江西瑞金召开的全国苏维埃第一次代表大会上，通过决议成立“中华苏维埃共和国国家银行”（简称苏维埃国家银行），并发行货币。从土地革命到抗日战争时期一直到中华人民共和国成立前夕，人民政权被分割成彼此不能连接的区域。各根据地建立了相对独立、分散管理的根据地银行，并各自发行在本根据地内流通的货币。1948 年 12 月 1 日，以华北银行为基础，合并北海银行、西北农民银行，在河北省石家庄市组建了中国人民银行，并发行人民币，这成为中华人民共和国成立后的中央银行和法定本位币。

一、中国人民银行的创建与国家银行体系的建立（1948—1952 年）

1948 年 12 月 1 日，中国人民银行在河北省石家庄市宣布成立。华北人民政府当天发出布告，由中国人民银行发行的人民币在华北、华东、西北三区的统一流通，所有公私款项收付及一切交易，均以人民币为本位货币。1949 年 2 月，中国人民银行由石家庄市迁入北平。1949 年 9 月，中国人民政治协商会议通过《中华人民共和国中央人民政府组织法》，把中国人民银行纳入政务院的直属单位系列，接受财政经济委员会指导，与财政部保持密切联系，赋予其国家银行职能，承担发行国家货币、经理国家金库、管理国家金融、稳定金融市场、支持经济恢复和国家重建的任务。

二、计划经济体制时期的国家银行（1953—1978年）

在统一的计划体制中，自上而下的人民银行体制，成为国家吸收、动员、集中和分配信贷资金的基本手段。与高度集中的银行体制相适应，从1953年开始建立了集中统一的综合信贷计划管理体制，即全国的信贷资金，不论是资金来源还是资金运用，都由中国人民银行总行统一掌握，实行"统存统贷"管理办法的银行信贷计划纳入国家经济计划，成为国家管理经济的重要手段。高度集中的国家银行体制，为大规模的经济建设进行全面的金融监督和服务。

三、从国家银行过渡到中央银行体制（1979—1992年）

1979年1月，为了加强对农村经济的扶植，恢复了中国农业银行。同年3月，为适应对外开放和国际金融业务发展的新形势，改革了中国银行的体制，中国银行成为国家指定的外汇专业银行；同时设立了国家外汇管理局。以后，又恢复了国内保险业务，重新建立中国人民保险公司；各地还相继组建了信托投资公司和城市信用合作社，出现了金融机构多元化和金融业务多样化的局面。

日益发展的经济和金融机构的增加，迫切需要加强金融业的统一管理和综合协调，由中国人民银行来专门承担中央银行职责，成为完善金融体制、更好发展金融业的紧迫议题。1982年7月，国务院批转中国人民银行的报告，进一步强调"中国人民银行是我国的中央银行，是国务院领导下统一管理全国金融的国家机关"，以此为起点开始了组建专门的中央银行体制的准备工作。

1983年9月17日，国务院做出决定，由中国人民银行专门行使中央银行的职能，并具体规定了人民银行的10项职责。从1984年1月1日起，中国人民银行开始专门行使中央银行的职能，集中力量研究和实施全国金融的宏观决策，加强对信贷总量的控制和金融机构的资金调节，以保持货币稳定；同时新设中国工商银行，人民银行过去承担的工商信贷和储蓄业务由中国工商银行专业经营；人民银行分支行的业务实行垂直领导；设立中国人民银行理事会，作为协调决策机构；建立存款准备金制度和中央银行对专业银行的贷款制度，初步确定了中央银行制度的基本框架。

四、逐步强化和完善现代中央银行制度（1993年至今）

1993年，按照国务院《关于金融体制改革的决定》，中国人民银行进一步强化金融调控、金融监管和金融服务职责，划转政策性业务和商业银行业务。

1995年3月18日，全国人民代表大会通过《中华人民共和国中国人民银行法》，首次以国家立法形式确立了中国人民银行作为中央银行的地位，标志着中央银行体制走上了法制化、规范化的轨道，是中央银行制度建设的重要里程碑。

1998年，按照中央金融工作会议的部署，改革人民银行管理体制，撤销省级分行，设立跨省区分行，同时，成立人民银行系统党委，对党的关系实行垂直领导，干部垂直管理。

2003年，按照党的十六届二中全会审议通过的《关于深化行政管理体制和机构改革的意见》和十届人大一次会议批准的国务院机构改革方案，将中国人民银行对银行、金融资产管理公司、信托投资公司及其他存款类金融机构的监管职能分离出来，并和中央金融工委的相关职能进行整合，成立中国银行业监督管理委员会。同年 9 月，中央机构编制委员会正式批准人民银行的“三定”调整意见。12 月 27 日，十届全国人民代表大会常务委员会第六次会议审议通过了《中华人民共和国中国人民银行法（修正案）》。

有关金融监管职责调整后，人民银行新的职能正式表述为“制定和执行货币政策、维护金融稳定、提供金融服务。”同时，明确界定“中国人民银行为国务院组成部门，是中华人民共和国的中央银行，是在国务院领导下制定和执行货币政策、维护金融稳定、提供金融服务的宏观调控部门”。这种职能的变化集中表现为“一个强化、一个转换和两个增加”。

课后练习题

一、单选题

1. 中央银行进行公开市场操作时，在金融市场上买卖的有价证券主要是（　　）。
A. 国债　B. 公司债券　C. 银行承兑汇票　D. 商业承兑汇票
2. 下列中央银行业务中，不属于资产业务的是（　　）。
A. 再贴现业务　B. 再贷款业务
C. 债券发行业务　D. 证券买卖业务
3. 下列中央银行的职能中，属于“政府的银行”职能的是（　　）。
A. 管理境内金融市场　B. 制定实施货币政策
C. 控制信用规模　D. 代理国债发行
4. 我国中央银行的资本结构是（　　）形式。
A. 国有　B. 多国共有
C. 无资本金　D. 混合所有
5. 采取总分行制、逐级垂直隶属的中央银行组织形式，称为（　　）。
A. 一元式中央银行制度　B. 二元式中央银行制度
C. 跨国中央银行制度　D. 准中央银行制度
6. 下列中央银行的活动中，体现其“银行的银行”职能的是（　　）。
A. 垄断发行货币　B. 代理国库
C. 集中保管存款准备金　D. 向政府提供贷款
7. 中央银行组织全国的资金清算属于中央银行的（　　）。
A. 中间业务　B. 资产业务
C. 负债业务　D. 公开市场业务
8. 中央银行对商业银行的放款的形式中，不包括（　　）。
A. 质押放款　B. 贴现放款
C. 信用放款　D. 限额贷款
9. 下列中央银行的活动中，体现其“发行的银行”的职能的是（　　）。
A. 组织全国的清算　B. 统一国内的货币形式

C. 经理国库　　　　D. 买卖国债

10. 中央银行资产负债表中负债方主要项目包括（　　）。

A. 通货　　　　B. 其他国外资产

C. 政府债券　　　　D. 外汇、黄金储备

二、简答题

1. 简述中央银行的职能。

2. 简述中央银行的资产业务和负债业务的主要内容。

第八章练习题答案

第九章　货币供求

【本章要点】

1. 货币需求理论。
2. 商业银行的存款货币创造过程。
3. 基础货币。
4. 货币乘数。

第一节　货币需求

货币的职能决定了货币在经济生活中的重要地位。经济行为的微观主体对货币的主观需求是无限的，但是从客观上看，不是所有的货币需求都需要得到满足。影响货币需求的因素是多种多样的，对此不同的货币需求理论做出了不同的解释。准确判断社会总体货币需求的数量变化是货币当局确定合理的货币供给，进而进行货币操作的重要依据。

一、货币需求概述

对于经济个体而言，货币代表着财富、流动性和支付能力，人们总是希望货币越多越好，从主观上讲，微观个体对货币的需求是无限的。经济学意义上的货币需求是需求愿望与需求能力的结合，是一种有效需求。货币需求是指社会公众（个人、企业、政府）愿意以货币形式（现金和存款货币）持有其拥有的财富的一种需要。如果把所有社会公众的货币需求加总起来，就形成全社会的货币需求。

二、货币需求理论的发展

货币需求理论主要分析经济中哪些因素会影响到社会各个部门的货币需求量，这些因素又是如何对社会各个部门的货币需求产生影响的。

（一）货币数量论的货币需求理论

1. 费雪方程式

欧文·费雪（Fisher）于 1911 年出版的《货币的购买力》一书，是货币数量论的代表作，在该书中，费雪提出了著名的“交易方程式”，也被称为费雪方程式，即：

$$MV = PY$$

式中，M 是总货币存量；P 是价格水平；Y 为各类商品的交易数量；V 是货币平均流通速度，它代表了单位时间内货币的平均周转次数。该方程式表明，名义收入等于货币存量和流通速度的乘积。

上式还可以表示为：

$$P = \frac{MV}{Y}$$

这一方程式表明，物价水平的变动与流通中的货币数量的变动和货币的流通速度变动成正比，而与商品交易量的变动成反比。

费雪认为，短期里 V 和 Y 保持不变，所以 M 的变化决定了价格水平。

一般认为，费雪方程式存在的主要问题表现在：第一，费雪方程式仅从宏观上研究全社会的货币需求量，没有考虑微观经济主体对货币需求的影响。第二，该方程式着眼于货币的流通手段职能，认为货币只是纯粹的交易工具，而忽略了货币作为贮藏财富手段的职能。第三，该方程式的假定前提是货币流通速度与商品交易量不变，而在经济生活的实践中，这两者都会或多或少发生变化。

2. 剑桥方程式

与费雪方程式不同，剑桥学派认为，处于经济体系中的个人对货币的需求，实质是选择以怎样的方式保持自己资产的问题。每个人决定持有货币多少，有种种原因，但在名义货币需求与名义收入水平之间总是保持一个较为稳定的比例关系。因此有：

$$M_d = kPY$$

式中，M_d 为名义货币需求；Y 为总收入；P 代表价格水平；k 为以货币形式保存的财富占名义总收入的比例，这就是剑桥方程式。

费雪方程式和剑桥方程式是两个意义大体相同的模型，但是两个方程式有显著的差异，主要体现在以下三个方面：

① 对货币需求分析的侧重点不同。费雪方程式强调的是货币的交易功能，剑桥方程式侧重的是货币作为一种资产的功能。

② 费雪方程式重视货币支出的数量和速度，剑桥方程式从货币形式保有资产存量的角度考虑货币需求，重视存量占收入的比例。所以对费雪方程式也有人称之为现金交易说，而剑桥方程式则被称为现金余额说。

③ 两个方程式所强调的货币需求决定因素有所不同。费雪方程式是从宏观角度用货币数量的变动来解释价格，剑桥方程式则是从微观角度进行分析，认为人们对于保有货币有一个满足程度的问题。

（二）凯恩斯的货币需求函数

1936 年，凯恩斯发表《就业、利息与货币通论》，分析了资本主义社会存在有效需求不足的各种原因，提出了流动性偏好概念。他从资产选择的角度来考察货币需求，更为精细地研究了个人的持币动机，发展了一种强调利率重要性的货币需求理论。

凯恩斯认为货币需求是指特定时期公众能够而且愿意持有的货币量。人们需要持有货币是因为存在流动偏好这种普遍的心理倾向，人们愿意持有现金而不愿意持有其他缺乏流动性的资产，这一流动性偏好构成了对货币的需求。因此，凯恩斯的货币需求理论又被称为流动性偏好理论。

凯恩斯对货币理论基本的贡献是从货币需求的动机入手，把人们对货币的需求分为交易动机、预防动机和投机动机三种，并将货币需求看作一种函数关系。

交易动机是指企业或者个人出于交易动机为进行日常交易而产生的货币需求。凯恩斯指出，交易性货币需求相对稳定，可以预计，对利率变化不太敏感，这部分用于交易媒介的货币需求量主要取决于收入的多少，它们之间存在稳定的比例关系。一般来说，交易动机与收入成正比，与利率无关。

预防动机是指企业或者个人出于预防或谨慎动机，为了应付可能遇到的意外支出而产生的货币愿望。预防动机也主要取决于收入水平的高低。一般来说，预防动机与收入成正比，与利率无关。

投机动机是指人们根据对市场利率变化的预测需要持有货币以便满足从中获利的动机，从而产生的对货币的需求。投机动机是货币需求三个动机中最重要也是最复杂的一个，投机动机分析是凯恩斯货币理论中最有特色的部分，它与利率成反比，与收入无关。

金融小学堂

凯恩斯的投资理念

凯恩斯的投资生涯以 1919 年为分界点，可以分成两个阶段：第一阶段（1905—1919年），凯恩斯进行少量个人投资，并向朋友们提供咨询，他的交易量有限，收益主要来自储蓄。第二阶段（1919—1946 年），凯恩斯在金融市场上的投资大幅度增加，同时代客理财。这些年间，他的收入主要来自金融投资收益，只有小部分来自学术活动。

凯恩斯的投资哲学也有一个进化的过程。

在 20 年代，凯恩斯把自己看成是一个科学的赌客，他在货币和期货上进行投机，想按照经济周期来玩一把。

到了 1930 年代，凯恩斯形成了新的投资哲学——要牢牢地守住几只经过精心挑选的股票，在股市下跌时，一个投资者应该是买，而不是卖，找到便宜货的期望，要比屈服于大众的恐慌心理更加理性些。

他的投资生涯中总结出来的经验主要有：

（1）对几项投资进行仔细选择，考虑它们相对于今后几年的实际和潜在内在价值是否便宜，同时还要考虑到其他供投资的选择。

（2）对这几项大手笔投资稳重持股，绝不动摇，直到几年后投资收益稳操胜券或投资证明是错误时方可放手。

（3）建立一个平衡的投资组合，尽管个股持股量较大，风险却是多种多样的，如果可能只有相对风险。

凯恩斯对于股市的本质理解非常深刻，他有很多警句，比如："在长期，我们都已经死了。""市场保持非理性的时间，比你能支撑的时间长得多。"

凯恩斯把用于贮藏财富的资产分为货币和债券两类。货币是不生利息的资产，而债券是生利息的资产。凯恩斯在解释人们为什么不愿意持有债券而宁愿选择货币牺牲利息的理由时，认为问题在于债券未来市场价格的不确定性。选择货币而牺牲的债券利息收入就是持有货币的机会成本，利率越高，机会成本就越大，作为资产持有的货币量也就越少。因此，作为资产持有的货币量是利率的函数，两者呈现相反方向的变动。在极端的情况下，当利率水平低到所有人都认为不能再降低，它肯定将上升的时候，货币的投机性需求就变得无限大，任何新增的货币供给都会被人们所持有，而不会增加对债券的需求，也不会使利率进一步下降，这便是所谓的流动性陷阱。

由于交易动机和预防动机所决定的货币需求取决于收入水平，投机动机的货币需求则取决于利率水平，因此，凯恩斯的货币需求函数就是：

$$M = M_1 + M_2 = L_1(Y) + L_2(r)$$

式中，M_1为交易动机和预防动机所决定的货币需求，是收入 Y 的函数；M_2为投机性货币需求，是利率 r 的函数；L_1、L_2是作为流动性偏好的函数符号。

从上述分析可以看出，凯恩斯货币需求理论的显著特点是将货币需求看作一种函数关系，并特别强调利率在决定货币需求中的作用，这对于古典货币数量学派将货币需求看作由制度和技术决定的常数，货币供给的变动只是简单地影响物价的论点而言，无疑是一个进步。

凯恩斯认为，不仅商品交易的规模与价格总额影响货币需求，而且利率变动也会影响货币需求。由于利率是货币资金市场供求状况的反映，货币供给量的变化能够迅速影响利率。所以，货币供给不仅通过价格的变动，使货币供求达到新的均衡，还通过利率的变动调节货币需求，使货币供求均衡。

资料来源：根据金融界网站《长盛基金："股神"凯恩斯的投资传奇》整理修改

（三）弗里德曼的货币需求函数

弗里德曼是货币学派最杰出、最具影响的代表，他在 1956 年发表的名作《货币数量说之重申》一文中，系统地阐述了其货币需求理论。弗里德曼理论的特色是，一方面他基本上肯定了传统货币数量说的长期结论，即货币量的变化反映于物价变动之上，或简言之，货币变动从长期而论只能影响总体经济中货币领域的名义量，如物价、名义利率、名义所得等，但不能影响实质领域的真实量，如就业、实质所得、实际利率等。另一方面他接受了剑桥学派和凯恩斯以微观主体行为作为分析起点和把货币看作受到利率影响的一种资产的观点，对于货币需求的决定问题，他用下列函数式表示：

$$\frac{M_{\mathrm{d}}}{P} = f\left(y, w; r_m, r_b, r_e, \frac{1}{P}\cdot\frac{\mathrm{d}P}{\mathrm{d}t}; u\right)$$

式中，M_d/P 为实际货币需求；y 为恒久性收入；w 为人力资本占非人力资本的比率；r_m 为货币预期收益率；r_b 为固定收益的债券利率；r_e 为非固定收益的证券利率；$\frac{1}{P}\cdot\frac{dP}{dt}$ 为预期物价变动率；u 为随机变量。

米尔顿·弗里德曼

米尔顿·弗里德曼（Milton·Friedman，1912 年 7 月 31 日—2006 年 11 月 16 日），美国著名经济学家，芝加哥大学教授、芝加哥经济学派领军人物、货币学派的代表人物，1976 年诺贝尔经济学奖得主、1951 年约翰·贝茨·克拉克奖得主。

弗里德曼被广泛誉为二十世纪最具影响力的经济学家及学者之一。弗里德曼以研究宏观经济学、微观经济学、经济史、统计学、主张自由放任资本主义而闻名。1976 年其获诺贝尔经济学奖，以表扬他在消费分析、货币供应理论及历史、和稳定政策复杂性等范畴的贡献。

弗里德曼的代表作《资本主义与自由》*Capitalism and Freedom* 于 1962 年由芝加哥大学出版社首次出版，之后又被翻译成 18 种语言出版。他在书中提倡将政府的角色最小化以让自由市场运作，以此维持政治和社会自由。他的政治哲学强调自由市场经济的优点，并反对政府的干预。他的理论成了自由意志主义的主要经济根据之一，并且对 1980 年代开始美国的里根以及许多其他国家的经济政策都有极大影响。

弗里德曼不仅关心名义货币需求量，而且特别关心实际货币需求量。他把影响货币需求量的诸多因素中分为三组。

第一组：恒常收入 y 和财富结构 w。恒常收入来源于总财富，它是构成总财富的各种资产的预期贴现值总和。在其他条件不变的条件下，收入越多，货币需求越多。人力资收益（w）是影响货币需求的又一因素。一个人的总财富是人力资本与非人力资本之和。在总财富中，人力资本比重越大，创造的收入越多，从而对货币的需求量就越大；反之则相反。可见，第一组因素与货币需求量成同方向变化。

第二组：各种资产的预期收益和机会成本。它包括 $r_m, r_b, r_e, \frac{1}{P}\cdot\frac{dP}{dt}$ 四项。

r_m、r_b、r_e 是三种不同金融资产的预期收益率。一般来说，存款、债券、股票等资产的收益越高人们就愿意把货币转化为这些资产，货币需求量就越少。相反，资产收益越低，人们就会抛售证券，提取存款，持有货币。

$\frac{1}{P}\cdot\frac{dP}{dt}$ 是物价变动因素对货币需求量的影响。从理论上分析，物价上涨意味着货币贬值，通货膨胀，那么，持有货币意味着损失，人们就会把货币迅速用于消费或变成其他财富。相反，在预期物价下降时，人们则愿意持有货币，以满足流动性偏好。

可见，$r_m, r_b, r_e, \frac{1}{P}\cdot\frac{\mathrm{d}P}{\mathrm{d}t}$同货币需求量呈反方向变化。

第三组：各种随机变量 u，它包括社会富裕程度，取得信贷的难易程度，社会支付体系的状况等。

弗里德曼的货币需求理论认为货币需求函数是稳定的，这是因为：第一，在货币需求中，利率的影响很小，因为利率变化后，各类资产的预期收益和机会成本若发生相应的变动，相互之间有抵消作用，或者说，货币需求函数中的各永久收入是货币需求的决定因素。所谓永久收入意指预期未来年度的平均收入，它是一个相对稳定的变量，在很大程度上不受短期经济周期波动的影响。因此，弗里德曼认为货币需求函数也是相对稳定的。

凯恩斯的货币需求理论与弗里德曼的货币需求理论都讨论了收入与利率对货币需求的影响。两种理论的不同在于：

第一，凯恩斯强调利率对货币需求的主导作用，主张采取积极的货币政策来改变利率，影响经济的实质产出增长。弗里德曼则更强调恒久收入对货币需求的影响，认为货币需求的随机波动很小，货币需求函数相当稳定，主张实行单一规则的货币政策。

第二，凯恩斯认为货币政策传导变量是利率，弗里德曼则认为是货币供应量。

资料来源：根据网络公开资料整理

第二节　货币供给

货币最终要用来实现实际经济财富的价值。在金属铸币流通时期，金属铸币不足是制约经济发展的重要因素，金矿、银矿的发现与开采的速度没有实际财富增长得快，社会上缺乏必要的支付与交易媒介，表现为银荒、金荒，货币供给不足。信用货币的广泛普及彻底解决了货币供给不足对经济发展的制约，在信用货币制度之下，中央银行通过控制基础货币，控制了货币供给的源头，可以根据经济发展的需要来放松或紧缩银根满足经济发展的需要。

一、货币供给机制

货币供给是一个动态的概念，是指货币供给主体向货币需求主体供给货币的过程。货币供给会形成一定的货币数量，即货币供应量。货币供给量是一个静态的概念，是指某一时点上流通中所存在的货币数量。

图 9-1 是我国 1990 年至 2017 年的年底货币供应量余额（货币和准货币、流通中现金），从中可流通中的现金逐年增长，从 1990 年 2 644.4 亿元增长到 2017 年的 70 646 亿元，增长了 26.7 倍。货币和准货币从 1990 年的 15 293.4 亿元增长到 2017 年的 1 690 235.3 亿元，增长了 110.5 倍。

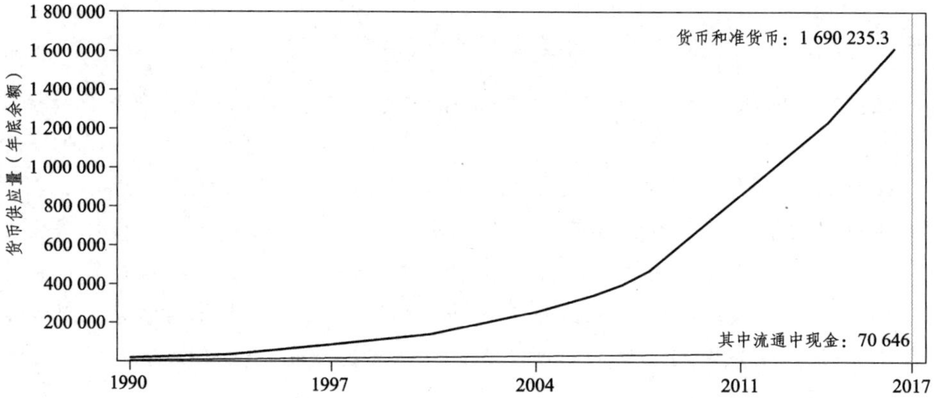

图 9-1　1990—2017 年我国货币供应量

现代信用经济条件下的货币供给机制是由两个层次构成的。第一个层次是中央银行供给基础货币，第二个层次是商业银行的存款货币创造。这个系统发挥作用以存在中央银行和商业银行二级银行体制为前提，政府、企业以及社会公众等经济行为主体也会在不同的角度对货币供给机制产生影响。

二、商业银行的存款货币创造过程

在商业银行体系中，存款的增加有两个渠道。

（一）原始存款

原始存款是人们以现金的形式存入商业银行，或者来自中央银行投放基础货币所形成的存款，可以理解成从商业银行体系之外进入商业银行的存款，这些存款就是原始存款。

（二）派生存款

派生存款是相对于原始存款而言的，它是指由商业银行以原始存款为基础、运用信用流通工具和转账结算的方式发放贷款或进行其他资产业务时，所衍生出来的、超过最初部分存款（原始存款）的存款，也可以理解成是从商业银行到商业银行的存款，而不是从商业银行体系外进入的存款。在银行体系中绝大多数的存款都是派生存款。

任何一笔存款都不可能被凭空创造出来，派生存款只能在银行体系内部的现实的信用活动中，通过信用流通工具的使用，以及转账结算的条件下才能形成。派生存款的产生，是银行体系业务经营过程整体运行的结果，仅仅从任何一笔单一的存贷款业务来看，都有实实在在的货币资金内容的经济行为，没有任何“创造”的痕迹。也就是说，就单个商业银行来讲，它们并不认为自己通过这种行为创造了货币。但把单个银行不认可的行为贯穿成一个系统之后，却可看到明显的质的改变：的的确确形成了存款创造的机制，而这正是现代银行体系的奥秘之处。

那么，商业银行的存款货币创造过程是如何实现的呢？下面将从商业银行创造存款货币的前提条件、商业银行的存款创造过程进行阐述。

1. 商业银行创造存款货币的前提条件

（1）法定存款准备金。

在现代经济生活中，各国普遍建立起法定准备金制度，即国家以法律形式规定商业银行吸收存款之后要提留一定比例准备金存入中央银行作为应对客户提现要求的准备。法定准备金制度的建立本质上是为了防止商业银行为追求盈利过多地进行贷款，保持商业银行的清偿力和流动性，但同时也使中央银行拥有了调节商业银行信贷能力的有力工具。

中央银行规定的法定存款准备金率用 r_d 来表示，那么商业银行如果收到一笔 100 万元的存款，就必须存入中央银行 $100r_d$ 万元的法定存款准备金，多于 $100r_d$ 的存款就是超额存款准备金。

商业银行进行存款货币的创造是基于部分准备金制度以及支付清算功能而展开的。商业银行并不需要为其所吸收的存款保持 100%的存款准备，商业银行吸收的存款可保留部分作为存款准备，其他可以用于放贷。基于活期存款业务商业银行拥有了支付清算功能，由于支票的多次周转而不提现，商业银行才能够将贷款引申为存款，存款货币的创造才有可能。

（2）现金漏损。

如果商业银行发放的贷款全部被客户提现，而且这笔现金始终被公众持有，不再存入银行，这时存款也不会有多倍的派生。故而，假设商业银行的客户不提取任何一分钱，也没有持有货币，货币都在商业银行体系之中流通。也就是说，假设现金漏损为零。

2. 商业银行的存款创造过程

商业银行利用吸收负债所获取的资金进行对外投资是商业银行的基本业务，因为负债是储户的资产，商业银行将储户的资金吸收进来后进行对外投资，从而形成银行资产，因此，商业银行将负债转化为资产的过程被称为资产转换。一般来说，储户的存款期较短，然而商业银行的贷款期较长，因此，“借短贷长”是商业银行基本业务的典型特点，“借短贷长”也是商业银行的主要收入来源。

基于上面的分析，可知在商业银行存款创造过程中，每家商业银行只保留法定存款准备金，其余都全部放贷出去，超额存款准备金为零；客户收取的一切贷款都存入商业银行，而不提取，现金漏损为零。

假如甲企业将 10 万元存入 A 商业银行，中央银行规定的法定存款准备金率为 10%，也就是说 10 万元为原始存款，法定存款准备金为 10×10%=1 万元。剩余的 9 万元，A 商业银行将全部放给乙企业进行原材料的购买。

这时，A 商业银行的 T 型账户如表 9-1 所示。

表 9-1　A 商业银行的 T 型账户　　单位：元

资产		负债	
在中央银行的法定存款准备金	10 000	存款	100 000
贷款	90 000		

收到原材料款项的丙企业又将 9 万元，全部存入 B 商业银行，这时，B 商业银行将拿出

90000×10%=9000 元作为法定存款准备金，剩余的 81 000 元全部放给丁企业。则 B 商业银行的 T 型账户如表 9-2 所示。

表 9-2 B 商业银行的 T 型账户 单位：元

资产		负债	
在中央银行的法定存款准备金	9 000	存款	90 000
贷款	81 000		

如果丁企业收到贷款后，全部存入 C 商业银行，那么 C 商业银行要拿出 81000×10%=8100 元作为法定存款准备金，剩余的 72 900 元全部用于放贷，则，C 商业银行的 T 型账户如表 9-3 所示。

表 9-3 C 商业银行的 T 型账户 单位：元

资产		负债	
在中央银行的法定存款准备金	8 100	存款	81 000
贷款	72 900		

以此类推，如此循环下去，商业银行的存款货币创造过程如表 9-4 所示。

表 9-4 商业银行存款货币创造过程 单位：元

商业银行	存款	法定存款准备金	贷款
A	100 000	10 000	90 000
B	90 000	9 000	81 000
C	81 000	8 100	72 900
…	…	…	…
合计	1 000 000	100 000	900 000

从表 9-4 中可以知道，原始存款 10 万元经过商业银行的派生之后，存款总额变为 100 万元，派生存款为 90 万元，法定存款准备金之和为 10 万元。派生过程为：

$$10+10\times(1-10\%)+10\times(1-10\%)^2+10\times(1-10\%)^3+\cdots$$
$$=10\times\frac{1}{1-(1-10\%)}=10\times\frac{1}{10\%}=100\text{（万元）}$$

如果用字母 A 表示原始存款，派生的存款总额用字母 D 表示，存款货币派生倍数（也叫存款乘数）用字母 K 表示，法定存款准备金率用字母 r_{d} 表示，则有如下公式：

$$D=A\times\frac{1}{r_{\mathrm{d}}}$$

同时，又因为

$$K=\frac{1}{r_{\mathrm{d}}}$$

所以有

$$D = A \times K$$

也就是说，存款总额是原始存款与存款乘数乘积，派生存款为存款总额减去原始存款。

由此可见，整个商业银行创造存款货币的数量会受到法定存款准备金率的限制，其倍数同存款准备金率呈现一种倒数关系。但是，这只是一个简单的，或者说是一个需要修正的存款乘数。

现实生活中，现金漏损都不会为零，或多或少会有资金流出商业银行体系，出现所谓的现金漏损。现金漏损与存款总额之比称为现金漏损率，出现现金漏损会减小银行创造派生存款的能力。这里用 c 字母表示现金漏损率。

同时，超额存款准备金也一般不会为零，也就是说超额存款准备金率不为零，用字母 e 代表。这样存款乘数的公式变为：

$$K = \frac{1}{r_{\mathrm{d}} + e + c}$$

存款总额的计算公式也就变为：

$$D = A \times K = \frac{A}{r_{\mathrm{d}} + e + c}$$

也就是说，如果某商业银行吸收 10 万元存款，然后放贷给客户，法定存款准备金为 10%，超额存款准备金率为 5%，现金漏损率为 5%，则经过商业银行存款创造之后，存款总额为：

$$D = \frac{10}{10\% + 5\% + 5\%} = 50\text{（万元）}$$

存款货币的创造过程也可以反方向作用，也就是说，派生存款的倍数原理同样适用于存款货币的消减过程，只不过方向相反，当商业银行的原始存款数量减少时，银行的存款货币会呈倍数的紧缩。

三、中央银行对货币供给的控制

当我们在存款货币的创造机制中引入中央银行这一行为主体时，就能够理解形成商业银行派生存款基础是原始存款。从整个银行体系来看，原始存款有可能来源于社会公众的现金存入，也可能直接来源于中央银行存款准备金的变动。社会公众手中的现金是由中央银行发行的，法定存款准备金比率也是由中央银行决定的，因此，中央银行控制着派生存款的源头。

（一）基础货币

流通于银行体系之外的现金与商业银行的准备金（包括库存现金、法定存款准备金以及超额准备金），也就是央行年报里的储备货币，被称为基础货币或高能货币，是构成信用货币创造的基础。基础货币可用下式表示为：

$$B = C + R$$

公式中 B 表示基础货币，C 表示流通于银行体系以外的现金，也就是流通中的现金 M0，R 表示商业银行保有的准备金，包括商业银行的存款准备金与库存现金。

另外，也可以把基础货币的公式表示为：

储备货币=基础货币=M0+商业银行库存现金+(法定存款准备金+超额存款准备金)
=M0+商业银行准备金=货币发行+商业银行存款准备金

基础货币直接表现为中央银行的负债。中央银行创造和提供的基础货币与商业银行创造存款货币的关系是一种源与流的关系，扩大资产业务不以负债的增加为前提是中央银行特有的权利。中央银行任何资产业务的扩张均会有商业银行存款准备和通货发行与之相对应。表9-5是我国中央银行2018年11月至2019年11月14日的货币净投放情况。

表9-5 中国人民银行货币净投放

日期	投放量/亿	回笼量/亿	净投放/亿
2019-11	50	300	−250
2019-10	6 200	9 160	−2960
2019-09	8 000	50	7 950
2019-08	7 100	5 750	1 350
2019-07	5 100	10 700	−5 600
2019-06	8 250	7 975	275
2019-05	6 800	1 500	5 300
2019-04	3 000	3 000	0
2019-03	1 300	3 900	−2 600
2019-02	3 400	6 815	−3 415
2019-01	14 800	16 800	−2 000
2018-12	11 500	3 500	8 000
2018-11	0	1 000	−1 000

数据来源：中国人民银行官网。

中央银行通过资产业务向银行体系提供基础货币的途径有以下几种。

1. 购买政府债券

当中央银行从商业银行手中购买债券时，商业银行要么增加在中央银行的准备金存款，要么增加库存现金。由此，商业银行体系增加了基础货币。当中央银行是向非银行社会公众购买债券，要么增加流通中的现金，要么增加银行体系的存款，进而增加银行在中央银行的存款准备金。因此，无论中央银行是向商业银行或向非银行部门购买政府债券都增加了基础货币的供应。

2. 再贷款及再贴现

中央银行通过向商业银行提供信贷支持的方式可以直接影响基础货币。当中央银行向商业银行提供再贷款或者再贴现时，商业银行体系的储备存款相应增加，基础货币增加。当商业银行归还中央银行的贷款时，商业银行体系储备存款相应减少，基础货币收缩。

3. 政府贷款或者透支

在有些国家，当财政部的支出超过了它在中央银行存款账户上的余额时，其差额自动转成中央银行对财政部的贷款。在另外一些国家，财政部不能直接向中央银行透支，但是可以向中央银行申请贷款。这两种方式都会造成中央银行资产业务规模的扩大，引起基础货币的增加。通常由这种中央银行对政府赤字融资而导致的货币供应增加被称为债务货币化。

4. 买卖黄金或外汇储备

购买黄金、外汇是中央银行投放基础货币的重要渠道。相对于外汇而言，中央银行的黄金买卖业务不是很频繁，一国的黄金储备比较稳定。而外汇市场是一个波动性很强的市场，一国在既定的外汇政策之下，中央银行负有稳定汇率的职责，通过买卖外汇干预汇率是中央银行经常采取的策略。中央银行在外汇市场上买进外汇就意味着本币的投放和基础货币的增加，而中央银行卖出外汇时，基础货币又会减少。

例如，中央银行为兑换外汇可以投放的基础货币。甲企业出口商品到美国，获得1000美元的货款，但是美元并不能直接在国内购买原材料和支付员工工资，于是甲企业去中国银行银行按照1∶7的汇率将1000美元兑换成70000元人民币，中国银行又通过中国人民银行将1000美元兑换成7000元人民币。最终的结果就是中国人民银行增加了1000美元的外汇储备，投放了7000元人民币的基础货币。外汇流入或流出，企业和银行结不结汇，都不是央行所能决定的，央行更多的是被动接受。

中央银行可以不受负债业务的束缚来扩张资产业务，提供基础货币。但是这种行为最终仍然要受到货币需求的制约。如果企业部门缺乏贷款意愿，商业银行不需要补充存款准备，中央银行的资产扩张就不能实现，如果强行扩张则会带来通货膨胀的后果。

（二）货币乘数

基础货币是货币供给的基础，通过商业银行的存款货币创造，可以引出数倍于自身的货币供给量。把货币供给量与基础货币相比，其比值就是货币乘数。现代信用制度下货币供应量的决定因素主要有两个：一是基础货币（B），二是货币乘数（m）。货币供给量（M_s）可用下式表示：

$$M_s = B \times m$$

基础货币是由流通中的现金 C 和存款准备金 R 构成，即 $B = C + R$。社会上全部货币量是由现金 C 和存款货币 D 构成，即 $M_s = C + D$，所以有：

$$m = \frac{M_s}{B} = \frac{C + D}{C + R}$$

如果在上式分子分母同时除以 D，则有：

$$m = \frac{M_s}{B} = \frac{\frac{C}{D} + 1}{\frac{C}{D} + \frac{R}{D}}$$

上式中 C/D 就是流通中的现金与存款货币之比，也就是现金漏损率 c，R/D 就是存款准备金与存款货币之比，也就是存款准备金率，包括法定存款准备金率 r_d 和超额存款准备金率 e。

这样，上面的公式就变形为：

$$m=\frac{c+1}{c+e+r_{\mathrm{d}}}$$

也就是说，货币乘数的大小由 c、e、r_{d} 共同决定。假如，$r_{\mathrm{d}}=10\%$，$e=5\%$，$c=5\%$，那么有：

$$m=\frac{5\%+1}{5\%+5\%+10\%}=5.25$$

如果中央银行投放 1 元的基础货币，那么引起货币供给量增加 5.25 元。

课后练习题

一、单选题

1. 在我国的货币层次划分中，未包括在 M1 中，却包括在 M2 中的是（　　）。

A. 支票存款　　B. 流通中的现金

C. 单位活期存款　　D. 单位定期存款

2. 假设法定存款准备金率为 10%，超额存款准备金率为 5%，流通中的现金 40 亿美元，存款总量为 150 亿美元，则基础货币为（　　）亿美元。

A. 28.5　　B. 55.5　　C. 62.5　　D. 90.0

3. 认为货币供给是外生变量，由中央银行直接控制，货币供给独立于利率的变动，该观点源自（　　）。

A. 货币数量论　　B. 古典利率理论

C. 可贷资金理论　　D. 流动性偏好理论

4. 商业银行的存款准备金加流通中的现金等于（　　）。

A. 基础货币　　B. 库存现金

C. 法定存款准备金　　D. 超额准备金

5. 假定我国流通的货币现金为 5 万亿元，法定准备金为 20 万亿元，超额准备金为 3 万亿元，则我国的基础货币为（　　）万亿元。

A. 18　　B. 23　　C. 25　　D. 28

6. 假定我国流通中现金为 5 万亿元，单位活期存款为 40 万亿元，则我国的狭义货币供应量为（　　）万亿元。

A. 8　　B. 35　　C. 45　　D. 200

7. 假定某商业银行原始存款增加 1 000 万元，法定准备金率为 20%，超额准备金率为 2%，现金漏损率为 5%，则派生存款总额为（　　）万元。

A. 5 000　　B. 4 000　　C. 4 546　　D. 3 704

8. 假定金融机构的法定准备金率为 20%，超额准备金率为 2%，现金漏损率为 3%。则存款乘数为（　　）。

A. 4.00　　B. 4.12　　C. 5.00　　D. 20.00

9. 存款创造具体表现为商业银行以（　　）为基础、在银行体系中繁衍出数倍于它的派生存款。

A. 原始存款　　B. 存款总额　　C. 基础货币　　D. 准备金存款

10. 根据费雪方程式，如果一国货币总量为 150，价格水平为 2，各类商品的交易数量为 300，则该国的货币流通速度是（　　）。

A. 0.25　　B. 1　　C. 4　　D. 5

11. 下列不属于弗里德曼认为影响货币需求的诸因素是（　　）。

A. 实物资产收益率

B. 货币的收益率

C. 货币以外的各种金融资产的收益率

D. 人力财富在总财富中的比率

二、简答题

1. 简述费雪方程式与剑桥方程式的相同点及主要差异。

2. 试述凯恩斯的流动性偏好理论。

3. 简述商业银行的存款货币创造过程。

4. 简述商业银行的存款货币收缩过程。

第九章练习题答案

第十章　通货膨胀与通货紧缩

【本章要点】

1. 通货膨胀的概念。
2. 通货膨胀的类型。
3. 通货膨胀的成因以及治理对策。
4. 通货紧缩的成因以及治理对策。

第一节　通货膨胀

一、通货膨胀的概念

进入 20 世纪 60 年代以后，无论是发达国家还是发展中国家，也不管是市场经济国家还是非市场经济国家，都不同程度地受到通货膨胀问题的困扰。各国政府均将通货膨胀问题作为重要的宏观经济问题来处理，大多数国家都把反通货膨胀作为中央银行的首要任务，从而使通货膨胀理论成为当代货币银行理论体系的一个重要组成部分。

不同经济学家对通货膨胀的定义不尽相同。新剑桥学派代表人物琼·罗宾逊认为：“通货膨胀通常指的就是物价总水平的持续上升。”货币学派代表人物弗里德曼认为“通货膨胀在任何时空条件下都是一种货币现象”。并强调只有当物价水平向上移动是一个持续的过程时，这才是一种货币现象。新古典综合学派代表人物保罗·萨缪尔森则认为通货膨胀是“在一定时期内，商品和生产要素价格总水平的持续不断的上涨”。新自由主义者哈耶克指出“通货膨胀是指货币数量的过度增长，这种增长会合乎规律地导致物价上涨”。马克思主义货币理论中认为“通货膨胀是指在纸币流通的条件下，由于纸币的发行量超过商品流通中实际需要的货币必要量，从而引起的货币贬值、一般物价水平上涨的经济现象”。

无论是西方经济学还是马克思主义货币理论，关于通货膨胀的定义有两点是共同的：一是有效需求大于有效供给；二是物价持续上涨。通货膨胀与物价上涨联系在一起，物价上涨是通货膨胀的基本标志。因此，被大家普遍接受的通货膨胀定义是：通货膨胀是在一定时间内一般物价水平的持续上涨的现象。

对于这个定义的理解应包括以下几个方面的内容：

第一，通货膨胀所指的物价上涨并非个别商品或劳务价格的上涨，而是指一般物价水平，即全部商品和劳务的加权平均价格的上涨。在非市场经济国家中，通货膨胀则表现为商品短缺、凭票供应、持币待购以及强制储蓄等形式。

第二，在通货膨胀中，一般物价水平的上涨是一定时间内的持续的上涨，而不是一次性的、暂时性的上涨。部分商品因季节性或自然灾害等原因引起的物价上涨和经济萧条后恢复时期的商品价格正常上涨都不能叫通货膨胀。

第三，通货膨胀所指的物价上涨必须超过一定的幅度。但这个幅度该如何界定，各国又有不同的标准，一般来说，物价上涨的幅度在2%以内都不被当作通货膨胀。

二、通货膨胀的类型

为弄清通货膨胀现象，经济学家按物价上涨的程度，将其分为爬行式、温和式、奔腾式和恶性通货膨胀。

1. 爬行式通货膨胀

爬行式通货膨胀是指价格总水平上涨的年率在 2%～3%之间，并且在经济生活中没有形成通货膨胀的预期。

2. 温和式通货膨胀

温和式通货膨胀是价格总水平上涨比爬行式高，但又不是很快，具体百分比没有统一的说法。大概在 3%～10%之间。

3. 奔腾式通货膨胀

奔腾式通货膨胀是物价总水平上涨率在 10%～100%之间，发展速度很快。

4. 恶性通货膨胀

恶性通货膨胀或称超级通货膨胀是物价上升特别猛烈，物价总水平上涨率超过 100%，且呈加速趋势。此时，货币已完全丧失了价值储藏功能，部分地丧失了交易媒介功能，持有者都设法尽快将其花费出去。当局如不采取断然措施，货币制度将完全崩溃。其结果必然是严重地破坏正常的生产和流通，造成社会的动荡不安甚至货币信用制度的崩溃和经济的完全瘫痪。在第一次世界大战后的德国、奥地利和第二次世界大战后的匈牙利、中国等都曾经发生过这种情况。

历史上的恶性通货膨胀

美国经济学家、诺贝尔经济学奖获得者、货币学派代表性人物弗里德曼曾说过通货膨胀在任何地方都总是一种货币现象。下面简单介绍世界历史上由于货币超发在各个国家引起的几次著名的恶性通货膨胀现象。

1. 德国

第一次世界大战之后，根据《凡尔赛合约》，德国作为战败国必须支付巨额的战争赔款，约 1 300 亿金马克，面对如此高额的战争赔款，德国采取了相对极端的方式来偿还，那就是多发纸币。1919 年，德国全年的货币发行量约为 500 亿，到了 1923 年底，德国货币发行量达到天文数字 5 万亿亿，物价急剧膨胀，德国的年通货膨胀率为 325000000%（3.25 亿%），相当于物价在这年里每两天就翻一倍，一美元可以兑换 42 000 亿金马克，货币连纸都不如。

2. 智利

1971 年的时候，萨尔瓦多·阿连德当选为总统，他的第一道政令就是把智利的主要工业部门转变为国有化。然而因为管理的原因，这届的政府很快入不敷出，为了填补财政的漏洞，智利的中央银行用印刷机迅速地凭空印出纸币。就这样，到了 1972 年底，通货膨胀率达到了 600%，在 1973 年底通货膨胀率达到了 1200%，这也是导致奥古斯都·皮诺切特于 1973 年 9 月 11 日发动政变的重要经济原因。

3. 津巴布韦

非洲的津巴布韦在 1980 年宣布独立，当时其在南部非洲经济实力仅次于南非，不仅工业门类齐全，农业更是强项，一贯有非洲“面包篮子”的美誉。那时，津巴布韦元对美元汇率是 1∶1.47，比美元还值钱。然而，由于没有节制地印出纸币，津巴布韦元在 21 世纪就开始恶性通胀。在 2004 年，通货膨胀率达到了 624%，经过政府的调控，2005 年的通货膨胀率低于了三位数，然而到了 2006 年又飙升到了 1730%。在 2006 年，政府用新的津巴布韦元以 1：1000 的兑换率取代了旧的货币，2007 年时，通货膨胀率达到了 11000%。到了 2008 年，政府还发行了 5 亿、10 亿、50 亿、100 亿面值的货币。2009 年，津巴布韦政府被迫以美元、南非兰特、博茨瓦纳普拉、澳元、人民币、日元以及印度卢比作为该国的法定货币。极度的通货膨胀让津巴布韦沦为世界最穷的国家，人均 GDP 仅 0.1 美元。

4. 委内瑞拉

委内瑞拉和大多数产油国一样，只要开采石油就可以赚取大量外汇，以至于其经济结构单一，石油工业占据绝对的支配地位。随着国际油价的持续下跌，油价高时的免费医疗、廉价食品等局面一去不复返，委内瑞拉财政也开始紧张，物价开始上涨，2015 年，委内瑞拉通货膨胀率为 120%，2016 年达到惊人的 800%，而同期 GDP 萎缩近 20%。《纽约时报》一位记者写道：“背着 10 万玻利瓦尔（委内瑞拉货币）出门，不是刚抢完银行，而是去买点咖啡和食物。”要知道，随便买一斤肉可能就要花掉数万玻利瓦尔。这一切都是委内瑞拉政府昼夜不停开动印钞机导致的，而且更令人匪夷所思的是，委内瑞拉因为缺钱，竟连印钞都负担不了了。彭博社报道，委内瑞拉政府在 2015 年因为缺纸、缺金属，已经把印钞任务外包给了外国公司，而且只印 100 和 50 面值的钞票，甚至为此动用 36 架波音 747 飞机运送新印出的钞票。2016 年 3 月，全球最大的货币制造商英国德纳罗公司抱怨称，委内瑞拉央行欠了他们 7 100 万美元印钞的钱。

三、通货膨胀的成因

西方经济学界对通货膨胀的成因做了广泛的研究，形成了各种理论流派，较有代表性的有三种：需求拉上论、成本推进论和结构性通货膨胀论。

（一）需求拉上论

西方经济学界最早出现的通货膨胀理论就是需求拉上论，其观点是：通货膨胀就是在充分就业的条件下，因总需求过度而导致的一般物价水平上升的经济现象。其根本原因在于总需求大于总供给，即一般物价水平是由于过多的总需求“拉上”来的，或者说是“过多的货币追逐过少的商品”。

凯恩斯认为，在经济尚未达到充分就业时，如果货币数量增加从而总需求增加，只能促使就业增加和产量增加，而不会导致一般物价水平的上升。只有在经济处于充分就业时，货币数量增加，总需求增加，而就业和产量不能进一步增加，才导致一般物价水平的上升。所以其结论就是：通货膨胀就是在充分就业的条件下，因总需求过度而导致的一般物价水平上升的经济现象。相应地，克服通货膨胀的对策就是实行紧缩性的财政政策和货币政策，以消除过多的总需求。

（二）成本推进论

20 世纪 50 年代后期，西方国家出现了一种新现象，在经济远未达到充分就业时物价就持续上涨，甚至在失业增加时物价也在上升。这时一些经济学家开始用成本推进论来解释通货膨胀，其观点是：通货膨胀的根源在于供给或成本方面，即使没有对商品和劳务的需求出现过度的情况，但因生产成本增加，物价也会被推动上涨。

经济学家们还进一步分析了促使生产成本上升的原因：

（1）在现代经济中有组织的工会对工资成本具有操纵能力。工会要求企业提高工人的工资，迫使工资的增长率超过劳动生产率的增长率，企业则会因人力成本的加大而提高产品价格以转嫁工资成本的上升，而在物价上涨后工人又会要求提高工资，再度引起物价上涨，形成工资—物价的螺旋上升，从而导致工资成本推进型通货膨胀。

（2）垄断性大公司也具有对价格的操纵能力，是提高价格水平的重要力量。垄断性企业为了获取垄断利润会人为地提高产品价格，由此引起利润推进型通货膨胀。

（3）汇率变动引起进出口产品和原材料成本上升，以及石油危机、资源枯竭、环境保护政策不当等造成原材料、能源生产成本的提高，都是引起成本推进型通货膨胀的原因。

（三）结构性通货膨胀论

结构性通货膨胀理论出现在 20 世纪 60 年代，它从经济结构方面的因素来分析物价水平上涨的机理。其观点是：在总需求不变的情况下，由于需求的组成部分发生结构性变化，需求增加的工业部门或地区，物价和工资上涨；需求减少的工业部门或地区，则因价格和工资具有刚性（即工资和价格只能上升不能下降），其工资和物价没有相应下跌，或下跌幅度抵消不了物价和工资的上涨，因而造成的物价总水平的上涨。

这种结构性通货膨胀又有以下几种具体情形。

1. 需求结构转移型通货膨胀

在总需求不变的情况下，社会对各类商品和劳务的需求也不是固定不变的，而是会不断地从一个部门转移到另外一个部门，而劳动力及其他生产要素却不可能同步转移，因为转移需要时间。这样，需求增加的部门的工资和产品价格上升，而需求减少的部门的产品价格和工资却未必下跌，结果导致物价总水平上升。

2. 部门差异型通货膨胀

一些经济学家将经济体系划分为工业部门和服务部门，一般地说，工业部门的劳动生产率的增长速度快于服务部门，但整个经济的货币工资增长率却要求同步增加，从而成为一般价格水平上涨的原因。

3. 小国开放型通货膨胀

北欧经济学家将处于开放经济中的“小型国家”作为研究对象，研究国外通货膨胀是如何影响国内通货膨胀的。其思路是：将一国经济划分为开放部门与非开放部门，由于小国在国际市场上是价格接受者，因此，当世界市场上的价格上涨时，开放部门的产品价格首先上涨，其次开放部门的工资也相应提高，最后非开放部门也必然会向开放部门看齐而提高工资，从而导致小国全面地通货膨胀。

4. 瓶颈制约型通货膨胀

在发展中国家，由于资源配置缺乏相应的机制和效率，经济结构不合理、不平衡的现象比较严重。突出表现在有些产业和部门生产能力过剩，而另一些诸如农业、能源、交通等部门生产能力严重短缺，构成“瓶颈”产业。当这些产业的价格因供不应求而上涨时，其他产业也会搭便车提高自己的产品价格，这种连锁反应的结果便导致了一轮又一轮的通货膨胀。

四、通货膨胀的度量

通货膨胀既然表现为物价总水平的持续明显上涨，那么用物价上涨的幅度来衡量通货膨胀的严重程度就是顺理成章的了。在衡量时，通常不能用一种商品的价格上涨率，而要用反映多种商品和劳务价格变动的物价指数。世界上多数国家，主要采用消费物价指数（CPI）和生产者物价指数（PPI）来度量。

CPI 即消费者物价指数（Consumer Price Index），又称为零售物价指数或生活费用指数，它反映消费者为购买与人们生活直接相关的衣服、食品、住房、水、电、交通、医疗、教育等商品和劳务而付出的价格的变动情况。它一般由各国政府或私人机构编制，通常每月公布一次，用于测定消费者生活费用水平变动趋势和程度。在编制指数时，选用多少种商品劳务价格，选用哪些，取决于各国的实际状况，并无统一标准。

CPI 与我们的生活息息相关，反映了我们消费的一系列商品的价格变化，是衡量通货膨胀的尺子。一般来说，一般来说，当 CPI > 3%时，意味着已经发生通货膨胀；而当 CPI > 5%时，意味着发生了严重的通货膨胀。

PPI 即生产者物价指数（Producer Price Index）或者说是产品价格指数，如钢铁、木材、电力、石油之类引致需求的生产要素价格现期与基期的价格和不变的商品种类和权数乘积之比，是衡量工业企业产品出厂价格变动趋势和变动程度的指数，是反映某一时期生产领域价格变动情况的重要经济指标，也是制定有关经济政策和国民经济核算的重要依据。PPI 与 CPI 不同，主要的目的是衡量企业购买的一篮子物品和劳务的总费用。

图 10-1 是我国 1997 年至 2015 年的 CPI 和 PPI 的情况，从中可以看出，CPI 基本是跟随 PPI 变化的。PPI 上升时，CPI 也紧跟着上升。反之亦然。这基本是符合价格传导规律的。仔细想一想，如果一个供应商从工厂拿到产品的价格变高了，为了保证利润当然也会增加销售价格，那么到了消费者手里，价格也就相应的更高了。但是凡事也总有例外。图 10-1 中也不难发现，2011 年后 PPI 和 CPI 的差值在不断增大。我们回到这个历史时期来看这种现象是如何发生的。

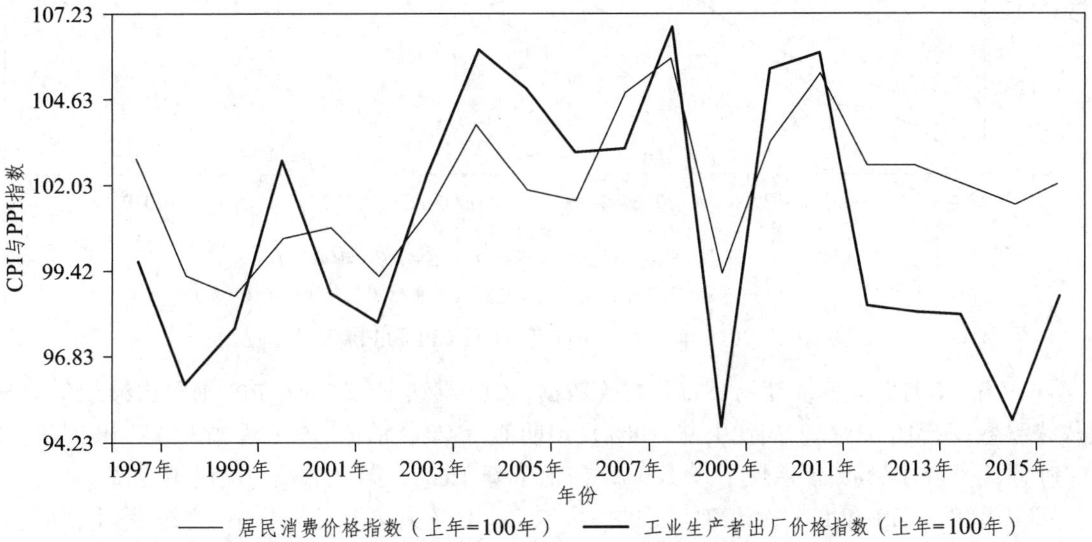

图 10-1　1997—2015 年我国的 CPI 与 PPI

2008 年次贷危机爆发，全球进入经济危机的影响。由于金融系统的崩溃和萧条，银行的坏账增多，导致人们对整个经济看空。这就导致了人们都不愿意消费，更喜欢把钱储蓄起来而不是用于投资（例如股票、研发产品等）。这种时候在市场上由于供需的不平衡，供给明显大于了需求，工业品的价格不断在下降，生产资料（如钢铁、有色金属、非金属等等）的价格都降低了，这些生产资料的企业都会随之而减产裁员以减小损失。那么，这种情况就会导致实体经济的一蹶不振和失业率直线上升。

此时政府自然会采取一些政策来避免这种情况的继续发生，例如加大投资力度，使企业更加愿意向银行借钱，从而恢复生产，从图 10-1 中也看到 2009 年 PPI 和 CPI 都快速回到了正常水平。但是好景不长，由于过快的投资使得生产资料（如钢铁、有色金属、非金属等等）生产过剩，这直接导致了生产资料价格的进一步降低，而低水平没有科技含量的低端制造业产品在已经饱和的市场也没有了出路，呈现出供大于求的局面，因此产品出厂的价格也变得很低。此时 PPI 又开始快速回落，但是 CPI 的回落并不会那么明显。

而过度投资的这些钱，由于银行贷款利率过低，因此流向了股市和土地房产这些高收益率的产业，直接导致了房价过快的增长和股市的暴涨，可以说这些钱并没有改善产业端上游的企业，其原因就是水流被堵住了，无法正常流向消费市场。本质原因还是因为投资并没有改变中国制造业目前低端的、低技术含量的局面。

2015 年以后，中央开始供给侧改革。通过外贸和去杠杆，缓解基本生产资料的生产过剩情况，2015 年以后，PPI 开始逐步回升，如图 10-2 所示，CPI 和 PPI 基本出现同向变动。

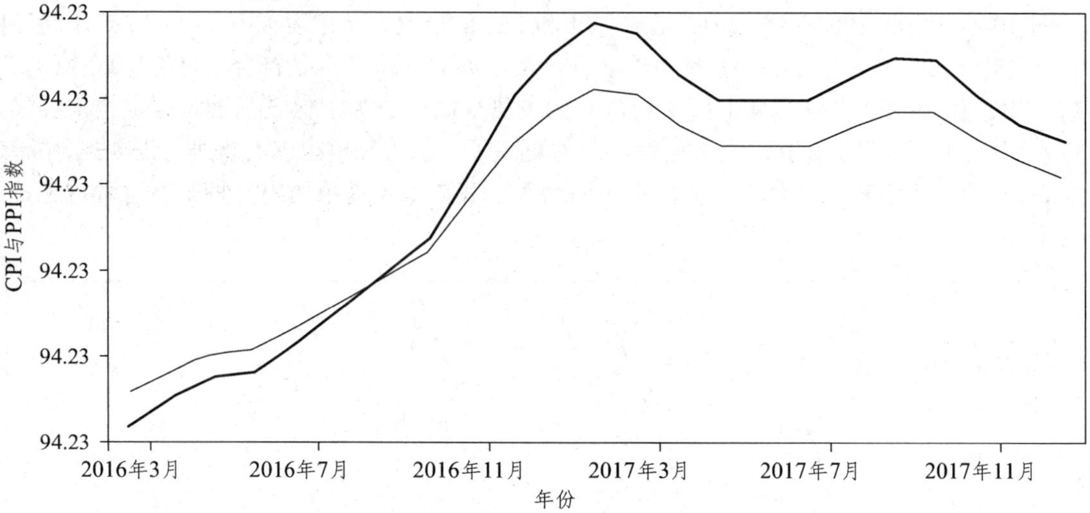

图 10-2　2016 年 3 月—2017 年 11 月 CPI 和 PPI 变动情况

2019 年 10 月，国家统计局公布了物价数据，CPI 继续强势上涨，PPI 则同比继续负增长。具体来看数据，10 月 CPI 同比上涨 3.8%，预期值 3.4%，前值 3%，涨幅明显超出预期；10 月 PPI 同比下降 1.6%，预期值下降 1.6%，前值下降 1.6%，同比下跌幅度继续走阔。

可以看出，CPI 和 PPI 的背离幅度进一步拉大。CPI 大幅上行，总体上涨的势头很明显；而 PPI 持续下行，并且同比下降幅度拉大，总体上缩的又很明显。CPI 总体大幅上行，一方面，在经济上会影响居民消费的能力、意愿和预期，从而弱化经济的消费驱动力，消费现在是拉动 GDP 增长的第一动力，消费减速，对经济的伤害可想而知。另一方面，在对金融条件的影响上，CPI 上涨也会传导到市场利率上来，从而抬高企业的融资成本，影响到企业的盈利能力和投资意愿。事实上，随着 CPI 的持续上涨，债券市场收益率已经有了明显的上升，对企业的融资产生了明显的负面影响。PPI 的连续负增长，则直接影响到企业微观主体的盈利能力。因为 PPI 是代表工业生产者的出场价格，价格持续下跌，对企业的盈利能力、再投资意愿都是非常大的负面打击。并且，如果 PPI 负增长持续时间太长，则进而会通过工资下降、失业增加等渠道影响到居民部门，同时还会因为偿债的压力而传导到金融部门，从而在企业、居民和金融部门之间形成共振，后果非常严重。

CPI 的胀和 PPI 的缩，总体上看虽然已经有了某些“滞涨”的特征，但分析中国的经济，更多的还是要以结构性的视角去切入，因为当下中国经济的主要逻辑就是结构转型，政策基调也是供给侧结构性改革，这一点是正确认识和分析中国经济的前提。从 CPI 的结构性情况来看，10 月猪肉价格同比大幅上涨了 101.3%，翻倍，直接带动 CPI 同比上涨 2.43 个百分点，在 CPI 整体 3.8%的涨幅中占到了 60%以上。猪肉价格大幅上行带动了食品 CPI 同比大涨 15.5%，而非食品 CPI 同比涨幅则只有 0.9%，涨幅相比上月回落了 0.1 个百分点。也就是说，如果从结构性的情况来看，总体上仍以缩为主。消费端总体为胀、结构性以缩为主；生产端总体为缩，除了 PPI 生产资料中的食品涨幅达到 4.4%，其他基本上为缩，因而生产端总体上是缩，结构上也是以缩为主。

CPI 和 PPI 的一胀一缩，共同指向了总需求的不振以及经济下行压力的加大。而 CPI 总体上大涨带来通胀自我实现预期的危险，又对中国通过放松货币政策和金融条件去刺激经济的政策空间形成了约束。所以，关键是要调动微观主体的活力，让企业营商环境变好从而使其更有意愿投资，让居民收入提高从而使其更有能力消费，这也是供给侧结构性改革的要义。

五、通货膨胀对社会经济的影响

通货膨胀作为一种复杂的经济现象，它对经济的后果与影响主要表现在以下几个方面：

（一）通货膨胀对经济增长和就业的影响

通货膨胀对经济增长的影响有促进论、促退论和中性论三种观点。促进论认为，通货膨胀可以促进经济增长，具有正的产出效应。其思路是：资本主义经济长期处于有效需求不足，实际经济增长率低于潜在经济增长率的状态，这样，政府通过增加预算赤字，扩张财政支出，提高货币供应量而实施的通货膨胀政策，就可以刺激有效需求，促进经济增长。

促退论认为通货膨胀会损害经济增长，具有负的产出效应。其思路是：持续的通货膨胀会降低效率从而阻碍经济增长。因为，通货膨胀会降低借款成本，诱发过度的借款需求，从而迫使金融机构加强信贷配额管理，削弱金融体系的运营效率。同时，长期的通货膨胀还会增加生产性投资的风险和经营成本，使资金投向生产性部门的比重下降，不利于经济发展。最后，通货膨胀持续一定时间后，在公众舆论的压力下，政府可能采取全面管制的办法，削弱经济的活力。

中性论认为通货膨胀对经济增长没有任何影响，两者之间没有因果关系。其思路是：由于公众预期，在一定时期内他们会对物价上涨做出合理的行为调整。因此，通货膨胀各种效应的作用将会相互抵消，从长期来看，产出和经济增长则是由一系列实际因素如生产技术、产业结构等决定的，货币只影响价格总水平。

一般来说，通货膨胀在短期内能起到扩大就业、刺激经济增长的作用，但这种作用的前提条件是通货膨胀未被充分地预期或者说没有被充分认识到。这样，生产者可能将物价的总体上涨误解为自己产品的相对价格上涨，从而增加生产；工人可能将自己的名义工资的上涨误解为自己实际工资的上涨，从而一方面增加自己的劳动供给，另一方面增加自己的消费支出；政府则可以暂时以较高的物价来换取某些额外的就业机会。但这种虚幻的“货币幻觉”显然不可能持久。因为它不可能在太长时间内愚弄所有的人。当生产者发现所有商品价格都上涨之后，他便没有积极性去扩大生产，工人意识到通货膨胀使自己的实际工资不仅未升反而降低时，他便没有动力去提供更多的劳动和增加消费支出。因此，通货膨胀所带来的经济增长和就业增加很有可能就是短暂的繁荣。

（二）通货膨胀对财富和收入的再分配效应

通货膨胀对财富和收入的再分配效应显而易见。如债权人以 5%的利率借出 10 万元，如果一年后价格水平上涨了 11%，这时，债权人的实际收益率是-6%（=5%-11%），债权人收回的本息和实际上小于最初借出的 10 万元。债权人的资金不仅没有增值，反而还遭受了损失。

这意味着通货膨胀将债权人财富的一部分转移到借款人（债务人）手里，这就是通货膨胀的财富或收入再分配效应。这种不合理的再分配随处可见，如有长期工资合同的雇员和雇主之间、收取固定数额房租的房东和房客之间、领取固定数额养老金的退休工人与养老基金之间等，这种再分配效应也有助于解释为什么政府总倾向于发行过多的货币，因为政府发行巨额的国债，作为债务人，在通货膨胀的环境下，其还本付息的负担就轻得多。

这种财富和收入的再分配不是正当的原因引起的，而是价格的不可预期变动引起的，因而是不合理的，是应当避免的，否则会造成效率的损失。

（三）通货膨胀对经济效率的影响

1. 通货膨胀打乱了正常的商品流通

通货膨胀使人们形成一种对货币贬值的预期，导致流通中的囤积居奇，出现投资不如投机、生产不如囤积、存钱不如存货的现象。此外，通货膨胀还不利于企业加强经营管理，甚至会引发金融领域的混乱和影响国际收支平衡，同时损害政府威信，使政局不稳。

2. 通货膨胀导致投资率下降

在高通货膨胀的环境下，各种商品的相对价格不断变化，未来的不确定性增加，风险增大，企业会感到无所适从。为避免风险，往往从生产周期较长的产业转向生产周期较短的产业，经济中的短期行为和投机行为盛行。同时，通货膨胀会导致股票、债券价格下跌，企业从银行或通过股票、债券筹集资金困难，投资率下降。

3. 通货膨胀导致储蓄率降低

在高通货膨胀率的环境下，持有货币现金和支票存款的机会成本将极大上升。因为，现金的名义收益率为 0，支票存款的名义收益率也很低，因此公众将不惜一切代价地将货币转化为实物资产或名义收益率随通货膨胀率而上升的存款和债券。企业则会花费大量的精力来进行现金管理，以尽可能地避免自己的账户上保存过多的现金余额。西方经济学家将人们因此而花费的大量时间和精力形象地称为“皮鞋成本”。同时，人们在银行的各类存款，其名义利率也往往不能随通货膨胀率的上升而进行充分调整，有时还会出现负利率，这会极大地打击人们的储蓄热情，从而导致储蓄率降低。

六、通货膨胀的治理对策

综合国内外的一般经验，常见的治理通货膨胀的措施主要有以下几种。

（一）紧缩的需求政策

通货膨胀的一个基本原因是总需求超过了总供给，因此，政府可以采取紧缩总需求的政策来治理通货膨胀。紧缩总需求的政策包括紧缩性财政政策和紧缩性货币政策。

1. 紧缩性的财政政策

紧缩性的财政政策直接从限制支出、减少需求等方面来减轻通货膨胀压力，概括地说就是增收节支、减少赤字。一般包括以下措施：① 减少政府支出。减少政府支出主要包括两个方面。一是削减购买性支出，包括政府投资、行政事业费等；二是削减转移性支出，包括各种福利支出、财政补贴等。减少政府支出可以尽量消除财政赤字，控制总需求的膨胀，消除通货膨胀隐患。② 增加税收。增加税收可以直接减少企业和个人的收入，降低投资支出和消费支出，以抑制总需求膨胀。同时，增加税收还可以增加政府收入，减少因财政赤字引起的货币发行。③ 发行公债。政府发行公债后，可以利用“挤出效应”减少民间部门的投资和消费，抑制社会总需求。

2. 紧缩性的货币政策

通货膨胀是一种货币现象，货币供给量的无限制扩张是引起通货膨胀的重要原因。因此，可以采用紧缩性的货币政策来减少社会需求，促使总需求与总供给趋向一致。紧缩性的货币政策主要有以下措施：① 提高法定存款准备率。中央银行提高法定存款准备率、降低商业银行创造货币的能力，从而达到紧缩信贷规模、削减投资支出、减少货币供给量的目的。② 提高再贴现率。提高再贴现率不仅可以抑制商业银行对中央银行的贷款需求，还可以增加商业银行借款成本，迫使商业银行提高贷款利率和贴现率，企业会因贷款成本增加而减少投资，货币供给量也随之减少。提高再贴现率还可以影响公众的预期，达到鼓励增加储蓄、减缓通货膨胀压力的作用。③ 公开市场卖出业务。公开市场业务是中央银行最经常使用的一种货币政策，是指中央银行在公开市场买卖政府债券以调节货币供应量和利率的一种政策工具。在通货膨胀时期，中央银行一般会在公开市场向商业银行等金融机构卖出政府债券，回笼货币，从而达到紧缩信用，减少货币供应量的目的。④ 直接提高利率。利率的提高会增加信贷资金的使用成本，降低借贷规模，减少货币供应量；同时，利率的提高还可以吸收存款，减轻通货膨胀的压力。

（二）积极的供给政策

通货膨胀通常表现为物价持续上涨，也就是货币的购买力下降，商品的供给不足。因此，在抑制总需求的同时，可以积极地运用刺激生产的方法增加供给来治理通货膨胀。倡导这种政策的学派被称为供给学派，其主要措施有以下几点。

1. 减税

减税即降低边际税率（指增加的收入中必须向政府纳税的部分所占的百分比）。一方面，边际税率的降低提高了人们的工作积极性，增加了商品供给；另一方面，它提高了储蓄和投资的积极性，增加资本存量。由此，减税可同时降低失业率和增加产量，从而彻底降低和消除由供给小于需求所造成的通货膨胀。

2. 削减社会福利开支

削减社会福利开支是为了激发人们的竞争性和个人独创性，以促进生产的发展，增加有效供给。

3. 适当增加货币供给，发展生产

适当增加货币供给会产生积极的供给效应。适当增加货币供给会降低利率，从而增加投资，增加产量，导致总供给曲线向右移动，使价格水平下降，从而抑制通货膨胀。

4. 精简规章制度

精简规章制度就是给企业等微观经济主体松绑，减少政府对企业活动的限制，让企业在市场经济原则下更好地扩大商品和劳务供给。

（三）从严的收入政策

确切地说，收入政策应被称为“工资—价格政策”。收入政策主要针对成本推动型通货膨胀，通过对工资和物价上涨进行直接干预来遏制通货膨胀。从发达国家的经验来看，收入政策主要采取了以下措施：

1. 工资—物价指导线

政府根据长期劳动生产率的平均增长率来确定工资和物价的增长标准，并要求各部门将工资—物价的增长控制在这一标准之内。工资—物价指导线是政府估计的货币收入的最大增长限度，每个部门的工资增长率均不得超过这个指导线。只有这样才能维持整个经济中每单位产量的劳动成本的稳定，因而预定的货币收入增长就会使物价总水平保持不变。20 世纪 60 年代美国的肯尼迪政府和约翰逊政府都相继实这种政策，但是由于指导线政策以自愿性为原则，仅能进行“说服”，而不能以法律强制实行，所以其实际效果并不理想。

2. 以税收为基础的收入政策

政府规定一个恰当的物价和工资增长率，然后运用税收的方式来罚物价和工资超过恰当增长度的企业和个人。如果工资和物价的增长保持在规定的幅度内，政府就以减少个人所得税和企业所得税作为奖励。这种形式的收入政策仅仅以最一般的形式被尝试过。例如，在 1977—1978 年，英国工党政府曾经许诺，如果全国的工资适度增长，政府将降低所得税。

3. 工资—价格管制及冻结

政府颁布法令强行规定工资、物价的上涨幅度，甚至在某些时候暂时将工资和物价加以冻结。这种严厉的管制措施一般在战争时期较为常见，但当通货膨胀非常严重、难以对付时，和平时期的政府也可能求助于它。美国在 1971—1974 年间就曾实行过工资—价格管制，特别是在 1971 年，尼克松政府还实行过 3 个月的工资—价格冻结。

从各国实践的结果来看，利用收入政策对付通货膨胀的效果并不太好。其原因在于收入政策存在明显的缺陷，如果收入政策的限制太温和、太保守，往往收效甚微，如果太严厉，则会严重削弱价格机制在资源配置中的作用，同时，即使是很严厉，如果没有紧缩性的货币政策和财政政策的配合，也不可能长期有效。

第二节　通货紧缩

一、通货紧缩的概念

通货紧缩是与通货膨胀完全相反的一种经济现象。其概念是指商品和服务价格的普遍持续下跌，表明单位货币所代表的商品价值在增加，货币在不断地升值。

判断某个时期的物价下降是否是通货紧缩，一要看通货膨胀率是否由正变负；二要看这种下降是否持续了一定的时期。在国外，有的认为以一年为界，有的认为以半年为界。

关于通货紧缩的含义，我国目前有三种观点。一种观点认为，通货紧缩指物价的普遍持续下降。第二种观点认为，通货紧缩是物价持续下跌，货币供应量持续下降，并伴随经济衰退。第三种观点认为，通货紧缩是经济衰退的货币表现，因而必须具备三个特征：一是物价持续下跌，货币供应量不断下降；二是有效需求不足，失业率上升；三是经济全面衰退。

二、通货紧缩对社会的影响

（一）通货紧缩加速经济衰退

价格总水平的持续下降意味着货币购买力不断提高，消费者会推迟购买，以等待将来更低价格的出现，从而在储蓄增加的同时，个人消费相应减少。同时，由于需求抑制导致商业活动相应萎缩，进而影响就业增长，形成工资下降的压力，经济会因此而陷入通货紧缩的螺旋之中，最终可能出现衰退或萧条。

另外，通货紧缩还会使投资项目的吸引力下降。因为持续的物价下降意味着实际利率的上升，使投资成本变得昂贵，加上通货紧缩下社会总供求的环境也会使投资前景变得暗淡，各类经济主体的投资减少必将导致经济增长率的下降，加速经济衰退。

（二）导致社会财富缩水

通货紧缩发生时，全社会总物价水平下降，企业的产品价格自然也跟着下降，企业的利润随之减少。企业盈利能力的下降使得企业资产的市场价格也相应降低。而且，产品价格水平的下降使得单个企业的产品难以卖出，企业为了维持生产周转不得不增加负债，负债率的提高进一步使企业资产的价格下降。企业资产价格的下降意味着企业净值的下降、财富的减少。通货紧缩的条件下，供给的相对过剩必然会使众多劳动者失业，此时劳动力市场供过于求的状况将使工人的工资降低，个人财富减少。即使工资不降低，失业人数的增多也使社会居民总体的收入减少，导致社会个体的财富缩水。

金融小学堂

如何应对通货紧缩

1. 现金为王

在通货紧缩环境中，储蓄利率很低，但物价下跌相当于现金增值，而且持有现金能拥有最大的灵活性，流通速度最好。

2. 股票

看多消费必需品公司，看空金融类公司。一般来说，通货紧缩对于股票有短期提振的作用，因为有降息降准的预期，但长久的通货紧缩对股票是坏消息。持续的物价下跌、需求疲软，企业利润会越来越少，从而打压股价。如果要投资股票，则需要选择现金充足、低债务率、派息稳定，产品即使在经济低迷时期也会有人购买的企业，例如消费必需品公司。而金融类公司要尤其小心，债务违约增加、贷款需求减少，都会冲击这类公司的盈利能力。

3. 硬资产

通货紧缩环境下，大宗商品、房地产和其他硬资产的价格都会下跌，特别要当心商业地产和住宅地产等。

4. 黄金

黄金既可以抵御通货膨胀，其实也可以用来对付通货紧缩，因为政府往往会印更多的钞票来应对通缩，从而引发未来通胀的恐惧，推动黄金的上涨。

5. 债券

固定收益的国债通缩的状况之下，期限长的政府债往往表现良好。固定收益的国债是防御通货膨胀最好的武器，因为收益率是锁定的。

6. 债务

通货膨胀情况下，钱越来越不值钱，居民收入越来越高，现在借钱未来还，利于借款人。通货紧缩情况下，则有利于债务人，如果你欠了 100 万，而物价在下跌，那么你要偿还的债务本来可以换来更多的商品和服务。通货紧缩时期，如果不得不承担一些债务，应尽可能缩短借款期限，最好提前还清贷款。

（三）分配显现出负面效应

通货紧缩的分配效应可以分为两个方面来考察，即社会财富在债务人和债权人之间的分配以及社会财富在政府与企业、居民之间的分配。从总体而言，经济中的债务人一般为企业，而债权人一般为居民，因此，社会财富在债务人与债权人之间的分配也就是在居民和企业之间的分配。企业在通货紧缩的情况下，由于产品价格的降低，使企业利润减少，而实际利率升高，使作为债务人的企业的收入又进一步向债权人转移，这又加重了企业的困难。为维持生计，企业只有选择筹集更多的债务来进行周转，这样企业的债务总量势必增加，其债务负担更加沉重，由此企业在财富再分配的过程中将处于更加恶劣的位置。如此循环往复，这种财富的分配效应不断得到加强。

（四）可能引发银行危机

与通货膨胀相反，通货紧缩有利于债权人而有损于债务人。通货紧缩使货币越来越昂贵，这实际上加重了借款人的债务负担，使借款人无力偿还贷款，从而导致银行形成大量不良资产，甚至使银行倒闭，金融体系崩溃。因此，许多经济学家指出货币升值是引起一个国家所有经济问题的共同原因。

三、通货紧缩的治理对策

（一）扩张性的财政政策

扩张性的财政政策主要包括减税和增加财政支出两种方法。减税涉及税法和税收制度的改变，不是一种经常性的调控手段，但在对付较严重的通货紧缩时也会被采用。财政支出是总需求的重要组成部分，因此，增加财政支出可以直接增加总需求。同时，财政支出增加还可能通过投资的乘数效应带动私人投资的增加。政府既可增加基础设施的投资和加强技术改造投资，以扩大投资需求，又可通过增发国家机关和企事业单位职工及退休人员的工资，以扩大消费需求；既要适度扩大财政支出的总量，又要注重优化财政支出的结构；既要增加中央政府投资，又要鼓励和带动地方和民间投资。

当然，增加财政支出只是弥补总需求缺口的临时性应急措施。一方面，政府举债能力有限，在国民经济中存在闲置资源时，财政支出虽可以扩大，但社会闲置资源毕竟有限，实行积极的财政政策也要适度，否则财政赤字会超过承受能力，引发通货膨胀。另一方面，积极的财政政策对经济的带动作用也有限。如果通货紧缩的根本原因是缺乏有利可图的机会，那么用赤字财政政策来对付通货紧缩，就不能从根本上解决问题，长期扩大低效率和无效率的投资，会导致经济衰退和通货膨胀并存。

（二）扩张性的货币政策

扩张性的货币政策有多种方式，比如扩大中央银行基础货币的投放、增加对中小金融机构的再贷款、加大公开市场操作的力度、适当下调利率和存款准备金等。

适当增加货币供应，促进信用的进一步扩张，从而使货币供应量与经济正常增长对货币的客观需求基本平衡。在保持币值稳定的基础上，对经济增长所必需的货币给予足够供应。货币政策的重点：一是以间接调控为主；二是调控货币总量与调节货币层次相结合；三是在需求管理的同时兼顾供给管理；四是寻找稳定币值、经济增长和防范金融风险的结合点。

（三）加快产业结构的调整

无论是扩张性的财政政策还是扩张性的货币政策，其作用都是有限的，因为作为需求管理的宏观经济政策工具，它们的着眼点都是短期的。对于因生产能力过剩等长期因素造成的通货紧缩，短期性的需求管理政策难以从根本上解决问题，当供需矛盾突出时，供需矛盾的背后往往存在结构性的矛盾。因此，要治理通货紧缩，必须对产业结构进行调整，主要是推进产业结构的升级，培育新的经济增长点，同时形成新的消费热点。对于生产过剩的部门或行业要控制其生产，减少产量。同时，对其他新兴行业或有发展前景的行业应采取措施鼓励其发展，以增加就业机会，增强社会购买力。产业组织结构的调整也是在中长期内治理通货紧缩的有效手段。在生产能力过剩时，很多行业会出现恶性市场竞争，为了争夺市场，价格战会不断出现，行业利润率不断下降，如果价格战能在较短的时间里使一些企业退出市场，或者在行业内部出现较大范围的兼并与重组，即产业组织结构进行调整，则在调整后的产业组织结构中，恶性市场竞争会被有效制止，因恶性竞争带来的物价水平大幅度下降的情况也就有可能避免。

课后练习题

一、单选题

1. (　　)是指商品和服务价格的普遍持续下跌，表明单位货币所代表的商品价值在增加，货币在不断地升值。

A. 通货膨胀　　B. 通货紧缩

C. 银根收紧　　D. 银根放松

2. 在席卷全球的金融危机期间，中央银行为了对抗经济衰退，刺激国民经济增长，不应该采取的措施是(　　)。

A. 降低商业银行法定存款准备金率

B. 降低商业银行再贴现率

C. 在证券市场上卖出国债

D. 下调商业银行贷款基准利率

3. 一般物价上涨的幅度在(　　)以内都不被当作通货膨胀。

A. 2%　　B. 6%　　C. 8%　　D. 10%

4. 通货膨胀实质是一种货币现象，表现为商品和生产要素价格总水平在一定时期内(　　)。

A. 持续下降　　B. 持续上升

C. 间歇性下降　　D. 间歇性上升

5. 在为治理通货膨胀而采取的紧缩性财政政策中，政府可以削减转移性支出。下列支出中，属于转移性支出的是(　　)。

A. 政府投资、行政事业费

B. 福利支出、行政事业费

C. 福利支出、财政补贴

D. 政府投资、财政补贴

6. 实行紧缩性财政政策是治理通货膨胀的政策之一。下列举措中，不属于紧缩性财政政策的是(　　)。

A. 减少政府购买性支出　　B. 增加税收

C. 减少政府转移性支出　　D. 扩大赤字规模

7. 如果判定某个时期出现了通货紧缩，其主要依据是，在该时期出现了(　　)。

A. 个别商品或劳务价格的下降

B. 物价的持续下降

C. 物价一次性的大幅下降

D. 季节性因素引起的部分商品价格下降

8. 下列不属于紧缩性的收入政策有(　　)。

A. 工资—物价指导线

B. 币制改革

C. 以税收为基础的收入政策

D. 工资—价格管制及冻结

9. 垄断性企业为了获取垄断利润而人为提高产品售价，由此引起的通货膨胀属于（　　）通货膨胀。

A. 需求拉上型　　B. 成本推进型

C. 供求混合型　　D. 结构型

二、案例题

受国际金融危机冲击以及经济周期变化的双重影响，我国的物价在过去两年多的时间里经历了较大的起伏。2007 年 CPI 上涨 4.8%，2008 年上涨 5.9%，2009 年上半年下降 1%。表 10-1 是 2008 年以来有关物价指数的月度同比数据。

表 10-1　2008 年来物价指数的月度同比数据　　单位：%

年月	08-01	08-02	08-03	08-04	08-05	08-06	08-07	08-08	08-09
CPI	7.1	8.7	8.3	8.5	7.7	7.1	6.3	4.9	4.6
PPI	6.1	6.6	8.0	8.1	8.2	8.8	10.0	10.1	9.1
年月	08-10	08-11	08-12	09-01	09-02	09-03	09-04	09-05	09-06
CPI	4.0	2.4	1.2	1.0	−1.6	−1.2	−1.5	−1.4	−1.7
PPI	6.6	2.0	−1.1	−3.3	−4.5	−6.0	−6.6	−7.2	−7.8

1. 从物价数据来看，我国当前的主要风险是（　　）。

A. 通货膨胀　　B. 通货紧缩

C. 通货复缩　　D. 通货复胀

2. 2008 年我国发生了（　　）通货膨胀。

A. 温和式　　B. 爬行式

C. 隐蔽型　　D. 公开型

3. 2008 年的物价形势导致的负面影响有（　　）。

A. 企业利润下降　　B. 实际消费水平下降

C. 流通领域过度投机　　D. 债权人受损失

4. 治理当前物价问题可供选择的措施有（　　）。

A. 宽松的货币政策　　B. 积极的财政政策

C. 从严的收入政策　　D. 加快产业结构调整

5. 与通货膨胀相反，通货紧缩有利于（　　）

A. 债权人　　B. 债务人

C. 生产者　　D. 投资者

三、简答题

1. 简述通货膨胀对经济增长和就业的影响。

2. 简述通货膨胀对财富和收入的再分配效应。

3. 简述通货紧缩对财富和收入的再分配效应。

4. 面对通货膨胀，消费者应当如何实现财富的保值与增值？

5. 收集 2000 年至 2019 年国家统计局公布的 CPI 数据，并制作成图表，分析哪些年份出现通货膨胀，哪些年份出现通货紧缩，并分析其原因。

第十章练习题答案

第十一章　货币政策

【本章要点】

1. 货币政策的概念以及目标。
2. 货币政策的一般性工具。
3. 货币政策的选择性货币政策工具。
4. 货币政策的中介指标。

第一节　货币政策的目标

一、货币政策概念

货币政策是指中央银行为实现宏观经济目标而采用各种工具，以调节货币供给量、利率等金融变量的方针和措施的总和。其构成要素主要有货币政策目标、实现目标所运用的政策工具和预期达到的政策效果等。从确定目标，运用工具，到实现预期的政策效果，这中间还存在着一些作用环节，其中主要有中介目标和政策传导机制等。

货币政策具有以下基本特征：

第一，货币政策是宏观经济政策。货币政策一般涉及的是国民经济运行中的货币供给量、利率、汇率等宏观经济问题，而不是微观经济个体面临的问题。

第二，货币政策是调节社会总需求的政策。在市场经济条件下，社会总需求是指有货币支付能力的总需求。货币政策正是通过货币的供给来调节社会总需求中的投资需求、消费需求、出口需求，并间接地影响社会总供给的变动，从而促进社会总需求与总供给的平衡。

第三，货币政策主要是间接调控政策。货币政策一般很少采用直接的行政手段来调控经济，而主要运用经济手段、法律手段调整“经济人”的经济行为，进而调控经济。

第四，货币政策是长期连续的经济政策。货币政策的最终目标一般为稳定物价、经济增长、充分就业和国际收支平衡，这些都是长期性的政策目标，短期内是难以实现的。而货币政策的具体操作和调节措施又具有短期性、实效性的特点。因此，货币政策的各种具体措施是短期的，需要连续操作才能逼近或达到货币政策的长期目标。

二、货币政策的宏观调控机制

货币政策宏观调控机制是在一定市场环境下由一系列要素构成的一种市场机制过程。这种市场机制过程可以理解为同一事物的两层含义，即宏观调控的传导机制和调控机制。货币政策宏观调控的传导机制是指中央银行启动调控工具到政策目标实现的自然过程，它是由机制各要素的内在联动关系所决定的；而宏观调控机制正是利用传导机制的内在联动关系，由中央银行运用调控工具有意识变动货币供给，以期对某些宏观经济变量发生影响，从而达到中央银行政策目标的过程。货币政策宏观调控机制的框架和构成要素以及每一个构成要素的功能特性如图 11-1 所示。

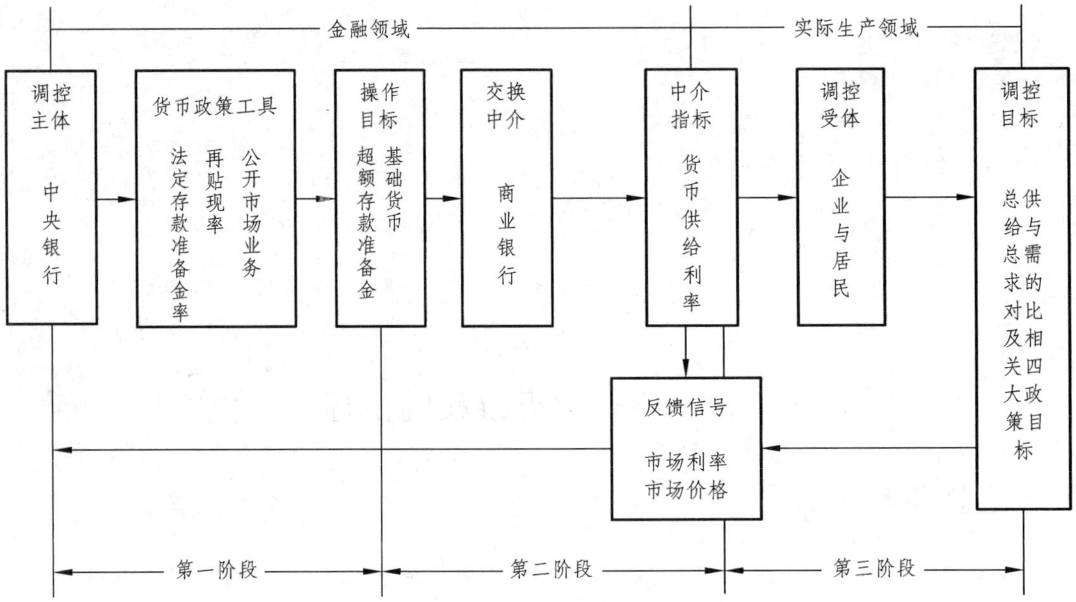

图 11-1 货币政策宏观调控机制框架

从图 11-1 中可以看出，货币政策宏观调控机制框架构成要素的关系如下。

（一）调控主体：中央银行

现代金融与银行制度是二级体制，其中，中央银行居于一个国家金融系的领导和核心地位，其主要任务是制定和实施国家金融政策，并代表国家监督和管理全国金融业。中央银行不是一个办理货币信用业务的经济实体，不是商业银行，而是国家金融管理机关，是管理型银行。中央银行的独特职能决定了金融宏观调控的主体必定是中央银行。

（二）调控工具：三大货币政策工具

中央银行通过提高或降低商业银行法定存款准备金比率，提高或降低商业银行向中央银行票据贴现的再贴现率，在金融市场上公开卖出和买入证券等来实施紧缩或宽松的货币政策，调控基础货币和市场利率，影响商业银行的和金融市场的行为与态势，间接调控货币供给量，从而改变企业与住户的货币需求预期，调整社会投资与消费的关系，以实现货币政策目标。

（三）操作目标：超额存款准备金与基础货币

超额存款准备金对商业银行的资产业务规模有很重要的影响，一般来说，超额准备金增加（或减少），意味着商业银行的潜在放款和投资能力增强（或减弱），从而存款货币创造能力增强（或减弱）。基础货币是中央银行可以直接控制的影响货币供应量的变量，中央银行通过对基础货币的控制来控制商业银行创造存款货币的能力。

（四）变换中介：商业银行

在现代货币信用制度下，现代商业银行的存款货币创造机制使得商业银行的负债和从商业银行的提现形成了有支付能力的社会购买力，是社会总需求的载体。中央银行能有效控制的是基础货币，可以将其称为一级主控变量，从基础货币转为社会货币供应量必须通过具有存款货币创造能力的商业银行这个金融中介体的转换传导。因此，商业银行成为货币政策宏观调控的变换中介。

（五）中介指标：货币供应量

货币供应量是中央银行宏观调控的二阶变量，它是总需求的载体，会直接形成社会对实际劳动和商品的需求，因此，它成为货币政策最终目标调控的中介指标。中央银行对货币供给量的调控能力不仅取决于一阶变量基础货币，还取决于商业银行的传导性能、货币乘数等。

（六）调控受体：企业与居民户

企业与居民户是形成社会总需求和总供给对比关系的微观个体，他们不仅在量上决定社会总供求的规模，而且前者决定了后者的内在结构。中央银行通过调节货币供应量影响社会总供求关系，实际上是在影响企业与居民户的投资与消费行为，从而达到金融宏观调控目的。

（七）最终目标：四大政策目标

中央银行的货币政策最终目标是稳定币值、经济增长、充分就业和国际收支平衡。由于货币政策的宏观调控的实质是间接总量调控政策，因此，中央银行实际上是通过调节货币供应量来影响总供求，从而影响企业与居民户经济行为，间接实现四大货币政策目标。

（八）反馈信号：市场利率与市场价格

中央银行将市场利率与市场价格作为观察金融宏观调控实际效应的信号。在调控过程中，影响四大货币政策目标的总供求对比关系会有对目标值的偏离，在产品市场上，总供给大于总需求，产品价格总水平就会下跌，反之产品价格总水平则会上升。在金融市场上，利率水平也有这样的反应过程。因此，根据市场实际价格对调控预期价格的正负偏离，中央银行就可以采取相应的控制需求（或增加供给）或刺激需求（或抑制供给）的货币政策。市场利率与市场价格越是能真实反映社会资源的稀缺程度，中央银行对总供求波动的观察和判断就越是准确，决策失误的可能性就越小。

另外，从图 11-1 中可知，在宏观调控中，货币政策的传导和调控机制过程经历两个领域和三个阶段。

1. 两个领域：金融领域和实物领域

货币政策首先改变的是金融领域的货币供给状况，打破原有的货币供求和市场利率状况，按照中央银行货币政策意图建立起新的货币供求状况，这一过程发生在中央银行与商业银行之间，是以基础货币变动引起货币供求变动的动态过程。而从货币供给变化到实现央行的四大政策目标是在实物领域实现的。货币供给的变化影响企业与住户的投资与消费，使社会对实际产品的需求和供给发生改变，从旧均衡走向新的均衡。

2. 三个阶段

第一阶段，中央银行操作货币政策工具对一阶变量基础货币的直接控制；第二阶段，基础货币的变化通过商业银行信贷行为对二阶变量货币供应量产生间接控制作用；第三阶段，再由二阶变量货币供应量变化间接影响实现货币政策最终目标。

三、货币政策的目标

制定和实施货币政策的目的是通过调控货币供给来影响社会经济生活，货币政策的作用范围又是宏观经济领域。货币政策的目标应该是解决宏观经济问题。就总体而言，一个国家在宏观经济方面大致存在这样四种类型的问题：社会经济生活是否安定？国民经济发展状况如何？生产要素和劳动力的就业情况如何？国际收支是否保持平衡？因此，一般就将货币政策的最终目标确定为以下四个：

（一）物价稳定

物价稳定是指在经济运行中物价总水平在短期内不发生显著的波动，进而维持国内币值的稳定。物价总水平能否保持基本稳定，直接关系到国内社会经济生活是否能保持安定这样一个宏观经济问题。因此，物价稳定一般是中央银行货币政策的首要目标，因为没有稳定的物价就意味着没有一个稳定的市场环境，价格信号失真，经济的不确定性增加，难以做出投资和消费的决策，从而最终影响经济的增长和就业的扩大。此外，通货膨胀的再分配效应既造成收入的不公平分配，也破坏社会的安定。

在现实经济生活中，物价水平往往随着社会总需求扩大、商品成本的提高以及一些结构性经济因素的影响而呈上涨趋势。因此虽然在理论上还有许多不同的争论，但从各国货币政策的实际操作来看，一般以通货膨胀率来衡量物价稳定状态，一般物价上涨率在4%以下是比较合理的。

（二）充分就业

充分就业是指有能力并愿意参加工作者，都能在较合理的条件下，随时找到适当的工作。在经济学中的充分就业并不等于社会劳动力的 100% 就业，通常是将两种失业排除在外：一是摩擦性失业，即由短期内劳动力供求失调或季节性原因而造成的失业；二是自愿失业，即工人不愿意接受现行的工资水平而造成的失业。这两部分失业在社会中所占的比重非常小。

充分就业作为货币政策最终目标的重要性主要表现在两个方面：一是严重的失业意味着生产资源的闲置和浪费，意味着产出的损失；二是严重的失业是一种社会灾难，必将导致严重的社会不公正，进而危及社会的稳定。

判断中央银行充分就业的目标是否实现，一般是以劳动力的失业率来衡量。失业率是社会的失业人数与愿意就业的劳动力之比，失业率的高低反映了充分就业目标的实现和否与实现程度。与充分就业相对应的失业率称为自然失业率。但由于各国社会经济状况、民族文化与传统习惯的差异，对自然失业率的理解也就有差异。

（三）经济增长

经济增长是指国民生产总值的增长或一国生产商品和劳务能力的增长，其大小表明一个国家生产能力和经济实力的强弱。经济增长也是政府所追求的，而且经济增长与充分就业往往密切相关，甚至在某种程度上也可以把两者等同看待。因为当失业率很低时，企业更乐于进行资本设备投资以提高劳动生产率和促进经济增长，反之，当失业率很高时，工厂闲置，产品卖不上价钱，企业就没有投资的积极性，经济增长就会受到影响。

在现实中，影响经济增长的因素多种多样，如劳动力的数量和质量、资本的深化程度、资本产出比率、社会积累、技术革新等。长期来看，经济增长的主要决定因素是生产要素的数量和生产力，与中央银行的货币政策没有直接的关系。但是货币政策可以间接地促进经济增长，具体途径可以是引导较高水平的储蓄与投资，从而增加资本存量，或者可以是改善投资环境和投资结构，从而提高资本和劳动的生产力。换句话说，中央银行的货币政策只能以其所能控制的货币政策工具，通过创造一个适宜于经济增长的货币金融环境，促进经济增长。

（四）国际收支平衡

国际收支平衡是一国国际收支中的收入和支出处于基本持平的状态。国际收支平衡可分为静态平衡和动态平衡。静态平衡是指以一个年度周期内的国际收支平衡为目标的平衡，只要年度末的国际收支数额基本持平，就称之为平衡。动态平衡是指以一定时期（如 3 年、5 年）的国际收支平衡为目标的平衡。

在一个开放经济社会，国际收支状况与国内市场的货币供应量有着密切的关系。一般说来，一国出现大量的顺差，就会增加该国国内的货币供应量，从而给该国造成一种通货膨胀的压力。反之，大量的逆差则会造成国内市场商品增多，货币不足，失业增加，不利于经济增长。所以，国际收支平衡是一国国民经济稳定发展以及对外往来的重要条件，各国都把其列为货币政策目标之一。

就某一特定国家来说，国际收支平衡是偶然的，而国际收支不平衡则是普遍存在的。问题的关键在于一个国家相对于它的对外贸易来说，到底应该保持一个什么样的外汇储备水平，这是各国中央银行货币政策调节的重心。

四、货币政策目标之间的统一与矛盾

如果既能够保持物价的稳定，又有较高的经济增长速度，劳动力实现充分就业、国际收支也维持基本平衡，这当然是宏观经济的最佳状态。但这毕竟是一种理想境界，在实际经济生活中难以达到。四个政策目标之间的矛盾性，决定了同时实现四个目标是不大可能的。政策目标之间的矛盾性主要表现在以下三个方面。

（一）稳定物价与充分就业之间的矛盾

为了稳定物价，就需要抽紧银根，紧缩信用，降低通货膨胀率，其结果将会导致经济衰退与失业率上升。为了增加就业，又需要扩张信用，放松银根，增加货币供应，以增加投资和刺激消费，其结果又会导致物价上涨和通货膨胀。所以，失业率与物价上涨率之间存在着一种此消彼长的关系，稳定物价与充分就业是一对矛盾。要实现充分就业，就要忍受通货膨胀，要维持物价稳定，就要以高的失业率作为代价，两者不能同时兼顾。

两者的关系可用菲利普斯曲线加以描述。澳大利亚籍的英国经济学家菲利普斯研究了1861—1975 年英国的失业率和工资物价变动率之间的关系，并把这种关系概括为一条曲线，人们称之为“菲利普斯曲线”，如图 11-2 所示，说明失业率与物价上涨率之间存在的此消彼长的置换关系。

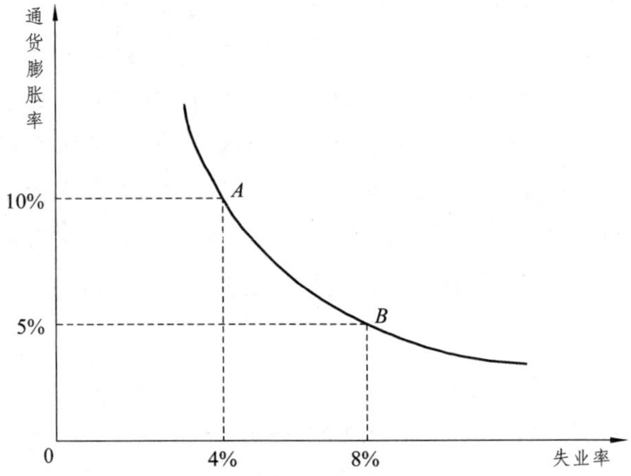

图 11-2 菲利普斯曲线

从图 11-2 中可以看出，作为中央银行来说，其选择有三种情况：① 通货膨胀率较高但充分就业的 A 点；② 失业率较高但物价稳定的 B 点；③ 在物价上涨率和失业率的两极之间（即 A 点与 B 点之间）进行权衡或相机抉择。

（二）稳定物价与经济增长之间的矛盾

经济增长无疑能为稳定物价提供物质基础，但在现实经济生活中，经济增长与稳定物价之间却存在着一定的矛盾：稳定物价要求收紧银根、压缩投资需求、控制货币量与信用量；而要使经济有较高的增长速度，则要求增加投资，充分就业也要求增加投资量以吸收更多的劳动力。所以，中央银行难以兼顾经济增长与物价稳定。

（三）经济增长与国际收支平衡之间的矛盾

由于经济增长带动了进口增加，出口产品面临由于国民收入增加带来的需求增加，如果进口的增长快于出口的增长，就有可能导致贸易差额的恶化。同时，为了促进经济增长，就需要增加投资，在国内资金来源不足的情况下，外资流入可能会造成资本项目出现顺差。虽然这在一定程度上可以弥补国际收支失衡，但不能确保经济增长与国际收支平衡共存。吸收外资、由资本流入来弥补贸易逆差毕竟是有限的，并且还存在着偿付外债本息的问题。依靠资本流入来弥补经常项目逆差的方式，只能是暂时的，并且所实现的均衡也是非实质性的均衡。反之，在国际收支发生逆差时，通常要求压制国内的有效需求以减少进口，争取消除逆差，这有可能会影响国内经济增长速度，导致经济衰退。因此，经济增长与国际收支平衡也很难同时并进。

（四）稳定物价与国际收支平衡之间的矛盾

在开放经济条件下，一个国家的币值和国际收支都会受到其他国家宏观经济状况的影响。处于通货膨胀中的国家，国内利率往往比较高，容易引起外国资本流入。这样，一方面由于平衡了外汇市场的供求关系，而有利于保持汇率的稳定；另一方面由于资本大量流入弥补了可能发生的贸易逆差，有利于维持国际收支的基本平衡。因此，尽管通货膨胀不利于稳定物价目标，却有利于平衡国际收支目标。

反之，若将抑制通货膨胀、恢复物价的稳定作为货币政策的重点目标，却不一定能够保持国际收支平衡，因为一国的国际收支状况取决于本国与外国两个方面的经济环境。即使本国物价水平维持着较为稳定的状态，但由于外国会发生通货膨胀，本国出口商品的竞争能力将减弱，导致出现本国国际收支逆差问题。

因此，只有在各国保持程度大致相同的物价稳定标准时,物价稳定才有可能与国际收支平衡同时并存，但这样的机会并不常有。

第二节　货币政策工具

货币政策工具就是中央银行为完成货币政策目标而采取的调控手段。这些工具主要有三类：一般性货币政策工具、选择性货币政策工具和其他货币政策工具。

一、一般性货币政策工具

一般性货币政策工具是指传统的、经常运用的、能对整体经济运行发生影响作用的工具，即通常说的三大法宝——存款准备金政策、再贴现政策和公开市场业务。

（一）存款准备金政策

存款准备金政策指中央银行在法律赋予的权力范围内，规定或调整商业银行交存中央银行的存款准备金比率，以控制商业银行的信用创造能力，改变货币乘数，间接控制货币供应量的政策。

存款准备金政策的主要内容是：

（1）规定存款准备金计提的基础，即需要提交准备金的存款的种类和数额。

（2）规定法定存款准备金率，即中央银行依据法律规定对商业银行的存款提取准备金的比例。

（3）规定存款准备金的构成，只能是在中央银行的存款，商业银行持有的其他资产不能充作存款准备金。

（4）规定存款准备金提取的时间。

图 11-3 是我国 2017 年 1 月至 2020 年 1 月存款准备金率情况，可以看出存款准备金率从 2007 年上涨到 2011 年 6 月达到顶峰，随后下降，到了 2020 年 1 月份，调整为大型金融机构和中小金融机构的存款准备金率分别为 12.5%和 10.5%。

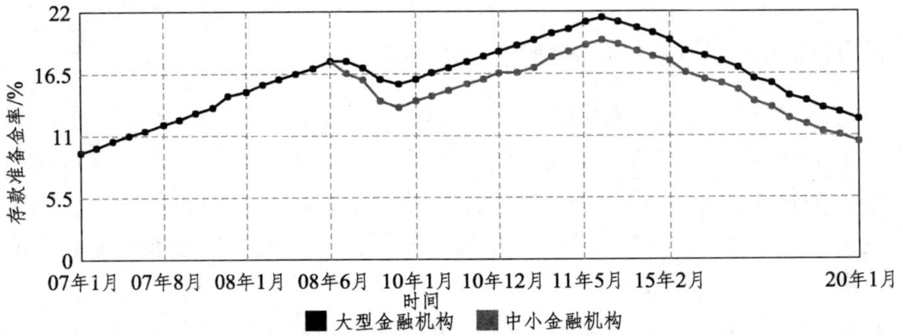

图 11-3 中国 2007 年 1 月—2020 年 1 月存款准备金率

金融小学堂

金融机构的存款准备金率

2019 年 1 月 4 日，中国人民银行宣布下调金融机构存款准备金率 1 个百分点，分两次实施，已于 1 月 25 日调整到位。目前金融机构存款准备金率的基准档次大体可分为三档，即大型商业银行为 13.5%、中小型商业银行为 11.5%、县域农村金融机构为 8%。大型商业银行包括工商银行、农业银行、中国银行、建设银行、交通银行和邮政储蓄银行 6 家。中小型商业银行主要包括股份制商业银行、城市商业银行、非县域农村商业银行、民营银行和外资银行。县域农村金融机构主要包括农村信用社、农村合作银行和村镇银行。

在基准档次的基础上，中国人民银行对金融机构还实施了普惠金融定向降准政策和新增存款一定比例用于当地贷款的相关考核政策。大型商业银行和中小型商业银行可参与普惠金融定向降准政策考核，达到一定标准的机构可在相应基准档次上降低 0.5 个或 1.5 个百分点的存款准备金率要求。县域农村商业银行和县域农村金融机构用于当地贷款发放的资金达到其新增存款一定比例的，可在相应基准档次上降低 1 个百分点的存款准备金率要求。

这两项政策旨在激励金融机构将更多的信贷资源配置到小微企业和“三农”等普惠金融领域，支持实体经济发展。中国人民银行已于 2019 年 1 月 25 日完成了 2018 年度普惠金融定向降准动态考核调整工作。

综合上述政策，目前 6 家大型商业银行均至少达到普惠金融定向降准第一档标准，实际执行存款准备金率为 12%和 13%；中小型商业银行实际执行存款准备金率为 10%、11%和 11.5%；县域农村金融机构实际执行存款准备金率为 7%和 8%。绝大部分金融机构都适用优惠的存款准备金率。目前政策性银行执行 7.5%的存款准备金率，财务公司、金融租赁公司和汽车金融公司执行6%的存款准备金率。全部金融机构加权平均存款准备金率约为11%。

目前凡是实行中央银行制度的国家，一般都实行法定存款准备金制度。存款准备金制度的建立，最初目的是保持银行资产的流动性和清偿力，防止银行倒闭，后来则逐渐演变成中央银行控制信用和调节货币供应量的主要工具。

存款准备金率通常被认为是货币政策最猛烈的工具之一。其作用于经济的途径有以下几点。

1. 对货币乘数的影响

按存款创造原理，货币乘数随法定存款准备金率做反向变化，即法定存款准备金率高，货币乘数则小，银行原始存款创造的派生存款也少；反之则相反。

2. 对超额准备金的影响

当降低存款准备金率时，即使基础货币和准备金总额不发生变化，也等于解冻了一部分存款准备金，转化为超额准备金，超额准备金的增加使商业银行的信用扩张能力增强；反之则相反。

3. 宣示效果

存款准备金率上升，说明信用即将收缩，利率随之上升，公众会自动紧缩对信用的需求；反之则相反。

存款准备金政策作为货币政策工具具有的优点有：① 中央银行具有完全的自主权，在三大货币政策工具中最易实施。② 对货币供应量的作用迅速，一旦确定，各商业银行及其他金融机构必须立即执行。③ 对松紧信用较公平，一旦变动，能同时影响所有的金融机构。

其缺点是：① 作用猛烈，对经济震动太大，缺乏弹性，告示效应太强，不利于货币的稳定，也使中央银行很难确定调整时机和调整幅度，不宜作为中央银行日常调控货币供给的工具，因此其有固定化的倾向。② 政策效果在很大程度上受超额准备金的影响。如果商业银行有大量超额准备金，当中央银行提高法定存款准备金率时，商业银行可将部分超额准备金充抵法定准备金，而不必收缩信贷。

资料来源：根据中国人民银行公布的存款准备金率及网络资料整理

（二）再贴现政策

再贴现是中央银行通过制定或调整再贴现率，来干预和影响市场利率以及货币市场的供给和需求，从而调节市场货币供应量的一种金融政策，它是中央银行最早拥有的货币政策工具。在西方，这一政策之所以叫再贴现，是由于企业从商业银行获得短期贷款主要采取贴现方式，当商业银行自己也发生资金周转不灵时，它可以把它办理的未到期的贴现票据转卖给中央银行，要求再贴现，中央银行向它收取的利率叫再贴现率。对中央银行而言，再贴现是买进票据、让渡资金，对商业银行而言，再贴现是卖出票据、获得资金。

再贴现政策的主要内容有：第一，调整再贴现率，影响商业银行借贷中央银行资金的成本；第二，规定向中央银行申请再贴现的资格，即对再贴现的票据种类和申请机构区别对待，或抑制或扶持，以影响金融机构借入资金的流向。

再贴现作用于经济的途径有以下几点。

1. 借款成本效果

即中央银行提高或降低再贴现率来影响金融机构向中央银行借款的成本，从而影响基础货币投放量，进而影响货币供应量和其他经济变量。比如，中央银行认为货币供应量过多时可提高再贴现率，这首先使商业银行减少向中央银行借款，中央银行基础货币投放减少，若货币乘数不变，则货币供应量相应减少。其次促使商业银行相应提高贷款利率，从而抑制客户对信贷的需求，收缩货币供应量。

2. 宣示效果

中央银行提高再贴现率，表示货币供应量将趋于减少，市场利率将会提高，人们为了避免因利率上升所造成的收益减少，可能会自动紧缩所需信用，减少投资和消费需求，反之则相反。

再贴现的优点主要：一是，有利于中央银行发挥最后贷款者的作用；二是，比存款准备金率的调整更机动、灵活；三是，以票据融资，风险较小。

再贴现的主要缺点：一是中央银行在使用这一工具控制货币供应量时，处于被动地位，商业银行是否前来贴现、贴现数量的多少以及什么时候来贴现都取决于商业银行，如果商业银行有更好的筹资渠道，它就完全可以不依赖中央银行，也就是说中央银行处于被动地位，商业银行掌握主动权。二是贴现政策缺乏弹性。再贴现率经常调整，会使商业银行和社会公众无所适从，不能形成稳定的预期。

（三）公开市场业务

公开市场操作指中央银行在金融市场上买卖国债或中央银行票据等有价证券，影响货币供应量和市场利率的行为。当金融市场资金缺乏时，中央银行通过公开市场操作买进有价证券，从而投放基础货币，引起货币供应量的增加和利率的下降。当金融市场上游资金过多时，中央银行通过公开市场操作卖出有价证券，从而收回基础货币，引起货币供应量的减少和利率的提高。

中央银行以这种操作来扩张或收缩信用，调节货币供应量，它是目前发达国家运用得最多的货币政策工具。表 11-1 是 2019 年 9 月 19 日至 2019 年 10 月 25 日，我国中央银行在公开市场上进行的正回购与逆回购情况。

表 11-1 央行公开市场操作

操作日期	期限/天	交易量/亿	中标利率/%	正/逆回购
2019-10-25	7	300	2.55	逆回购
2019-10-24	7	600	2.55	逆回购
2019-10-23	7	2 000	2.55	逆回购
2019-10-22	7	2 500	2.55	逆回购
2019-10-21	7	500	2.55	逆回购
2019-10-18	7	300	2.55	逆回购
2019-09-27	14	300	2.7	逆回购
2019-09-26	14	200	2.7	逆回购

续表

操作日期	期限/天	交易量/亿	中标利率/%	正/逆回购
2019-09-25	14	200	2.7	逆回购
2019-09-24	14	400	2.7	逆回购
2019-09-23	7	200	2.55	逆回购
2019-09-23	14	800	2.7	逆回购
2019-09-20	7	400	2.55	逆回购
2019-09-20	14	800	2.7	逆回购
2019-09-19	7	1 200	2.55	逆回购

数据来源：中国人民银行官网。

公开市场操作通过影响利率来影响经济。中央银行在公开市场上买进证券，形成多头市场，证券价格上升；随之，货币供应扩大，利率下降，刺激投资增加，对经济产生扩张性影响。相反，则货币供应缩小，利率上升，抑制投资，对经济产生收缩性影响。

与贴现政策和存款准备金政策相比，公开市场业务的优越性十分明显，表现在以下三点。

1. 主动性强

中央银行的业务操作目标是调控货币供应量而不是盈利，所以它可以不计证券交易的价格，从容实现操作目的，即可以用高于市场价格的价格买进，也可以用低于市场价格的价格卖出，业务总能做成，不像贴现政策那样较为被动。

2. 灵活性大

中央银行可根据金融市场的变化，进行经常性、连续性的操作，并且买卖数量可多可少。如发现操作方向有误，可立即进行相反的操作，如发现力度不够，可随时加大买卖的数量。

3. 调控效果温和，震动性小

由于这项业务以交易行为出现，不是强制性的，加之中央银行的操作灵活，所以对经济社会和金融机构的影响比较温和，不像调整法定存款准备金率那样震动较大。

公开市场操作的主要缺点有：从政策实施到影响最终目标，时滞较长；干扰其实施效果的因素比存款准备金率、再贴现多，往往带来政策效果的不确定性。

二、选择性货币政策工具

选择性货币政策工具是指中央银行针对个别部门或行业、企业或特殊对象而采取的货币政策措施，与一般性货币政策工具侧重于货币总量调节相比，选择性货币政策工具对信贷资金配置侧重的是结构性调节。运用的手段也主要不是价格机制，而是直接的数量调节。因而它具有影响面小、范围窄、手段具体明确、行政性与强制性集于一身、缺乏弹性等特点。常用的选择性工具有优惠利率、消费者信用控制、不动产信用控制等。

（一）优惠利率

优惠利率指中央银行对国家产业政策要求重点发展的经济部门，如农业、出口工业等，制定较低的贴现率或放款利率，以鼓励其发展，一般在发展中国家运用得较多。

（二）消费者信用控制

中央银行对不动产以外的各种耐用消费品的销售融资予以控制，就是消费者信用控制。其主要内容有：规定首次付款的最低金额和分期付款的最长期限、规定用分期付款方式购买耐用消费品的种类等。控制消费者信用是控制社会总需求的一个重要方面，适当的消费者信用控制对于引导社会消费、改进资源配置效率很有必要。

（三）不动产信用控制

不动产信用控制是指中央银行对商业银行及其他金融机构的房地产贷款，包括购买新房、商品房以及建筑业和经营房地产企业贷款的管制。其主要内容包括规定商业银行对不动产放款的最高限额、每笔放款的最长期限以及第一次付款的最低限额等。其目的在于控制不动产市场的信贷规模，抑制过度投机，减轻经济波动。

三、直接信用控制的货币政策工具

直接信用控制是指中央银行以行政命令或其他方式，直接控制金融机构尤其是商业银行的信用活动。主要有如下政策工具。

（一）贷款限额

中央银行可以对各商业银行规定贷款的最高限额，以控制信贷规模和货币供应量。也可规定商业银行某类贷款的最高限额，以控制某些部门发展过热。

（二）利率限制

中央银行规定存款利率的上限，规定贷款利率的下限，以限制商业银行恶性竞争，造成金融混乱、经营不善而破产倒闭，或牟取暴利。

（三）流动性比率

中央银行规定商业银行全部资产中流动性资产所占的比重。商业银行为了达到流动性比率，必须缩减长期放款，扩大短期放款和增加应付提现的资产。这样虽然会降低收益率，但提高了安全性，也起到了限制信用扩张、保护存款人利益的作用。

（四）直接干预

中央银行直接对商业银行的信贷业务进行合理干预。如限制放款的额度和范围，干涉吸收活期存款，对经营管理不当者拒绝再贴现或采取较高的惩罚性利率等。

四、间接信用控制的货政策工具

间接信用控制是指中央银行利用道义劝告、窗口指导等办法间接影响商业银行的信用创造。具体包括以下内容。

（一）道义劝告

中央银行利用其在金融体系中的特殊地位和声望，以口头或书面的形式对商业银行和其他金融机构发出通告、指示，劝其遵守政策，主动合作。如在国际收支出现赤字时劝告金融机构减少对国外贷款；在房地产与证券市场投机盛行时要求商业银行缩减对这两个市场的信贷等。

（二）窗口指导

中央银行根据产业行情、物价趋势和金融市场动向，规定商业银行季度贷款的增减额，并指导执行。如果商业银行不接受指导进行贷款，中央银行可削减对其贷款的额度，甚至采取停止提供信用等制裁措施。

间接信用控制的优点是比较灵活，节省费用；但因缺乏法律约束力，所以要发挥作用，中央银行必须在金融体系中具有较高的地位、声望和足够的控制信用的法律权力和手段。

第三节　货币政策的传导机制与中介指标

中央银行在确定了货币政策最终目标之后，就要考虑如何运用货币政策工具，最终实现这些目标。这既涉及货币政策传导机制的问题，也与中介指标的选择有关。

一、货币政策传导机制的理论

一个国家货币当局为实现其既定的货币政策的最终目标，启用一定的货币政策工具，作用于货币政策的中间目标，并适时适度地进行微调。在这个执行货币政策的过程中，必然会涉及各种中间环节相互间的有机联系或因果关系，涉及货币供给变动影响名义和实际变量的途径。而货币的传导机制即是运用货币政策工具或手段影响中介指标，进而对总体经济活动发挥作用的途径和过程的机能。对货币政策传导机制的分析，主要有凯恩斯学派的传导机制理论和货币学派的传导机制理论。这里主要对凯恩斯学派的传导机制进行介绍。

凯恩斯学派认为，通过货币供应量 M 的增减影响利率 r，利率的变化则通过资本边际效率的影响使投资 I 以乘数方式增减，而投资的增减进而影响总支出 E 和总收 Y。用符号表示为：

$$M \to r \to I \to E \to Y$$

在这个传导机制发挥作用的过程中，关键环节是利率。货币供应量的变动必须首先影响利率的升降，然后通过利率的升降才能使投资、总支出和总收入发生变化。但上述分析是凯恩斯学派最初的分析，仅仅从局部均衡的角度，显示了货币市场对商品市场的初始影响，并没有考察商品市场对货币市场的影响，没有反映出两个市场之间循环往复的反馈作用。考虑到货币市场与商品市场的相互作用，凯恩斯学派又进行了进一步的分析，即一般均衡分析。其主要内容如下：

第一，假定货币供给增加，如果产出水平不变，利率会相应下降；下降的利率会刺激投资，引起总需求增加，进而推动了产出和收入的相应增加。这是货币市场对商品市场的作用，也是局部分析。

第二，产出和收入的增加，必将引起货币需求的增加，这时如果没有新增加的货币供给，则货币供求中需求相对上升将导致下降的利率回升。这是商品市场对货币市场的作用。

第三，利率的回升，会使总需求减少，产量下降，收入减少。收入的减少引起对货币的需求下降，则利率又会回落。这就是货币市场和商品市场之间往复不断的相互作用。

第四，以上的循环往复最终会逼近一个均衡点，这个点同时满足了货币市场均衡和商品市场均衡两方面的均衡要求。在这个点上，可能利率较原先的均衡水平低，而产出量较原先的均衡水平高。

凯恩斯学派在货币传导机制的问题上，最大的特点就是非常强调利率的作用，认为货币政策在增加国民收入的效果上，主要取决于投资的利率弹性和货币需求的利率弹性。如果投资的利率弹性大，货币需求的利率弹性小，则增加货币供给所能导致的收入增长就会比较大。虽然凯恩斯学派对于传导机制的分析还在不断增添一些新的内容，但都主要集中在货币供给到利率之间和利率到投资之间的更具体的传导机制以及一些约束条件上。

二、货币政策中的中介指标

中央银行为了保证政策的有效执行，避免偏差，必须借助于一些短期性的、数量化的指标，以作为实现货币政策目标和检验货币政策工具实施效果的传导体，这些指标就是货币政策中介指标。

（一）中介指标的含义

货币政策的中介目标又称为货币政策的中介指标、中间变量等，它是介于货币政策工具变量（操作目标）和货币政策目标变量（最终目标）之间的变量指标。

货币政策目标一经确定，中央银行必须选择相应的中介变量，编制具体贯彻货币政策的指标体系，以便具体的政策操作和检查政策的实施效果。货币政策是实现一定目标的货币供给，其直接作用对象必然是决定货币供给的主要变量。

中央银行采取一系列宏观金融调控措施来操纵货币供给，改变中央银行能够施以直接影响的中介变量值，进而指导和影响社会经济活动，保证国家的宏观经济目标得以实现。从操纵货币供给到影响中介目标的过程则是中央银行调控宏观金融的操作过程。因此，就货币政策的基本环节而言，工具变量、中介变量和目标变量的设置及相互间的关系，是中央银行宏观金融调控决策的基本内容。

（二）中介指标选择的标准

1. 可测性

可测性是指中央银行所选择的作为中介目标的金融变量的变动情况能够被迅速、准确地观测。或者说，中央银行能够迅速收集到反映这些金融变量变动情况的准确数据资料，并据以进行有关定量分析。显然，如果某一金融变量的变动情况无法被观测，那么，把它作为中介目标就没有意义。

2. 可控性

可控性是指作为中介目标的金融变量能够被中央银行所控制。也就是说，中央银行能够运用货币政策工具，作用于这些金融变量，并能有效控制其变动。

3. 相关性

相关性是指中介目标的变动与货币政策最终目标的实现之间存在密切的相关关系。也就是要求中介目标与适用的货币政策工具和希望实现的最终目标之间有密切的、稳定的合同及数量上的关系，使货币政策工具、中介目标和最终目标之间相互作用明显，中央银行能够通过对中介目标的调节和控制实现其最终目标。

（三）货币政策中可供选择的中介指标

中介指标分为两类：一类是近期指标，如超额准备金和基础货币，它在货币政策实施过程中为中央银行提供直接的和连续的反馈信息，借以衡量货币政策的初步影响。另一类是远期指标，如利率和货币供应量，它在货币政策实施的后期为中央银行进一步提供反馈信息，衡量货币政策达到目标的效果。

1. 近期指标：超额准备金和基础货币

（1）超额存款准备金。超额准备金是商业银行扩大贷款和投资的基础，也是判断银根松紧、市场利率高低、货币供应量大小的良好指示器，而且资料也容易取得。但它作为中央银行的操作目标，其增减和使用主要由商业银行自己的意愿和财务状况决定，中央银行不易控制。

（2）基础货币。基础货币是流通中现金和银行体系的存款准备金之和，作为中央银行的负债，中央银行可以通过各种资产业务直接控制，并且资料易得，能够满足可测性的要求。同时，从相关性来看，基础货币与货币供应量之间通过货币乘数联系起来，而货币供应量的变动又可影响市场利率、价格及全社会的经济活动，并与货币政策目标相联系，因此基础货币作为中介指标，具有重要意义。但要注意，如果货币乘数不稳定，基础货币就失去了观测和控制的价值。

2. 远期指标：利率和货币供应量

（1）利率。利率作为中介目标主要是指中长期利率，这是凯恩斯学派所极力推崇的，20 世纪 70 年代以前被多数西方国家的中央银行采纳。利率作为货币政策的中介目标的理由：一是可控性强，中央银行可以直接控制再贴现率，或者通过公开市场业务和再贴现政策调节市场利率。二是中央银行在任何时候都能观察到市场利率的水平及结构，可以随时进行分析和调整。三是与最终目标的相关性强。凯恩斯主义者认为，中长期利率对投资有着显著的影响，对不动产及机器设备的投资尤其如此，因此利率与收入水平直接相关。

但把利率作为中介指标也有缺点，这就是准确性较差。因为利率受诸多因素的影响，如政策性因素、非政策性因素、心理预期、金融市场投资活动等，这些因素交织在一起，不利于观察政策调控效果。

（2）货币供应量。货币供应量是较为适宜的货币政策中介指标。货币供应量也称总量目标，这是以弗里德曼为代表的现代货币主义者所推崇的中介目标。货币供应量就是流通的货币量，广义地可分为流通中现金和银行存款，被划分为 M0、M1、M2、M3 等。货币供应量能够成为货币政策中介目标是因为其符合中介目标的标准：一是可测性，它分别反映在中央银行、商业银行和非银行金融机构的资产负债表内，可以随时进行量的测算和分析。二是可控性，M1 和 M2 虽不由中央银行直接控制，但中央银行可以通过控制基础货币、调整准备金率及其他措施间接地控制住。三是相关性，在相关性方面货币供应量存在一些问题。因为货币供应量代表当期的社会有效需求总量，与最终目标的实现直接相关。但货币供应量除受基础货币影响外，还受现金漏损、超额准备金、政府行为等因素的影响，其可控性并不是最好的。

第四节　货币政策的效应

货币政策效应就是货币政策的实施对实现货币政策目标的绩效或有效性，分为数量效应和时滞效应。人们用时间差来衡量货币政策时滞效应，而在衡量货币政策的数量效应即货币政策效应的大小强弱时，则是着眼于货币政策实施所取得的效果与预期所要达到的目标之间的差距。

一、货币政策数量效应

在货币政策的数量效应上，以评估扩张政策为例，如果通货紧缩是由社会总需求小于社会总供给造成的，而货币政策正是以纠正供求失衡为目标，那么这项扩张性货币政策是否有效以及效应大小，可以从以下几个方面来考察：

第一，如果通过货币政策的实施，增加了货币供给，抑制了价格水平的过度下跌，刺激了需求的增加和产出的增长，那么可以说扩张性货币政策取得了预期的效果。

第二，如果货币供应量的扩张在刺激需求的同时，也带动了价格水平的不断上涨，那么货币政策有效性的大小，则要视价格水平变动率与产出和收入变动率的对比而定。若产出和收入的增加大于价格水平的上涨，货币扩张政策的有效性就比较大；如果相反，货币政策的效应就比较小。

第三，如果货币总扩张无力刺激需求和产出，却导致了价格的不断上涨，则可以说货币扩张政策无效。

但在现实经济生活中，宏观经济目标的实现往往依赖于多种政策如收入政策、价格政策等的配套进行。因此，要准确地检验货币政策的效果，必须对其与其他政策之间的相互作用及作用的大小进行分析，当然，这是一个相当困难的问题。

二、货币政策时滞效应

西方宏观经济政策理论认为不宜用主要采用货币政策去维持经济增长的一个重要理由就是货币政策效果的时间滞后。货币政策的滞后效应，就是指从决策采取某种政策到这一政策最终发生作用，其中每一个环节都需要占用一定的时间，即被称为“货币政策的时滞”，主要包括内部时滞和外部时滞。

（一）内部时滞

内部时滞是指作为货币政策操作主体的中央银行制定实施货币政策的全过程。当经济形势发生变化，中央银行认识到应当调整政策，并着手制定新政策，修正政策的实施方位或力度，再到操作政策工具的过程，每一步都需要耗费一定的时间。这部分时滞的长短，取决于中央银行对金融的调控能力的强弱。

具体而言，内部时滞有以下两种。

（1）认识时滞，是指从确有实行某种政策的需要，到货币当局认识到存在这种需要所需耗费的时间。这种时滞的存在是由于信息的搜集和形势的判断需要时间。

（2）决策时滞，是指中央银行制定政策的时滞，即从认识到需要改变政策到提出一种新的政策所需耗费的时间。由于中央银行具有一定的独立性，决策过程不需要立法程序，所以这个阶段通常较短。

（二）外部时滞

外部时滞是指作为货币政策调控对象的金融部门及企业部门对中央银行实施货币政策的反应过程。当中央银行开始实施新政策后，金融部门对新政策产生认识、金融部门对政策措施做出反应、企业部门对金融形势变化产生认识、企业部门开展决策、新政策发生作用几个过程，每一步都需要耗费一定的时间。这部分时滞的长短，取决于政策的操作力度和金融部门、企业部门对政策工具的弹性大小。

货币政策并不直接控制对商品和劳务的需求，其生效的渠道主要在于投资的反应，而投资的反应是要通过利率起作用的。美国的研究表明，货币政策对 GDP（国内生产总值）的影响的最高点，一般要经过一至两年的滞后才能达到。然而，衰退对经济的打击往往是出人意料的，货币当局也是在经济衰退到最糟的境地之前的几个月才反应过来。当然，货币当局可以迅速调整政策、采取行动扭转衰退的趋势。但是，货币政策的滞后效应使刺激经济的影响要到衰退最严重的阶段过去后才达到最高点。如果衰退是短暂的，跟随着的是活跃的复苏，货币政策扩张的刺激将会在最不需要它的时候发挥最猛烈的作用，甚至可能会使衰退后的高涨受到损害。鉴于这样的分析，许多西方经济学家认为，即使实际 GNP（国民生产总值）远比潜在 GNP 的水平低，也不一定需要实施扩张的货币政策。

一般地，外部时滞主要由客观的金融和经济情形决定，受经济结构以及各经济主体行为因素影响较大。由于经济结构及各经济主体的行为具有不确定性，因此，外部时滞的时间可能会更长，更难以把握。

三、货币政策与财政政策的配合

货币政策与财政政策是政府干预社会经济生活的主要工具，它们共同作用于一国的宏观经济，因而存在相互配合的要求。研究货币政策与财政政策的协调与配合，必须搞清两者之间的关系。

货币政策与财政政策的共性表现在：一是它们共同作用于本国的宏观经济方面；二是它们都是需求管理政策，即着眼于调节总需求，使之与总供给相适应；三是它们追求的目标都是实现经济增长、充分就业、物价稳定和国际收支平衡。

其区别表现在：一是政策的实施者不同，分别由中央银行和财政部门来具体实施；二是作用过程不同，货币政策的直接对象是货币运动过程，以调控货币供给的结构和数量为初步目标，进而影响整个社会经济生活，而财政政策的直接对象是国民收入再分配过程，以改变国民收入再分配的数量和结构为初步目标，进而影响整个社会经济生活；三是政策工具不同，货币政策使用的工具通常与中央银行的货币管理业务活动相关，主要是存款准备金率、再贴现率、公开市场业务等，而财政政策所使用的工具一般与政府的收支活动相关，主要是税收、国债及政府的转移性支付等。

可见，货币政策与财政政策出自同一个决策者却由不同机构具体实施，为达到同一个目标却又经过不同的作用过程，作用于同一个经济范围却又使用不同的政策工具。其共性的存在决定了它们相互配合的客观要求，其区别则又导致了在实施过程中有可能发生偏差，在协调两者的过程中，会有四种配合模式：紧缩的货币政策与紧缩的财政政策，即“双紧政策”；宽松的货币政策与宽松的财政政策，即“双松政策”；宽松的货币政策与紧缩的财政政策，即“松货币紧财政”；紧缩的货币政策与宽松的财政政策，即“紧货币松财政”。

四种模式由于政策的作用方向和组合的不同，会产生不同的政策效应。具体说来有以下几点：

第一，财政政策通过可支配收入和消费支出、投资支出，对国民收入产生影响，而货币政策则要通过利率和物价水平的变动，引起投资的变化来影响国民收入。

第二，货币政策通过货币供应量这一中介变量的变动，直接作用于物价水平，而财政政策则要通过社会购买力和国民收入的共同作用，才对物价水平发生影响。国民收入的内生性，决定了财政政策对物价水平的作用是间接的、滞后的。

第三，“双紧”或 “双松”政策的特点是两种政策工具变量调整的方向是一致的，各中介变量均能按两类政策的共同机制对国民收入和物价水平发生作用。因此，这类配合模式的作用力度强，变量间的摩擦力小，产生效应快，并带有较强的惯性。

第四，“一松一紧”政策中，由于两类政策工具调整的方向是相反的，使变量间产生出相互抗衡的摩擦力和排斥性，并分别对自身能够直接影响的变量产生效应，在实施过程中功能损耗较大，作用力较弱，但政策效应较稳定，且不带有很大惯性。

课后练习题

一、单选题

1. 关于存款准备金率政策的说法，错误的是（　　）。

A. 缺乏弹性，不宜作为中央银行日常调控货币供给的工具

B. 调控效果最猛烈，不宜作为经常性的货币政策调节工具

C. 对整个经济和社会心理预期都产生显著影响，使它有了固定化倾向

D. 政策效果不受商业银行超额准备金的影响

2. 主动性在商业银行而不在中央银行的一般性货币政策工具是（　　）。

A. 存款准备金率政策　　B. 公开市场操作

C. 再贴现政策　　D. 货款限额

3. 在中央银行的一般性货币政策工具中，与存款准备金政策相比，公开市场业务的优点之一是（　　）。

A. 富有弹性，可对货币进行微调

B. 对商业银行具有强制性

C. 时滞较短，不确定性小

D. 不需要发达的金融市场条件

4. 下列货币政策工具中，通过调节货币和信贷的供给影响货币供应量，进而对经济活动的各个方面都产生影响的是（　　）。

A. 利率限制　　B. 窗口指导

C. 公开市场业务　　D. 证券市场信用控制

5. 中国人民银行向一级交易商购买有价证券，并约定在未来特定日期将有价证券卖给原一级交易商的交易行为被称为（　　）。

A. 再贴现　　B. 再贷款

C. 正回购　　D. 逆回购

6. 货币政策的最终目标是稳定物价、充分就业、促进经济增长和平衡国际收支。在经济学中，关于充分就业的正确说法是（　　）。

A. 社会劳动者 100%就业

B. 所有有能力的劳动力都能随时找到任何条件的工作

C. 存在摩擦性失业，但不存在自愿失业

D. 存在摩擦性失业和自愿失业

7. 在席卷全球的金融危机期间，中央银行为了对抗经济衰退，刺激国民经济增长，不应该采取的措施是（　　）。

A. 降低商业银行法定存款准备金率

B. 降低商业银行再贴现率

C. 在证券市场上卖出国债

D. 下调商业银行贷款基准利率

二、多选题

1. 下列政策工具中，属于选择性货币政策工具的有（　　）。

A. 消费者信用控制　　B. 不动产信用控制

C. 利率限制　　D. 道义劝告

E. 优惠利率

2. 下列变量中，属于中央银行货币政策中介目标的有（　　）。

A. 法定存款准备金率　　B. 超额存款准备金率

C. 货币供应量　　D. 再贴现率

E. 利率

3. 下列货币政策工具中，属于直接信用控制的是（　　）。

A. 道义劝告　　B. 贷款限额

C. 利率限制　　D. 流动性比率

E. 窗口指导

三、案例题

中国人民银行在某一时期采取以下货币政策措施：买入商业银行持有的国债 300 亿元；购回 400 亿元商业银行持有的到期央行票据。假定此时商业银行的法定存款准备金率为 12%，超额准备金率为 3%，现金漏损率为 5%。

1. 通过此次货币政策操作，中国人民银行对基础货币的影响是（　　）。

A. 净回笼 100 亿元　　B. 净投放 100 亿元

C. 净回笼 700 亿元　　D. 净投放 700 亿元

2. 如果按照这种货币政策操作，中国人民银行每增加或减少 1 元的基础货币，就会使货币供给增加或减少（　　）。

A. 5.00 元　　B. 5.15 元　　C. 5.25 元　　D. 5.75 元

3. 中国人民银行通过此次货币政策操作，使货币供应量（　　）。

A. 增加 3 675 亿元　　B. 减少 3 675 亿元

C. 增加 3 875 亿元　　D. 减少 3 875 亿元

4. 关于此次货币政策操作的说法，正确的有（　　）。

A. 投放货币，增加流动性

B. 回笼货币，减少流动性

C. 政策作用猛烈、缺乏弹性

D. 银行存储需要时间，不能立即生效

四、简答题

1. 货币政策的四大目标是什么？它们之间的关系如何？

2. 可供选择的货币政策中介指标有哪些？我国应如何选择？

第十一章练习题答案

第十二章　互联网金融

【本章要点】

1. 互联网金融的特征以及优势。
2. 众筹的特征。
3. 第三方支付的监管。

第一节　互联网金融概述

互联网金融是传统金融行业与以互联网为代表的现代信息科技，特别是搜索引擎、移动支付、云计算、社交网络和数据挖掘等相结合产生的新兴领域，是借助于互联网技术、移动通信技术实现资金融通、支付和信息中介功能的新兴金融模式。事实上，不论互联网金融还是金融互联网，都只是战略上的分类，二者之间并没有严格的定义区分。

广义的互联网金融既包括作为非金融机构的互联网企业从事的金融业务，也包括金融机构通过互联网开展的业务。狭义的互联网金融仅指互联网企业开展的、基于互联网技术的金融业务。广义的互联网金融形态主要有8类，分别是：金融机构互联网化、第三方支付、P2P、众筹融资、互联网企业的金融服务、网络理财、网络货币、互联网金融信息服务。狭义的互联网金融形态主要有7类，分别是：互联网企业的金融服务、在线供应链金融、网络小贷、网络理财、众筹融资、网络支付、P2P。

一、互联网金融的特征

互联网金融的特征有如下三点：

（1）以大数据、云计算、移动互联网、社交网络和搜索引擎为基础，挖掘客户信息并管理信息风险。互联网金融主要通过网络生成和传播信息，通过搜索引擎对信息进行组织、排序和检索，通过云计算处理信息，有针对性地满足用户在信息挖掘和风险管理上的需求。

（2）以点对点直接交易为基础进行金融资源配置。资金和金融产品的供需信息在互联网上发布并匹配，供需双方可以直接联系并达成交易，交易环境更加透明，交易成本显著降低，金融服务的边界进一步拓展。

（3）通过互联网实现以第三方支付为基础的资金转移，第三方支付机构的作用日益突出。第三方支付平台是指具备一定实力和信誉保障的非银行机构，借助通信、计算机和信息安全技术，采用与各大银行签约的方式，在用户与银行支付结算系统内建立连接的电子支付模式，包括支付宝、微信支付、苏宁金融等。

二、互联网金融的优势

（一）交易成本低

在互联网金融模式下，资金供求双方可以通过网络平台自行完成信息甄别、匹配、定价和交易，无传统中介、无交易成本、无垄断利润。互联网金融弱化了金融的中介作用，既不同于商业银行间接融资，也不同于资本市场直接融资。一方面，可以避免开设营业网点的资金投入和运营成本。另一方面，消费者可以在开放透明的平台上快速找到适合自己的金融产品，信息不对称程度被削弱，更省时、省心、省力。

（二）打破时间和地域限制

互联网金融和大数据打破了信息不对称和物理区域壁垒，传统金融模式变革力度加大，互联网金融市场进一步细分，有的偏向互联网端，有的专注线下交易，有的专注中小客户。在互联网金融模式下，客户能够突破时间和地域的限制，在互联网上寻找需要的金融资源，金融服务更直接，客户基础更广泛。

（三）满足中小客户的金融需求

传统金融业由于具有垄断特征，其服务对象大多是高价值客户，对广大具有小额金融需求的客户无暇顾及，而且交易成本较高。而互联网金融的客户以中小微客户为主，覆盖了部分传统金融业的金融服务盲区，有利于提升资源配置效率，促进实体经济发展。

（四）发挥大数据的价值，效率高，能够有效管控风险

互联网金融的核心是大数据，基于大数据的客户信用评价方式改变了金融规则，创新了金融的业务模式，如小微金融等，网上交易和小微金融不仅改变了客户的交易渠道和行为方式，也改变了金融企业的基因。互联网金融采用大数据工程，通过网络自动处理可以大幅降低营运成本。由于数据充分，事前风险量化较为准确，可大幅降低风险。

（五）以客户为中心，强调客户体验，服务便捷

互联网金融业务主要由计算机处理，操作流程完全标准化，不需要客户排队等候，业务处理速度快，实现对客户 24 小时跨市场、跨地区的服务，互联网金融注重客户体验，强调交互式营销，突出用户在享受服务过程中的主动性，针对不同客户推出个性化产品和服务。除此之外，互联网金融还具有典型的平台化特征，具有资源开放化、成本集约化、选择市场化、渠道互联网化、运营高效化、用户行为价值化等优点，还具备中间成本低、操作更便捷、参与度更高、协作性更好、透明度更强等一系列特征。

三、我国互联网金融的发展历程

我国互联网金融始于 20 世纪 90 年代中期，其发展历程主要有三个阶段。

（一）第一阶段：萌芽期（2005 年以前）

中国互联网金融发展的萌芽期是在 2005 年以前，主要表现为传统金融机构利用互联网技术把简单的金融业务转移至互联网上，此时尚未出现真正意义上的互联网金融业态。1993 年互联网将人类的商务活动带入全面的电子化时代，电子商务作为一种全新的商务运作模式对金融业产生了深远的影响。这一全新的交易和营销模式要求转变传统银行的支付观念、支付体系和支付方式，银行业为了在未来竞争中求生存，开始迎合金融业电子化的发展趋势，极力创新金融业务。由此，网上银行、网上证券交易等互联网金融业务应运而生，从而拉开了互联网金融发展的序幕。

（二）第二阶段：起步期（2005—2012 年）

此时，互联网与金融的结合从早期的技术领域已经深入金融业务领域，开始出现了如第三方支付机构、网络借贷等真正的互联网金融业务形态。为了支持电子商务的进一步发展，第三方支付机构作为买卖双方交易过程中的信用平台应运而生。

2008 年第三方支付的应用范围已经拓展到了生活服务领域，随着移动通信技术的迅速发展，作为未来第三方支付市场重点争夺领域的移动支付也在 2012 年以后进入高速发展阶段，第三方支付市场正在向正规化和成熟化方向发展。此外，互联网金融发展的另一个标志性业务形态，即网络借贷，在这一时期也得到了发展，网络借贷于 2007 年在中国萌芽并开始发展。

（三）第三阶段　高速发展期（2013 年至今）

2013 年被称为互联网金融发展元年，以余额宝为代表，是互联网金融得到迅猛发展的一年。自此，第三方支付机构开始走向成熟期。网络借贷平台爆发式增长，众筹平台开始起步，消费金融稳步发展，互联网保险和互联网银行相继获批筹建。同时，券商、信托、基金等也以互联网为依托，对业务模式进行重组改造，加速建设线上创新型平台，金融搜索和网络金融超市等为客户提供整合式服务体验的资源整合平台也应运而生，中国互联网进入高速发展期。

自 2013 年以来，移动互联网时代的来临，掀起了互联网金融的三个浪潮。以余额宝为代表的互联网金融是第一浪潮，该阶段是用互联网企业掀起的互联网理财，运用阿里巴巴平台的聚合作用，对接天弘基金，投向协议存款。余额宝有两大创新表现：一是充分发挥了互联网的聚合作用，将碎片化的零散基金聚合；二是渠道创新，为了避开非法集资法律风险，对接公募基金——天弘基金，使用天弘基金的金融牌照与通道投向银行间的大额协议存款产品，使得零散的客户获得了超额的资金收益，这些收益不仅高于活期存款和定期存款收益，也高于理财产品收益。

近年来，出现了以大数据、云计算应用技术为支撑的大数据金融和以产品结合为投向的产品金融掀起的互联网金融新浪潮，区块链以及数字化货币等纷纷兴起。大数据技术运用警示着互联网金融走向一个更高的阶段，对金融的风险资产定价、优化配置及风险管控均起着重要的作用，互联网金融进入大数据金融时代，未来数据资产将成为最重要的金融资产之一。金融不能离开产业支持，离开产业支持的金融必将是空洞和虚化的金融。未来互联网金融的方向是垂直化、圈层化，而不同的产业为互联网金融的垂直化、圈层化提供了支持。

金融小学堂

区块链

区块链本质上是一个去中心化的分布式账本数据库。其本身是一串使用密码学相关联所产生的数据块，每一个数据块中包含了多次比特币网络交易有效确认的信息。

要逐步了解区块链，就需要一步步了解如下内容。首先来考虑一个中心化集中式处理的过程。钱多多要在支付宝上买一部手机，交易流程是：钱多多将钱打给支付宝——支付宝收款后通知卖家发货——卖家发货——钱多多确认收货——支付宝把钱打给卖家。

在这个过程中，虽然钱多多是在和卖家交易，但是这笔交易还牵扯到了除了钱多多和卖家的第三方，即支付宝，钱多多和卖家的交易都是围绕支付宝展开。因此，如果支付宝系统出现问题便会造成这笔交易失败。并且，虽然钱多多只是简单的买了一个手机，但是钱多多和卖家都要向第三方提供多余的信息。因此考虑极端情况，如果支付宝出现问题，那么钱多多就会泄漏大量个人信息。而去中心化的处理方式就要显得简单很多，钱多多只需要和卖家交换钱和手机，然后双方都即可称完成了这笔交易。可以看出在某些特定情况下，去中心化的处理方式更便捷，同时也无须担心与交易无关的信息泄漏。设想如果有成千上万笔交易在进行，去中心化的处理方式会节约大量资源，使得整个交易自主化、简单化，并且排除了被中心化代理控制的风险。去中心化是区块链技术的颠覆性特点，它无须中心化代理，实现了一种点对点的直接交互，使得高效率、大规模、无中心化代理的信息交互方式成为现实。

第二节　众　筹

一、众筹概述

众筹是大众筹资的简称，具体讲是指项目发起人通过专业的众筹网络平台或基于 SNS 社交平台向公众筹集资金的金融模式。在募集资金的同时，还可达到宣传推广项目的效果。

（一）众筹的起源

众筹最早兴起于美国，且初期集中于艺术、文化类项目。众筹在欧美较为发达，在我国仍处于起步阶段。全球第一家众筹平台，即美国的 Kickstarter 起步于 2009 年，我国最大的众筹网站点名时间于 2011 年出现，随后追梦网、淘梦网等众筹平台相继成立，发展较快的还包括众筹网、天使汇、大家投、水滴筹等。

（二）众筹的商业模式

众筹的商业模式是项目发起人通过视频、文字、图片介绍把自己希望实现的创意或梦想展示在网站上，并设定需要的目标金额及达到目标的时限。喜欢该项目的人可以承诺捐献一定数量的资金，当项目在目标期限内达到了目标金额时，项目才算成功，支持者的资金才真正付出，网站会从中抽取一定比例的服务费用，而支持者则会获得发起人一定的非资金类的回报。

众筹主要有两方面的应用：一是针对创业企业，创业企业通过众筹把社会上大量分散资金集中起来，完成初期发展所需的资金。二是对于创新产品，众筹相当于提供预先检测市场反应的平台，企业可以把产品需要的基本费用在众筹平台完成筹资之后再进行生产和市场拓展。

（三）我国众筹的特点

1. 募集基金金额较小

以点名时间为例，在点名时间上获得资金超过 100 万元人民币的项目寥寥无几，且几乎没有筹资超过 200 万元的项目。这和 Kickstarter 上筹资动辄超过百万美元有很大的差距。对于硬件创业团队来说，众筹平台提供的价值较为有限。

2. 众筹对象更多集中在智能硬件上

这让中国式众筹平台的发展深受智能硬件产业发展的影响。在智能硬件潮初期有很多创业公司，但热潮过后却进入了创新“瓶颈”。

二、众筹的风险及其监管

（一）美　国

2012 年 4 月，美国《初创期企业推动法案》经奥巴马总统签署生效。这一致力于改善小企业融资便利的“资本市场监管自由化”导向的法案，又被称为“众筹法案”。该法案对于股权众筹融资平台意义重大，股权众筹平台可以通过网络平台公开向合格投资者公开私募发行，且提高了股东人数上限。这无疑极大地支持了股权众筹平台的发展，使股权众筹平台实际变成了多层次资本市场的一极。具体内容如下所示。

1. 私募发行可采用公开方式进行

只要发行人或卖方采取合理的步骤证明自己为合格投资者或合格机构投资者，就可以依法享受注册豁免而可以采取向投资者公开劝导或广告的形式兜售证券。

2. 将条款 A 规定的小额发行人注册豁免标准放宽

法案要求 SEC（美国证券交易委员会）修改条款 A，将 12 个月内依据联邦法豁免注册非限制债券、权益和可转债的募资总数从 500 万美元提高到 5 000 万美元。

3. 公众募资平台便利私人公司筹资

该法案规定，只要经由 SEC 注册的经纪人充当中介，私人公司不用到 SEC 注册就可以从众多的小投资者处筹集少量资本。该私人公司可以在 12 个月内通过发行受限证券的形式筹资不超过 100 万美元。

（二）中　国

尽管众筹有着良好的发展前景，但由于它在我国正处于起步阶段，相关法律法规尚不完善，我们应理性看待众筹，要对众筹发展存在的风险有着清醒的认识，使其更好地发展。

1. 法律风险

（1）非法集资风险。卷入非法集资始终是众筹行业头上高悬的“达摩克利斯之剑”，尤其是股权众筹，最容易触碰“擅自发行股票”的法律红线。

（2）知识产权的保护。由于目前对知识产权相关的法律保护仍相对薄弱，导致一些真正的好项目不敢在众筹平台上募资，因为容易被抄袭。

（3）信用环境差。由于国内整体信用环境相对较差，信用体系不够完善，导致违约成本低，项目发起人的可审核材料较少，导致广大公众的参与度不高。

2. 出资人权益难以得到法律保障

在筹资人和出资人之间，出资人处于信息弱势地位，其利益容易受到损害。

3. 投资所得的使用缺乏监管

虽然行业内规定众筹平台有对资金运用监管的义务，但因参与主体的分散性、空间的广泛性以及众筹平台自身条件的限制，在现实条件下难以完成对整个资金链运作的监管。

4. 出资者没有完备的风险意识

多数出资参与者对众筹项目的收益形式和风险点还缺乏必要的了解。五花八门的众筹项目吸人眼球，一些可能的欺诈行为也会打出高收益的“噱头”。而由于众筹参与的门槛较低，出资金额少，其中的风险容易被忽略，造成损失后也更难追讨。

第三节　第三方支付

一、第三方支付概述

第三方支付是具备一定实力和信誉保障的独立机构，采用与各大银行签约的方式，提供与银行支付结算系统接口的交易支持平台的网络支付模式。

在第三方支付模式中，买方选购商品后，使用第三方平台提供的账户进行贷款支付（支付给第三方），并由第三方通知卖家贷款到账、要求发货，买方收到货物，检验货物，并且进行确认后，再通知第三方付款，第三方再将款项转至卖家账户。

第三方支付是电子支付产业链中重要的纽带。一方面连接银行，进行资金结算、客户服务、差错处理等一系列工作。另一方面连接商户和消费者，使客户的支付交易能顺利接入。由于拥有款项收付的便利性、功能的可拓展性、信用中介的信誉保证等优势，第三方支付较好地解决了长期困扰电子商务的诚信、物流、现金流问题，在电子商务中发挥着重要作用。

第三方支付服务商与多家银行合作，提供统一的应用接口。这样，无须分别安装各银行的专用接口，商家就能利用不同银行的支付通道，在支付手段上为顾客提供更多选择。同时，第三方支付也帮助银行节省网关开发费用，创造更大的利润空间。因此，第三方支付既可以节省买卖双方的交易成本，也能节约资源，降低社会交易成本，有利于提高网上交易的效率，创造更多的社会价值。

二、我国第三方支付的发展现状

（一）用户规模不断扩大，交易规模增长迅速

在网络无处不在的今天，人们已经习惯于通过 PC 端和移动端为各种消费行为买单，第三方支付用户规模成逐年扩大趋势。艾瑞咨询数据显示，2018 年中国第三方移动支付交易规模达到 190.5 万亿元，同比增速为 58.4%。2018 年，人们在日常生活中使用移动支付的习惯已经养成，第三方移动支付渗透率达到较高水平，市场成倍增长的时代结束。加之“断直连”及备付金相关政策在 2018 年相继落地，市场正式步入稳步发展阶段。在此阶段，移动金融领域的快速发展、线下支付在新场景的进一步渗透或将成为行业规模增长的主要驱动力。

艾瑞分析认为，支付宝的货币基金产品“余额宝”的平台化发展策略使其申购业务量在 2018 年下半年出现了快速上涨，消除了 2018Q1“余额宝”限流带来的影响，也推动了移动金融板块的回暖。对于移动消费板块而言，2018 年各大电商平台的“双十一”“双十二”活动使移动消费板块的占比在 Q4 出现了明显上涨，而线下扫码支付市场的发展则支撑了移动消费板块在 2018 年全年占比的稳步提升。

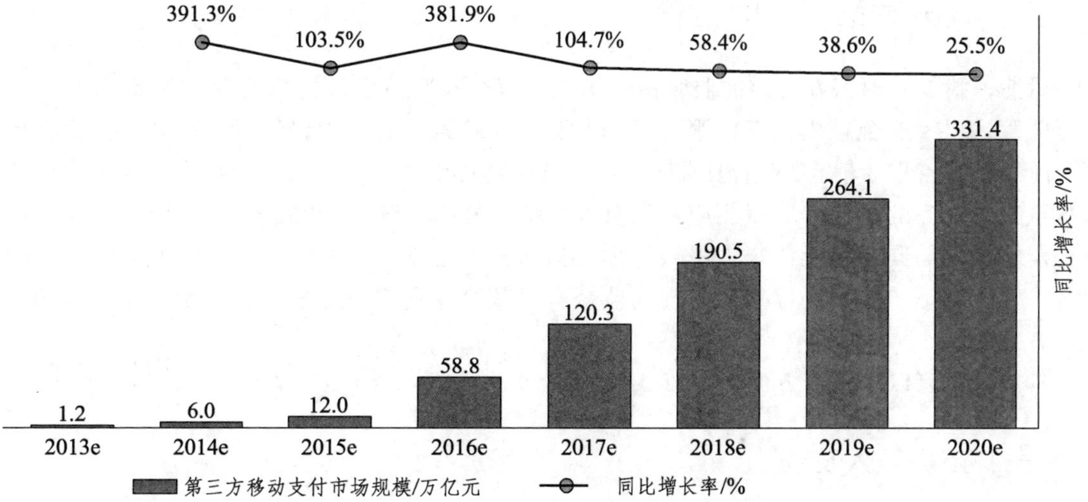

图 12-1　2013～2020 年中国第三方支付交易规模

（二）支付宝、财付通两家独大

2018 年全年数据显示，中国第三方移动支付市场依然保持市场份额比较集中的情况，第一梯队的支付宝、财付通分别占据了 54.3%和 39.2%的市场份额。根据艾瑞监测到的数据，支付宝 2018 下半年在移动金融及移动消费领域持续发力，交易规模市场份额取得了一定的提升，整体 2018 年的移动支付交易规模市场份额同比 2017 年保持稳中有升的势头（见图 12-2）。

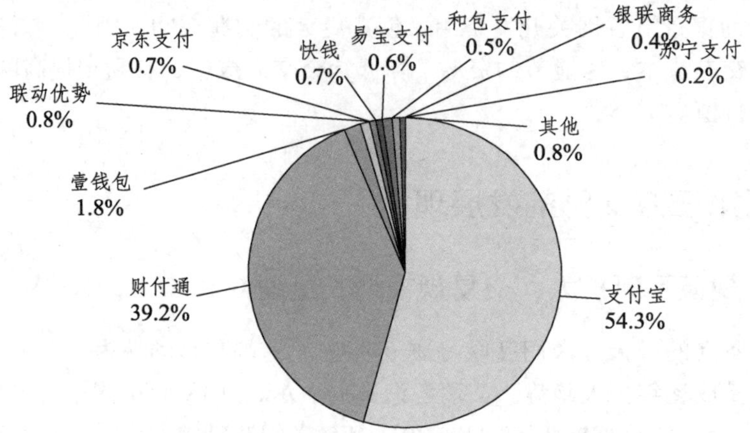

图 12-2 中国第三方支付交易规模市场份额

第二梯队的支付企业在各自的细分领域发力，其中，2018 年，壹钱包用户服务业务保持增长，企业端服务业务拓展成效显著。壹钱包 App 两大年度营销活动“520”“920”持续带动交易规模增长，企业端服务加速向金融、电商、航旅等行业输出，已覆盖线下中小商户数百万，交易规模居行业第三；联动优势受益于平台化、智能化、链化、国际化战略，推出面向行业的“支付+供应链”金融综合服务，促进交易规模持续增长；京东支付受益于电商平台以及金融业务的发力呈现较为明显的增长，排名第五。

三、我国对第三方的监管

目前，我国对第三方支付的监管由中国人民银行及其分支机构来负责，按照“属地原则”进行监管，以《非金融机构支付服务管理办法》为政策核心，人民银行为主导，行业自律管理、商业银行监督为辅。《非金融机构支付服务管理办法》对第三方支付设置了准入门槛，要求从事支付业务的机构需取得相应的经营许可证，并对其经营活动进行审慎监管，实行的是机构监管模式。同时，近年来人民银行加大执法检查力度、实施分类评级、发展行业自律组织等，多管齐下，将现场检查和非现场监督有机整合，适应行业发展，不断提高监管的针对性和有效性。

具体来说有以下几个方面。

（一）市场准入及退出

从属性上来说，第三方支付机构在我国属于非金融机构。按照相关文件要求，从事支付业务之前需向中国人民银行申请《支付业务许可证》，审批通过后方可开展业务。按适用地域分类，一种是全国通用型，另一种是仅限在本省内开展业务的类型。按业务类型分类，大致有线上支付、银行卡收单、预付卡发行与受理、电话支付等，并据此发放不同类型的经营许可证。同时，申请支付牌照在资金方面也有要求：全国牌照的注册资金不得低于 1 亿元；省内牌照的注册资金不得低于 3 000 万元。另外，针对主要出资人（持股超过 10%或拥有实际控制权的出资人）资质方面，要求其必须连续为电子商务或金融机构提供 2 年以上的信息处理服务，并且近三年内无涉嫌支付业务违法犯罪的记录。市场退出方面，我国相关监管制度中详细列出了吊销支付业务许可证的情形，但暂无机构退出的具体操作方式以及退出过程中客户信息保护等细化措施。

（二）备付金管理

我国相关监管制度规定，第三方支付机构只能在一家银行开立备付金专用存款账户，且其分支机构不得另外开设备付金账户。禁止第三方支付机构以任何形式挪用客户备付金，并要求其按照备付金专用账户的利息总额计提风险准备金。另外，2017 年 1 月 13 日，中国人民银行总行发布《关于实施支付机构客户备付金集中存管的通知》，明确规定第三方支付机构必须将一定比例（平均为 20%）的客户备付金交存至指定金融机构专户，并将逐步实现全部客户备付金集中存管。

（三）消费者权益保护

要求第三方支付机构建立交易监测系统、应急预案和风险准备金制度，确保风险管理体系的及时性、完备性和有效性。明确规定了第三方支付需要向客户披露的具体信息，如收费标准、支付服务协议、潜在风险等，并提出第三方支付机构在采集、使用客户信息时应遵循“最小化”原则，未经客户授权，不得将信息提供给第三方。

（四）反洗钱

我国颁布了《支付机构反洗钱和反恐怖融资管理办法》，主要从三个方面来有效防范支付机构发展带来的洗钱风险：首先是客户身份识别，机构应遵从“了解你的客户”原则，严格落实账户实名制，并通过多种途径交叉验证客户身份信息，并建立客户风险评级管理制度，定期开展风险评估；其次是可疑交易报告制度，要求支付机构建立交易监测系统，对可疑交易采取延迟结算，并及时上报机构所在地人民银行；最后是记录保存和监督管理，要求支付机构保存客户信息及交易记录至支付服务终止后五年。

（五）行业自律

2016 年，中国支付清算协会发布《非银行支付机构自律管理评价实施办法》，针对第三方支付机构建立较为全面的自律管理评价体系。要求获得支付牌照一年以上的支付机构均要比照具体标准进行自我评估，并将评估结果报送支付清算协会及中国人民银行。另外，2016 年 3 月，互联网金融协会成立，颁布《中国互联网金融协会自律惩戒管理办法》，明确对会员从业出现违规行为时实施惩戒的具体措施，加大对违规行为的自律惩戒力度，促进市场健康良性发展。

课后练习题

1. 简述互联网金融的优点。
2. 谈谈你对第三方支付的看法。

参考文献

[1] 黄达. 金融学[M]. 4 版. 北京：中国人民大学出版社，2018.

[2] 佘余飞，宋莎莎，何怡萍. 金融学原理[M]. 北京：中国人民大学出版社，2017.

[3] 崔满红. 货币银行学[M]. 7 版. 北京：中国金融出版社，2018.

[4] 尼古拉斯·斯密德林. 估值的艺术[M]. 北京：机械工业出版社，2019.

[5] 唐朝. 手把手教你读财报 2：18 节课看透银行业[M]. 北京：中国经济出版社，2018.

[6] 唐朝. 手把手教你读财报：财报是用来排除企业的[M]. 北京：中国经济出版社，2018.

[7] 弗雷德里克·S. 米什金. 货币金融学[M]. 9 版. 北京：中国人民大学出版社，2013.

[8] 李健. 金融学[M]. 3 版. 北京：高等教育出版社，2018.